L'IMPOSTEUR DE 1667
FT 6

Copyright © Robert McBride 1999

The right of Robert McBride to be identified as the author of this work has been asserted by him in accordance with the Copyright, Designs and Patents Act 1988.

Published by Manchester University Press
Oxford Road, Manchester M13 9NR, UK
and Room 400, 175 Fifth Avenue, New York, NY 10010, USA
www.manchesteruniversitypress.co.uk

Distributed exclusively in the USA by
Palgrave, 175 Fifth Avenue, New York NY 10010, USA

Distributed exclusively in Canada by
UBC Press, University of British Columbia, 2029 West Mall, Vancouver, BC, Canada V6T 1Z2

British Library Cataloguing-in-Publication Data
A catalogue record for this book is available from the British Library

Library of Congress Cataloging-in-Publication Data
A catalog record for this book is available from the Library of Congress

ISBN 978 0 7190 8586 4 *paperback*

First published 1999 by Durham Modern Languages Series

This edition first published 2011 by Manchester University Press

Printed by Lightning Source

Molière

L'Imposteur de 1667
prédécesseur du *Tartuffe*

Édition critique
Texte établi et présenté par
Robert Mc Bride

Durham Modern Languages Series

UNIVERSITY OF DURHAM 1999

À Henri Godin

Chez qui pensée élégante et parole éloquente ne font qu'un

Avant-propos

C'est avec plaisir que j'exprime ma gratitude au Research Sub-Committee de la Faculté des Lettres de l'Université d'Ulster qui m'a accordé le soutien financier nécessaire pour mener à bien le travail de cette édition. Mes collègues, Richard York, chef du département de langues et de littérature à l'Université d'Ulster, et John Gillespie, président du Research Sub-Committee de la Faculté des Lettres, m'ont donné des conseils d'une grande utilité. J'ai bénéficié d'un congé d'un semestre au cours de l'année 1995-96, pendant lequel les bases de cette édition ont été jetées. Je remercie chaleureusement John Brown, professeur de dessin à la Coleraine Academical Institution, qui a adapté la planche de P. Brissart, gravée par J. Sauvé dans l'édition de 1682 des *Œuvres de M. de Molière*, suivant les indications du *Second Placet* de 1667. À mon ami et moliériste distingué, Noël Peacock, vont mes remerciements pour son précieux encouragement et ses conseils judicieux. Ma femme, Valerie, n'a cessé de m'encourager au cours de cette entreprise.

L'imposteur, la dame et son mari, frontispice adapté de la planche de P. Brissart, gravée par J. Sauvé, 1682, Bibliothèque nationale, cl. B.N.

L'Imposteur de 1667

A.
La *Lettre sur la comédie de L'Imposteur* et *Le Tartuffe*

Aucune des pièces de Molière n'a été explorée avec plus de minutie que son *Tartuffe*, et aucune n'a provoqué plus de divergence critique parmi les chercheurs.[1] Le chercheur dans ce domaine si bien exploré ne laisse pas de buter sur un fait curieux : autant on s'intéresse à la comédie qui fit à la fois la fortune et la notoriété du dramaturge de son vivant, autant on a tendance à faire preuve de peu de curiosité à l'égard du prédécesseur du *Tartuffe*, c'est-à-dire de la deuxième version de la comédie qui eut pour titre *L'Imposteur*. Cette version, qui ne connut qu'une seule représentation, le 5 août 1667, fut brutalement supprimée comme conséquence de la vendetta exercée contre Molière par les autorités religieuses. Il est vrai qu'ici l'on se trouve en présence de l'un de ces obstacles incontournables qui menacent de barrer la route à toute recherche sur la matière : aucun texte de la pièce ne nous est parvenu. Lacune fâcheuse et regrettable, certes, sur laquelle il faudra revenir et qui risque de limiter gravement la portée de toute investigation, sinon de la paralyser dès le début. Pour le moment, nous nous bornons à signaler le fait que *L'Imposteur*, tout inconnu qu'en est le texte, n'en occupe pas moins une place centrale dans l'histoire et la polémique du *Tartuffe*. C'est d'abord le cas de la date de son unique représentation d'août 1667, qui se trouve à mi-chemin du prototype en trois actes[2] représenté le 12 mai 1664 à

---

[1] Si pour H.G. Hall il reste beaucoup de choses à découvrir au sujet du *Tartuffe* (*Comedy in Context : Essays on Molière*, 1984), p.144, R. Pommier soutient de son côté que «l'essentiel a été déjà dit et souvent bien dit», *Études sur Le Tartuffe* (Paris, 1994), p.5.

[2] Selon la seule description de cette version que contient le récit officiel des *Plaisirs de l'Ile Enchantée* au cours desquels elle fut représentée, on la trouva «fort divertissante». Voir *Molière théâtre complet*, éd. Despois et Mesnard (Paris,

Versailles devant le roi, aussitôt supprimé par le parti des dévots, et la version définitive de février 1669. De par son histoire, *Le Tartuffe* est loin d'être un phénomène circonscrit à 1669, mais se trouve plutôt au terme d'une évolution de cinq ans de luttes, de déceptions, de modifications du dessein dramatique, qu'a imposées à Molière la censure ecclésiastique et politique. La pièce actuelle est un compromis entre le prototype, conforme au dessein premier de l'auteur, et un *Tartuffe* qui s'est nuancé et atténué au fil des ans. Au milieu de ce processus d'évolution de la vision dramatique première de Molière se trouve *L'Imposteur*. D'où l'importance exceptionnelle que revêt cette version dans le long épisode que constitue la querelle autour du *Tartuffe* et dans la carrière de son auteur.

Si nous ne disposons pas du texte de *L'Imposteur*, du moins sommes-nous en mesure de nous faire une idée claire du contenu grâce à la description précise et minutieuse qu'en donne la *Lettre sur la comédie de L'Imposteur*, du 20 août 1667. Cette lettre de 124 pages, qui parut sous le couvert de l'anonymat à la suite de l'interdiction de la deuxième représentation le 6 août sur l'ordre du Premier Président, Guillaume de Lamoignon, lui-même membre de la Compagnie du Saint-Sacrement,[3] se

---

1873-90), IV, p.231. Nous désignons cette édition par les lettres G.E. ci-après. La Grange, membre de la troupe de Molière depuis 1659, affirme dans son *Registre* qu'il s'agissait bel et bien «de trois actes du *Tartuffe* qui estoient les 3 premiers», *Le Registre de La Grange*, éd. B.E. et G.P. Young, 2 vol. (Paris, 1947), I, p.67. Il répète son affirmation en 1682, dans la *Relation* des *Plaisirs* incluse dans son édition des pièces : «Le soir, Sa Majesté fit jouer les trois premiers actes d'une comédie nommée *Tartuffe*...», *G.E.* IV, p.231. Nous ne voyons pas de bonne raison pour douter d'un témoignage contemporain de la part d'un comédien mêlé de près aux événements, comme l'a fait, par exemple, J. Cairncross, *New Light on Molière* (Genève-Paris, 1956), *Molière bourgeois et libertin* (Paris, 1963), p.118sv.

[3] Sur le rôle de cette cabale, voir Molière, *Œuvres complètes*, éd. G. Couton (Paris, 1971), I, p.861-72 (sauf indication contraire, c'est à cette édition que renvoie toute référence aux comédies); R. Allier, *La Cabale des dévots* (Paris, 1902). La même compagnie de dévots eut tôt vent de l'intention de Molière de représenter sa première version du *Tartuffe* à Versailles devant le roi : dès le 17 avril 1664 «On parla fort ce jour-là de travailler à la supression [*sic*] de la méchante comédie de *Tartuffe*. Chacun se chargea d'en parler à ses amis qui avaient quelque crédit à la Cour pour empêcher sa représentation, et en effet elle fut différée assez longtemps, mais enfin le mauvais esprit du monde triompha de tous les soins et de toute la résistance de la solide piété en faveur de l'auteur libertin de cette pièce

fixait pour but de donner «une relation fidèle de la chose»,[4] et de réfléchir sur la moralité de la pièce et sur la nature du ridicule. Il y en eut une seconde édition en 1668. L'existence de la *Lettre* passa inaperçue jusqu'en 1739, date à laquelle un des premiers éditeurs du théâtre de Molière, M.-A. Jolly, en fit le résumé, attirant l'attention sur le fait que le nom de l'hypocrite avait subi un changement, ainsi que le titre.[5] Le changement de nom est constaté aussi par Voltaire dans son sommaire du *Tartuffe* de la même année, où il cite un vers de Panulphe à la fin de l'acte III avant de conclure qu'«à cela près, la pièce [de 1667] était comme elle est aujourd'hui».[6] L'édition d'A. Bret (1773-82) lui emboîte le pas et qualifie la lettre d'«écrit raisonnable et modéré», concluant qu'à une différence près, *L'Imposteur* était identique au *Tartuffe*.[7] S'appuyant sur cette triple autorité, la tradition se perpétua selon laquelle *L'Imposteur* de 1667 n'était rien d'autre qu'une variante du *Tartuffe*. Or, d'après la *Lettre*, il est évident qu'entre ces deux versions il y a de nombreuses différences et non des moindres (voir 'E' ci-dessous). En laissant de côté la description détaillée que donne la *Lettre sur L'Imposteur*, l'on se priverait d'une source incomparable de renseignements en ce qui concerne le style, le contenu, l'inspiration de la seconde version. En particulier, elle nous permet de mesurer la portée des changements intervenus dans les années 1667-69 et de discerner ce qui a pu être la trame des trois actes originaux joués devant le roi en mai 1664.

...», *Annales de la Compagnie du Saint-Sacrement*, dans *Molière recueil des textes et des documents du XVIIe siècle relatifs à Molière*, éd. G. Mongrédien (Paris, 1973), I, p.214.

[4] *Avis, Lettre sur la comédie de L'Imposteur*, éd. R. Mc Bride (Durham : DMLS, 1994), p.72. Nous nous permettons de signaler que *les références au seul texte de la Lettre,* qui ne comprend pas l'*Avis*, renvoient, non pas à la pagination de notre édition, mais *à la pagination de l'édition originale* de 1667 que nous y avons indiquée.

[5] Dans *Œuvres*, I (Paris, 1739), LXXXIX-X.
[6] *Sommaire* du *Tartuffe*, dans *G.E.* IV, p.370.
[7] II, p.92.

4 INTRODUCTION

B
L'intervention d'un académicien dans la querelle du *Tartuffe*

Certes, l'anonymat de l'auteur peut laisser planer un doute sur la foi que l'on peut accorder à l'écrit. Depuis la redécouverte de la *Lettre* au 18ᵉ siècle, les hypothèses sur l'identité de son auteur n'ont pas manqué. Quoique le style pédant et massif calqué sur le latin n'offre pas la moindre ressemblance avec celui de Molière, d'aucuns ont pu penser néanmoins qu'elle était ou de sa main, ou inspirée par lui.[8] D'autres ont conclu que l'auteur en était Donneau de Visé, dont nous connaissons la *Lettre sur le Misanthrope*, dithyrambe que Molière n'accepta qu'à son corps défendant en tête de l'édition originale de sa pièce. Cette attribution a joui longtemps d'une certaine autorité, à en juger par l'inscription écrite de temps à autre à la main par des bibliothécaires sur la *Lettre*, «attribuée à Donneau de Visé».[9] Nous savons pourtant de l'autorité de Boileau que Molière avait qualifié cette lettre de «rhapsodie», interdisant à son éditeur Ribou de vendre des exemplaires de la comédie qui la contenaient et ordonnant que l'on brûlât ceux qui restaient.[10] En outre, la rigueur et l'érudition de l'argument de la *Lettre sur la comédie de L'Imposteur*, les nombreuses

---

[8] C'est ce que pensaient Despois et Mesnard, *G.E.* IV, p.328, n.1; C.S. Gutkind, *Molière und das komische Drama* (Halle, 1928), p.85-111; H. d'Alméras, *Le Tartuffe de Molière* (Paris, 1946), p.158-62; G. Couton, I, p.1405; R. Pommier, *op. cit.*, p.113; W.D. Howarth, *Molière. A Playwright and his Audience* (Cambridge, 1982), p.165; W.G. Moore, *Molière. A New Criticism* (Oxford, 1962), p.143. E. James par contre discerne à l'origine de cette attribution une tendance de la part des critiques à prendre leurs désirs pour des réalités, 'Molière Moralized : *The Lettre sur la comédie de L'Imposteur*', *Seventeenth-Century French Studies*, XIII : 13 (1991), p.105-13. Selon nous cet écrit ne pouvait être que de Molière lui-même; voir *The Sceptical Vision of Molière: a study in paradox* (London: Macmillan, 1977), p.8; dans notre édition de la *Lettre* nous avons toutefois apporté de nouvelles preuves sur la question en 1994.

[9] Nous reproduisons cette écriture sur un exemplaire de 1668 dans notre édition de la *Lettre*, en regard de la page 53. R. Robert l'attribue à Donneau de Visé dans 'Des commentaires de première main sur les chefs-d'œuvre les plus discutés de Molière', *Revue des Sciences Humaines*, 81 (1956), p.19-49.

[10] *Correspondance Boileau-Brossette*, dans G. Mongrédien, *Molière Recueil*, I, p.262-63. Ce récit se trouve confirmé par Grimarest. (Voir *La Vie de M. de Molière*, éd. G. Mongrédien (Paris, 1955), p.92.)

allusions au théâtre classique, la connaissance profonde de la philosophie morale et du ridicule, ainsi que le style, dépassent de loin les compétences attribuées à De Visé. Nous avons récemment examiné ces hypothèses et confronté l'essentiel de l'argument de la *Lettre* avec des textes de La Mothe Le Vayer qui permettent d'établir l'identité de l'auteur. Sans répéter ici ce que nous avons exposé plus amplement ailleurs, nous rappelons la convergence des plus étroites qui existe entre la *Lettre* et les écrits de Le Vayer sur les principaux points que voici :

(a) *L'hypocrisie religieuse, ses origines et son antidote.* La pénétrante analyse de la psychologie de l'hypocrisie religieuse met surtout en lumière la souveraine maîtrise des apparences qui agit sur la crédulité des êtres humains et que savent si bien mettre à contribution les hypocrites. À l'hypocrisie religieuse est invariablement opposé cet antidote efficace qu'est le juste et constant usage de la raison. C'est la raison qui permet de distinguer entre le vrai et le faux, et son exercice continuel n'équivaut nullement à la mécréance comme se plaît à le penser Orgon quand Cléante veut le raisonner sur le chapitre de son idole (*Le Tartuffe*, v.314).[11]

(b) *L'absence de dogmatisme* : la nécessité primordiale d'éviter la passion et les préjugés, et de fuir la foi opiniâtre en ses propres jugements. Le refus des revendications dogmatiques en ce qui concerne la volonté du ciel, refus fondé sur la conscience de nos propres imperfections, nous incite à l'humilité et à la pratique constante de la charité envers autrui.[12]

(c) *Le théâtre et la religion* : la *Lettre* nous offre une prise de position très nette dans le débat du siècle autour de la question de la religion dans le théâtre et un plaidoyer érudit et vigoureux en faveur de celui-ci. Elle puise la justification de l'existence du théâtre, ainsi que le droit de Molière de traiter la religion sur scène, dans l'humanisme rationaliste de l'antiquité, où se déploie parfaitement la puissance civilisatrice du genre dramatique. Cette confiance dans les vertus du théâtre va de pair avec la croyance au relativisme axiologique : on conclut à la corruptibilité de toute institution humaine, y compris le théâtre.[13]

---

[11] *Lettre, éd. cit.*, p.15-22.
[12] *Éd. cit.*, p.17-22.
[13] *Éd. cit.*, p.23-32. Cette vue relativiste des valeurs est une notion centrale de la *Lettre* et des autres écrits de Le Vayer, *éd. cit.*, p.31, p.96; elle est également prépondérante dans la *Préface* du *Tartuffe*, éd. Couton, I, p.886-87. Sur le théâtre

(d) *Les origines et les effets du comique* : Le Vayer se livre à l'analyse abstraite de la nature et de la perception du comique ou du ridicule, suivant la terminologie de la *Lettre*. La perception du ridicule se fait suivant des normes rationnelles et naturelles chez l'homme. Le ridicule provient de la perception simultanée de deux images qui s'excluent mutuellement. En vertu de cette loi primordiale, ce qui est méchant manque toujours de raison et est destiné à toujours se trahir. À l'intérieur de ce cadre rationnel et moraliste de la *Lettre* se situe l'hypocrisie de Panulphe, ridicule parce que manquant de ce que Le Vayer appelle *convenance* entre nature mondaine et apparence dévote. La forme et la substance de cette théorie du ridicule, ainsi que son champ d'application, le cas spécifique de l'hypocrisie religieuse, provient d'un des traités de Le Vayer, *De la prudence*, publié un an avant la *Lettre*.[14]

(e) *Le style de l'argumentation*, à lourdes phrases truffées de latinismes, avec de pédants procédés juridiques qui pèsent le pour et le contre du point en question, est bien celui de l'ancien avocat Le Vayer.[15] C'est à travers sa tactique favorite, qui consiste à reculer pour mieux sauter, que Le Vayer se trahit le plus sûrement. Feindre de faire des concessions à ses adversaires, comme la *Lettre* ne manque pas de le faire à l'égard des autorités qui ont interdit la comédie, avant d'user d'une batterie d'arguments puissants pour les écraser, constitue une partie importante de

---

[14] et la religion, voir J. Dubu, *Les Églises chrétiennes et le théâtre (1550-1850)* (Grenoble, 1997), et notamment ch. 7, sur Molière, p.137-50.
Cet écrit se trouve dans la troisième partie des *Homilies académiques*, dans *Œuvres de François de La Mothe Le Vayer*, 14 vol. (Dresde, 1756-1759), III (2ᵉ partie), 6ᵉ vol., p.395-410 (nous indiquons les références à cette édition au moyen de l'abréviation *OLV*); voir aussi la *Lettre*, *éd. cit.*, p.32-36.

[15] L'aîné de neuf enfants, Le Vayer succède en 1625 à la charge de son père Félix comme avocat au Parlement de Paris, où il devint substitut des avocats et procureurs généraux, poste dont il devait se démettre par la suite. De la gent de robe, des pas perdus, et de la basoche il n'écrit qu'avec mépris : «L'objet des occupations d'un Palais de Chicane m'a toujours fait cabrer l'esprit, quelque honneur qui m'y parût joint, ou quelque utilité que j'y visse annexée. Et je ne pense pas que [l'esprit] de personne ait jamais plus souffert que le mien autant de fois que j'ai été contraint d'en prendre quelque notion confuse.» *De la chicane et des louanges*, *OLV*, VII (1ʳᵉ partie), 13ᵉ vol., p.216-17; voir aussi *De la faveur des juges, Des procès et de l'inobservation des loix*, *OLV*, VI (1ʳᵉ partie), 11ᵉ vol., p.340-49.

son arsenal d'armes rhétoriques. Passé maître dans l'art de la persuasion, il en connaît les ressources autant que Pascal : s'il lui manque le style nerveux, vigoureux et limpide de ce dernier, il se montre par contre apte à mettre le lecteur de son côté par son approche oblique, sinueuse et accommodante. L'*Avis* de la *Lettre* nous fournit un exemple caractéristique de son art de s'insinuer dans les bonnes grâces de son lecteur sans avoir l'air de rien. Il commence par minimiser l'importance de son intervention dans l'affaire de *L'Imposteur*, prétextant qu'il n'a vu Molière qu'au théâtre, et que rien n'était plus loin de sa pensée que l'intention de rédiger ce qu'il qualifie de «ce petit Ouvrage».[16] S'il a fait des réflexions sur le comique, elles ne sont données que sous une forme spéculative, ayant encore besoin de cinq ou six mois avant d'être complétées. Il n'ose préjuger de l'affaire en question, mais préfère déférer aux lumières des autorités, auxquelles il prodigue des formules de respect.[17]

Sous son faux air de détachement, la *Lettre* est un plaidoyer érudit, chaleureux et puissamment raisonné en faveur de la pièce et du théâtre en général en même temps qu'une description exacte de *L'Imposteur* sous la fiction épistolaire que l'auteur se plaît à lui donner. Il est opportun de se poser la question suivante à propos de l'intervention de Le Vayer dans l'affaire de *L'Imposteur* : pourquoi choisit-il l'anonymat? Une raison majeure, sinon la principale, à nos yeux, tient à la tournure scandaleuse qu'avait fini par prendre l'affaire de *L'Imposteur* : prendre part à la querelle de *L'Imposteur*, c'était du coup s'exposer aux malentendus et aux attaques personnelles auxquels ne cessait d'être en butte le malheureux Molière, que Pierre Roullé, curé de Saint-Barthélemy, avait déjà fustigé comme «un homme, ou plutôt (...) un démon vêtu de chair et habillé en homme, et le plus signalé libertin qui fût jamais dans les siècles passés».[18]

Après l'interdiction du premier *Tartuffe* de mai 1664, la pièce et son auteur devinrent notoires. Molière en multiplia les lectures auprès des

---

[16] *Éd. cit.*, p.71.
[17] *Avis, éd. cit.*, p.72. René Pintard remarque chez Le Vayer «une sorte de désaccord entre l'esprit et la volonté, ou du moins un retard de la volonté sur les élans de l'esprit ... Il a l'air d'avancer, et cependant il prépare sa retraite; il donne et retient à la fois», *Le Libertinage érudit dans la première moitié du XVIIe siècle* (Genève-Paris, 1983, réimp. de l'édition originale, Paris, 1943), p.505, p.520.
[18] *Le Roi glorieux au monde ou Louis XIV le plus glorieux de tous les rois du monde* (août 1664), Couton, I, p.1143.

personnes influentes, y compris le légat papal, et des sympathisants de Port-Royal, et il entreprit de nombreuses démarches auprès des grands.[19] Se ranger du côté de Molière, c'était aussitôt se vouer aux gémonies collectives des ennemis bien concertés et non des moins puissants. Comme l'écrivait Molière en août 1667 dans son *Second Placet* présenté au roi dans le sillage de l'interdiction de *L'Imposteur*, «la cabale s'est réveillée aux simples conjectures qu'ils ont pu avoir de la chose. Ils ont trouvé moyen de surprendre des esprits qui, dans toute autre matière, font une haute profession de ne se point laisser surprendre».[20] Sans doute s'agit-il de la même cabale qui eut vent de la pièce en avril 1664 et sollicita de toute urgence l'appui des personnes influentes à la cour, afin de la supprimer.[21]

Le Vayer, au fil des années, s'était acquis une belle réputation d'érudit, tant à la cour qu'auprès du public instruit, étant membre de l'Académie Française depuis 1639, précepteur du Duc d'Anjou à partir de 1647 et, de 1652 à 1656, de Louis XIV. Pendant la période 1651-58, fut publiée une série de doctes traités à l'intention du roi, examinant de façon systématique les sciences, la politique et la philosophie morale. Prendre ouvertement fait et cause pour Molière n'eût pas manqué de porter atteinte à son rang et à sa réputation. En plus de son amitié pour le dramaturge, il avait un autre motif plus intime propre à l'inciter à s'opposer aux dévots ennemis de Molière : il avait déjà tâté des intrigues du parti dévot à la cour bien avant que son ami ne s'en trouvât victime. Ce fut la question du préceptorat du dauphin, un quart de siècle avant l'affaire de *L'Imposteur*, qui le mit aux prises avec les dévots rigoristes. Le Cardinal Richelieu, qui l'avait pris sous sa protection, l'encouragea à rédiger un manuel embrassant toutes les matières propres au futur roi, que Le Vayer mena à bien avec une dédicace élogieuse à son patron. Nul n'était mieux placé que lui pour remplir la charge de précepteur royal. Avant la nomination, Richelieu lui demanda de réfuter l'*Augustinus* du théologien néerlandais Jansenius, publié en 1640, avec l'appui du Père Antoine Sirmond, confesseur du roi.

---

[19] Voir *Premier Placet*, Couton, I, p.890; *Molière recueil*, I, p.220, 229, 249, 307, 319; G.E. IV, p.288; La Grange, *Registre*, I, p.69.
[20] Couton, I, p.892.
[21] La Compagnie du Saint-Sacrement flaira le danger et se réunit le 17 avril en séance urgente, voir la note 3 ci-dessus.

Dans son livre *De la vertu des payens* (1641), Le Vayer mina les fondements du jansénisme en se prononçant en faveur de ceux qui pratiquent les bonnes œuvres en vertu de la foi implicite sans avoir recours à la grâce. En réponse, il s'attira *De la nécessité de la foi en Jésus-Christ* d'Antoine Arnauld (le grand Arnauld), qui l'accusait d'hérésie et de vouloir ériger une nouvelle religion sur les fondements de la nature et de la raison. Richelieu mourut en décembre 1642, et son successeur, Mazarin, hésita à choisir entre Gassendi, Rigault, Arnauld d'Andilly, frère du grand Arnauld, et Le Vayer. À en croire son ami Gabriel Naudé, Le Vayer fut victime des cabales et factions de la cour, et l'on écarta sa candidature sous le prétexte absurde que la dévote reine-mère Anne d'Autriche ne voulait pas qu'un homme marié fût nommé au poste.[22]

En fait, il est vraisemblable que cette fiction cachait l'opposition de la reine-mère à la nomination d'un écrivain dont les opinions en matière de religion passaient pour suspectes.[23] Ainsi nomma-t-on Hardouin de Péréfixe, abbé de Beaumont, futur évêque de Rodez, lequel, vingt-cinq ans plus tard en sa qualité d'archevêque de Paris, devait faire lire à toutes les messes de son diocèse son *Ordonnance* d'août 1667 signalant la représentation «sous le nouveau nom de *L'Imposteur*» d'une comédie dangereuse «capable de nuire à la religion (...) sous prétexte de condamner l'hypocrisie ou la fausse dévotion» et défendant «à toutes personnes de notre diocèse de représenter, sous quelque nom que ce soit, la susdite comédie, de la lire ou entendre réciter, soit en public soit en particulier, sous peine d'excommunication».[24] L'intervention de l'archevêque dans ce qui n'était que la continuation de l'affaire du *Tartuffe* (nous remarquons

---

[22] *Dialogue de Mascurat*, p.375, dans *OLV*, I (1re partie), 1er vol., p.39–41.
[23] Cf. F. Wickelgren, *La Mothe Le Vayer, sa vie et son œuvre* (Paris, 1934), p.11 : «En somme, le plus probable semble que les opinions libertines de La Mothe Le Vayer, ainsi que ses idées anti-jansénistes, lui firent manquer le poste». Selon Bayle, «Il étoit grand Sceptique, et on le soupçonna de n'avoir aucune Religion», *OLV*, I (1re partie), 1er vol., p.43.
[24] Couton, I, p.1145. Nous reproduisons l'*Ordonnance* à la page 11.

qu'Hardouin ne s'était nullement laissé abuser par le changement du titre)[25] eut pour conséquence de raviver de vieilles rancunes. Le Vayer, depuis longtemps partisan d'une piété libérale, tolérante, hostile à tout esprit sectaire et fondamentaliste dans la religion, s'inquiéta sans doute de la recrudescence du dogmatisme religieux que représentait l'*Ordonnance*. S'il hésita à intervenir, sa longue amitié avec Molière dut faire pencher la balance. Ils s'étaient liés d'amitié en 1658, année où Molière regagna Paris après son séjour en province. Ils fréquentaient les mêmes cercles d'intimes, Chapelle, Bernier, et Molière connaissait bien le fils Le Vayer, François, qui partageait son dégoût pour la prétention et la fausse érudition.[26] À l'occasion de la mort de celui-ci en 1664, à la suite d'une dose de vin émétique prescrite par trois médecins éminents, Molière écrivit

---

[25] Pas plus que Desfontaines, qui, dans une lettre du 6 août 1667 à De Lionne, secrétaire d'État des affaires étrangères, écrit que «Molière donna hier la première représentation de son *Imposteur* qui n'est autre chose que Tartuffe, qu'il appelle présentement Panulphe», Mongrédien, *Molière recueil*, I, p.287; La Grange dans son *Registre* fait mention de la représentation de *Tartuffe* pour le vendredi 5 août, voir l'extrait reproduit à la page 60, *éd. cit.*, I, p.91.

[26] Voir R. Mc Bride, 'Un ami sceptique de Molière', *Studi Francesi*, 47-48 (1972), p.244-61; 'Molière et une satire oubliée : *Le Parasite Mormon*', *Studi Francesi* 80 (1983), p.269-79.

ORDONNANCE
DE MONSEIGNEVR
L'ARCHEVESQVE DE PARIS

HARDOVIN Par la grace de Dieu & du Saint Siege Apostolique Archevesque de Paris, A tous Curez & Vicaires de cette Ville & Faux-bourgs, SALUT en nostre Seigneur. Sur ce qui nous a esté remontré par nostre Promoteur, que le Vendredy cinquiéme de ce mois, on representa sur l'un des Theatres de cette Ville, sous le nouveau nom de *l'Imposteur*, une Comedie, tres-dangereuse & qui est d'autant plus capable de nuire à la Religion, que sous pretexte de condamner l'hypocrisie, ou la fausse devotion, elle donne lieu d'en accuser indifferemment tous ceux qui font profession de la plus solide pieté, & les expose par ce moyen aux railleries & aux calomnies continuelles des Libertins. De sorte que pour arrester le cours d'un si grand mal, qui pourroit seduire les ames foibles & les détourner du chemin de la vertu, nostredit Promoteur nous auroit requis de faire defenses à toutes personnes de nostre Diocese, de representer sous quelque nom que ce soit la susdite Comedie, de la lire, ou entendre reciter, soit en public, soit en particulier, sous peine d'Excommunication.

NOVS, sçachant combien il seroit en effet dangereux de souffrir que la veritable pieté fust blessée par une representation si scandaleuse, & que le Roy mesme avoit cy-devant tres-expressement defenduë; Et considerant d'ailleurs que dans un temps où ce grand Monarque expose si librement sa vie pour le bien de son Estat, & où nostre principal soin est d'exhorter tous les gens de bien de nostre Diocese à faire des Prieres continuelles pour la conservation de sa Personne sacrée, & pour le succés de ses Armes; Il y auroit de l'impieté de s'occuper à des spectacles capables d'attirer la colere du Ciel; Avons fait & faisons tres-expresses inhibitions & defenses à toutes personnes de nostre Diocese, de representer, lire, ou entendre reciter la susdite Comedie, soit publiquement, soit en particulier, sous quelque nom & quelque pretexte que ce soit, & ce sous peine d'Excommunication.

SI MANDONS aux Archiprestres de Sainte Marie Magdelaine & de Saint Severin, de vous signifier la presente Ordonnance, que vous publierez en vos Prônes aussi-tost que vous l'aurez receuë, en faisant connoistre à tous vos Paroissiens combien il importe à leur salut de ne point assister à la representation ou lecture de la susdite ou semblables Comedies. DONNE' à Paris sous le Sceau de nos Armes, ce onziéme Aoust mil six cens soixantesept. Signé, HARDOVIN Archevesque de Paris; Et plus bas, Par mondit Seigneur,

De l'Imprimerie de FRANÇOIS MUGUET, Impr. & Lib. ord. du Roy, & de Monseigneur l'Archevesque de Paris, ruë de la Harpe aux trois Roys. *Avec Privilege du Roy.*

Ordonnance de Monseigneur l'archevêque de Paris, Bibliothèque nationale, Paris, cl. B.N.

un sonnet pénétré d'émotion au père;[27] l'année suivante il se vengea sur les coupables en les tournant en ridicule dans *L'Amour médecin*.

Quand on considère la question de l'anonymat de la *Lettre*, il faut tenir compte du caractère fantasque de son auteur, ainsi que de son esprit sceptique, qui ont dû lui faire prendre conscience des avantages tactiques et stratégiques du genre. Adepte du scepticisme antique, Le Vayer s'inspire de son maître grec Sextus Empiricus (du IIe-IIIe siècle ap J.-C.), qui devient «le divin Sexte» dans les écrits du disciple. Les modes et tropes sceptiques du Grec servent à démontrer, arsenal de preuves à l'appui, que nous ne connaissons rien avec certitude. Selon Voltaire, la devise de Le Vayer était la suivante : «de toutes choses les plus sûres, la chose la plus

---

[27] Aux larmes, Le Vayer, laisse tes yeux ouverts;
Ton deuil est raisonnable, encore qu'il soit extrême;
Et lorsque pour toujours on perd ce que tu perds,
La Sagesse, crois-moi, peut pleurer elle-même.

On se propose à tort cent préceptes divers
Pour vouloir, d'un œil sec, voir mourir ce qu'on aime;
L'effort en est barbare aux yeux de l'univers,
Et c'est brutalité plus que vertu suprême.

Mais la perte, par là, n'en est pas moins cruelle.
Ses vertus de chacun le faisaient révérer;
Il avait le cœur grand, l'esprit beau, l'âme belle,
Et ce sont des sujets à toujours le pleurer.

Ces vers furent accompagnés d'une brève lettre explicative : «Vous voyez bien, Monsieur, que je m'écarte fort du chemin qu'on suit d'ordinaire en pareille rencontre, et que le sonnet que je vous envoie n'est rien moins qu'une consolation. Mais j'ai cru qu'il fallait en user de la sorte avec vous, et que c'est consoler un philosophe que de lui justifier ses larmes et de mettre sa douleur en liberté : si je n'ai pas trouvé d'assez fortes raisons pour affranchir votre tendresse des sévères leçons de la philosophie, et pour vous obliger à pleurer sans contrainte, il en faut accuser le peu d'éloquence d'un homme qui ne saurait persuader ce qu'il sait si bien faire», *Seconde Partie du Recueil de pièces galantes en prose et en vers de Madame la comtesse de la Suze, d'une autre dame comme aussi de plusieurs et différents autheurs* (Paris, 1668), p.72. Le sonnet et la lettre témoignent non seulement de l'estime et du respect qu'avait Molière pour Le Vayer, mais aussi des relations cordiales qu'il entretenait avec le philosophe.

sûre est de douter».[28] Ayant tout lu et tout retenu, «le Plutarque de la France»[29] met son érudition encyclopédique au service d'un esprit sceptique épris de paradoxes. Rien ne lui tient plus à cœur que le désir de déconcerter et de mystifier ses lecteurs. Ses premiers *Dialogues* (c.1630) en fournissent un excellent exemple, tant par la forme que par le contenu. Traitant une grande variété de sujets, tels l'ignorance et la connaissance, le dogmatisme et le scepticisme, la croyance religieuse, la politique, le mariage et même les ânes (symbole de l'humilité des sceptiques), il se plaît à se dédoubler chez ses interlocuteurs. Il s'amuse tantôt à raisonner en faveur d'un côté, tantôt en faveur de l'autre, jouissant du spectacle des arguments à poids égal qui s'affrontent et s'annulent, afin de créer ainsi le vide sceptique. Cet amour du paradoxe et du dédoublement caractérise ses écrits sa longue vie durant. Ainsi en 1666 le voilà qui s'amuse à se poser des «problèmes sceptiques» sur la science, la vie consacrée à la philosophie, le mariage, le larcin, y répondant à chaque fois doublement et paradoxalement, dans le but de démontrer son axiome sceptique selon lequel il faut toujours considérer toutes les faces de la question, quitte à s'astreindre à cette merveilleuse suspension de jugement qu'est *l'epochē* des sceptiques grecs. Aussi démontre-t-il, à l'instar de Montaigne, que la raison n'est qu'«un instrument de plomb et de cire, alongeable, ployable et accommodable à tout biais et à toutes mesures (...) il ne reste que la suffisance de le sçavoir contourner.»[30] Le goût du paradoxe le pousse à faire paraître ses premiers *Dialogues* sous un pseudonyme, et à leur donner des dates de publication fantaisistes (1506, 1604, 1606). À la fin de la *Lettre sur la comédie de L'Imposteur* il feint de se détacher de la vie au point de «rire de tout comme les autres, et [de] ne regarder toutes les choses qui se passent dans le monde que comme les diverses scènes de la grande Comedie qui se joüe sur la terre entre les hommes»,[31] phrase qui, à trente-sept ans d'intervalle, fait écho à la boutade de sa *Lettre de l'auteur* des *Dialogues*, selon laquelle «toute nostre vie n'est, à le bien prendre,

---

[28] Voltaire la cite en espagnol : De las cosas mas seguras / La mas segura es dudar, *Siècle de Louis XIV* (Neuchâtel, 1773), I, p.275.
[29] Telle est la description que donne de lui Naudé, voir Wickelgren, *op. cit.*, p.9, 11.
[30] Montaigne, *Essais*, II, 12 (Paris, 1962), p.634.
[31] *Éd. cit.*, p.105.

qu'une fable, nostre connoissance qu'une asnerie, nos certitudes que des contes, bref tout ce monde qu'une farce et perpetuelle comedie».[32]

C'est ce même ton ironique et railleur qui domine dans l'*Avis*. Si l'on peut à peine ajouter foi à son assertion qu'il «*n'a vû la pièce qu'il raporte que la seule fois qu'elle a été representée en public et sans aucun dessein d'en rien retenir, ne prevoyant pas l'occasion qui l'a engagé à faire ce petit ouvrage*», ce qui suit est davantage sujet à caution.[33] Il s'excuse de ne pas donner de citations en vers mais en prose à cause de «*la difficulté qu'il y a eu à en retenir seulement ce qu'on en donne ici*»—tactique astucieuse pour permettre aux fidèles de contourner sans scrupules excessifs l'interdiction de l'archevêque de Paris, citée ci-dessus, de lire quoi que ce soit de la maudite pièce.[34] Compte tenu du fait qu'il y a plus de 120 citations en prose qui sont loin d'être de simples paraphrases et que la quasi-totalité est donnée avec un degré de précision confinant à la perfection, permettant ainsi une description minutieuse des actions et des paroles des personnages, avec les entrées et sorties dans chacune des scènes, il est évident que Le Vayer use d'une de ses» multiples fictions à l'égard du lecteur. Comme intime de Molière, comment croire qu'il n'eût pas accès au manuscrit de cette pièce à scandale? Notre scepticisme à l'égard de ses affirmations est confirmé par une phrase révélatrice de l'*Avis* : «*il lui était bien aisé, s'il eût voulu, de faire autrement, et de mettre tout en vers ce qu'il raporte, de quoi quelques gens se seroient*

---

[32] *Dialogues faits à l'imitation des anciens* (Paris, 1988), p.14. Par sa pratique de l'argumentation paradoxale Le Vayer se situe dans une tradition littéraire aussi longue qu'iconoclaste, comme le démontre P. Dandrey, *L'Éloge paradoxal de Gorgias à Molière* (Paris, 1997). Sur Le Vayer, voir pages 218-21.

[33] *Avis, éd. cit.*, p.71.

[34] *Avis, éd. cit.*, p.71. Pellisson, dans son *Histoire de l'Académie Française*, loue la mémoire prodigieuse qui a permis à La Mothe Le Vayer de faire usage de toutes ses lectures étendues, dans l'abrégé de la vie de La Mothe Le Vayer, *OLV*, I (1re partie), 1er vol., p.12. Le Vayer lui-même prétend n'y voir aucun sujet de louange, la mémoire étant «*une qualité pour qui il a tout le mépris imaginable*», *Avis, éd. cit.*, p.71. Même remarque négative à ce propos en 1663, dans *Promenades en neuf dialogues* (6), *OLV*, IV (1re partie), 7e vol., p.173-4, où Tubertus Ocella [Le Vayer] démolit l'éloge de la mémoire que vient de faire Xilinius : «la mémoire n'est pas la plus importante des facultés que nous nommons supérieures, ni celle qui nous distingue bien du reste des animaux, vu qu'on se passe d'elle avantageusement».

peut-être mieux accommodez».³⁵ La relation qu'il nous donne de *L'Imposteur* repose sur une lecture attentive du manuscrit, lecture que Molière a sans doute éclairée de ses commentaires et conseils. Le Vayer est bien le penseur qui fournit la justification morale du théâtre et l'analyste des procédés du comique moliéresque que Molière eût trouvé difficile de fournir de façon indépendante. Le dramaturge ne pouvait demeurer étranger à un compte rendu analytique et incisif de sa pièce, destiné à battre en brèche les ennemis de sa comédie et à faire apparaître le théâtre sous son jour le plus favorable.

Il faut également faire la part de la fantaisie dans l'affirmation de Le Vayer selon laquelle il nous donne simplement le récit de la comédie de Molière «*quoi qu'il ne l'ait jamais vû que sur le theatre*».³⁶ Autre fiction qui est censée conférer à l'entreprise une aura de détachement et d'objectivité, plus apparents d'ailleurs que réels. Nous nous limitons à quelques exemples (ils sont légion) de cette feinte objectivité : il prétend ne juger «*en aucune maniere de ce qui est en question, sur la Comedie qui en est le sujet*».³⁷ Cette prétendue neutralité s'oublie peu après quand l'auteur évoque la peine qu'éprouvent certains esprits à entendre sur la scène le langage de dévotion dans la bouche de Panulphe. Et Le Vayer d'exposer magistralement le point de vue de ceux qui prétendent guérir les opinions erronées au moyen de la comédie : «pour arriver à ce but ils ont crû que le plus seur moyen étoit de proposer les exemples des vices qu'ils vouloient détruire; s'imaginant, et avec raison, qu'il étoit plus à propos, pour rendre les hommes sages, de montrer ce qu'il leur faloit eviter, que ce qu'ils devoient imiter (...) Ils alleguent des raisons admirables de ce principe que je passe sous silence, de peur d'être trop long...».³⁸ Ceux qui blâment Molière d'avoir monté une comédie qui traite de religion se révèlent du coup des interlocuteurs non valables, parce que dépourvus de raison. Quand, par exemple, il décrit le dénouement où intervient l'Officier pour faire arrêter Panulphe et restituer les biens au mari, Le Vayer ne tarit pas d'éloges : si dans le reste de la pièce l'auteur s'est montré l'égal des Anciens (ce qui, aux yeux de Le Vayer, constitue le *nec*

---

³⁵ *Avis, éd. cit.*, p.71.
³⁶ *Ibid.*
³⁷ *Ibid.*, p.72.
³⁸ *Éd. cit.*, p.34.

plus ultra de la louange, car ce sont eux «des originaux de Sagesse et de Vertu» de loin supérieurs aux Modernes),[39] «on peut dire que dans ce dénouement il s'est surpassé luymesme, n'y ayant rien de plus grand, de plus magnifique et de plus merveilleux, et cependant rien de plus naturel, de plus heureux et de plus juste».[40] Il est vrai qu'il se met aussitôt à l'abri de «ces Messieurs dont j'ay pris à tâche de vous rapporter les sentimens»,[41] mais sa propre pensée se décèle facilement. La pointe d'ironie la plus aiguë se réserve pourtant pour le dénouement, à l'intention de sa bête noire, le mari et autres bigots. L'hypocrite arrêté, le mari retourne contre l'idole déchue toute la force de sa colère rentrée, et s'attire les reproches de son beau-frère, à savoir que l'on devrait plutôt souhaiter que Panulphe «*reçoive du Ciel la grâce d'une veritable penitence qu'il n'a pas méritée*» :[42] «conclusion, à ce que disent ceux que les bigots font passer pour athées, dignes d'un ouvrage si saint, qui, n'étant qu'une instruction très chrétienne de la veritable devotion, ne devait pas finir autrement que par l'exemple le plus parfait qu'on ait peutêtre jamais proposé, de la plus sublime des Vertus evangeliques, qui est le pardon des ennemis».[43] À bon entendeur, salut.

La démarche de Le Vayer s'avère toujours double. Ériger des fictions qui lui permettent de mieux manœuvrer à sa guise : feindre le détachement de Molière et de sa pièce, ce qui lui donne l'occasion d'accumuler des témoignages qu'il a soin de mettre dans la bouche d'autrui et qui minent

---

[39] *Petit traité sceptique*, *OLV*, V (1re partie), 9e vol., p.125; dans la *Lettre*, il parle de «la saine Antiquité», p.93, et de «l'Antiquité, si sage en toutes choses», p.96.
[40] *Éd. cit.*, p.76-77.
[41] *Éd. cit.*, p.77.
[42] *Éd. cit.*, p.78.
[43] *Éd. cit.*, p.78. Remarque visant des ennemis acharnés de Molière tel B.A. Sieur de Rochement, lequel, dans ses *Observations sur une comédie de Molière intitulée le Festin de Pierre* (1665) accuse Molière d'avoir (par degrés!) «fait monter l'athéisme sur le théâtre», Couton, II, p.1202. L'ancien protecteur de Molière devenu dévot, le Prince de Conti, répète la même accusation dans son *Traité de la comédie et des spectacles* (Paris, 1666), p.66-67. Et l'on n'oublie pas les attaques virulentes de l'immodéré curé de Saint-Barthélemy, Pierre Roullé, en août 1664, selon lequel la comédie avait été montée «au mépris de ce qu'il y a de plus saint dans l'Église», *éd. cit.*, I, p.1143. Dans son *Premier Placet* (voir Couton, I, p.891), Molière s'empressa de répondre à cette diatribe d'autant plus dangereuse qu'elle fut présentée au roi sous le titre *Le Roi glorieux au monde*.

progressivement les objections à la comédie. À la fin de l'*Avis*, il fait étalage de sa déférence envers les puissances qui ont interdit la pièce : l'utilité qu'il a cru déduire de l'action comique aux dépens de la galanterie «ne justifieroit pas les défauts essentiels que les Puissances ont trouvez dans cette Comédie, si tant est qu'ils y soient».[44] Ses écrits fourmillent d'exemples de cette tactique qui lui est comme une seconde nature, consistant à énoncer une proposition qu'il feint d'accepter comme irréfragable (en l'occurrence les doutes sur la moralité de *L'Imposteur*), à entasser par la suite preuve sur preuve qui la contredisent obliquement, si bien que l'énoncé se vide de sens sous les yeux du lecteur. Il n'en va pas autrement ici : la description de la comédie terminée, il s'arrête pour mesurer le chemin parcouru : «Voilà, Monsieur, quelle est la pièce qu'on a defenduë; il se peut faire qu'on ne voit pas le venin parmy les fleurs, et que les yeux des Puissances sont plus épurez que ceux du vulgaire».[45] Ailleurs dans ses écrits, il agit pareillement en ce qui concerne la question de l'existence de Dieu ou de l'immortalité de l'âme.[46] Nul ne saurait mettre en doute les arguments en faveur de l'immortalité de l'âme, «capables de persuader tout esprit qui se rend docilement à la raison».[47]

Fort de cette confiance en la raison, il se met à élaborer ses trente-trois preuves «apodictiques» de l'immortalité de l'âme, dans le but très chrétien de renverser les arguments des incrédules. Au terme de la démonstration, on s'étonne de lire que ces preuves ont beau être «fort bonnes et démonstratives en elles-mêmes», elles ne sont guère capables d'emporter l'adhésion de l'incroyant endurci.[48]

Le bloc monolithique qu'il veut abattre, il le mine sournoisement de l'intérieur, sans jamais oser s'y opposer ouvertement, si bien qu'il finit par s'écrouler faute de fondations. En ce qui concerne la condamnation de *L'Imposteur*, il œuvre tant et si bien qu'aucun esprit rationnel ne saurait garder une once de respect pour ces puissances qui ont contribué à priver

---

[44] *Avis, éd. cit.*, p.72.
[45] *Éd. cit.*, p.79.
[46] Voir par exemple son *Dialogue sur la divinité*, dans *Dialogues faits à l'imitation des anciens, Petit discours chrétien sur l'immortalité de l'Ame, OLV*, III (1re partie), 5e vol.
[47] *Petit discours*, dans *op. cit.*, p.436.
[48] *Op. cit.*, p.431, 453.

la France d'une «instruction fort chrêtienne» au dire de la *Lettre*.[49] Une fois le travail de démolition accompli, il peut se retrancher de nouveau derrière la pose de désintéressement : «voilà, Monsieur, ce que vous avez souhaité de moi : gardez-vous bien de croire pour tout ce que je viens de dire que je m'interesse en aucune maniere dans l'histoire que je vous ai contée [...] ».[50] Il nous semble incontestable que l'argument de la *Lettre* se révèle à la fois efficace et incisif, et cela pour deux raisons étroitement liées : l'érudition omniprésente, et l'ironie massive qui en découle et la met en relief. Grâce à ces deux armes mises subtilement à contribution, toute opposition à la pièce est destinée à paraître irrationnelle et étroite, alimentée par les préjugés d'une époque révolue. Répète-t-on toujours l'antienne qui veut que le théâtre ne soit pas propre à traiter des questions religieuses? Objection qui s'attire l'argument massue que voici :

> Il faut être bien enragé contre Molière pour tomber dans un égarement si visible; et il n'est point de si chetif lieu commun, où l'ardeur de critiquer et de mordre ne se puisse retrancher aprés avoir osé faire son fort d'un si miserable et si ridicule defense. Quoy, si on produit la Verité avec toute la dignité qui doit l'accompagner par tout; si on a prévû et evité jusqu'aux effets les moins fâcheux qui pouvoient arriver, mesme par accident, de la peinture du vice; si on a pris, contre la corruption des esprits du siecle toutes les precautions qu'une connoissance parfaite de la saine Antiquité, une veneration solide pour la Religion, une meditation profonde de la nature de l'ame, une experience de plusieurs années et qu'un travail effroyable ont pû fournir, il se trouvera, aprés cela, des gens capables d'un contresens si horrible que de proscrire un ouvrage qui est le resultat de tant d'excellens preparatifs, par cette seule raison, qu'il est nouveau de voir exposer la religion dans une sale de Comedie, pour bien, pour dignement, pour discretement, necessairement et utilement qu'on le fasse![51]

En bon rhétoricien, Le Vayer dégage, l'un après l'autre, les principes qui sous-tendent ce condensé de sa défense de Molière. Ceux qui s'obstinent à refuser à Molière le droit de faire jouer sa pièce donnent un

---

[49] *Éd. cit.*, p.78.
[50] *Éd. cit.*, p.122–23.
[51] *Éd. cit.*, p.80–81.

exemple notable «des plus considerables effets de la corruption du siècle où nous vivons».[52] En effet, ce manque de jugement procède de la «fausse bienséance», en raison de quoi la Raison et la Vérité se trouvent reléguées dans les églises «où leur puissante vertu est presque inutile»[53] parce que cherchées uniquement par ceux qui s'y souscrivent déjà. Nous nous devons d'apporter la lumière de la religion dans les endroits les plus obscurs du monde, sans nous inquiéter d'une prétendue perte de sa dignité. Laissons aux grands de ce monde le soin d'une fausse dignité qui s'évertue toujours à nous éblouir : que la charité—«cette Reine [...] cette souveraine des ames chrétiennes»[54]—ne s'abaisse pas à de telles considérations mesquines! Étant souveraine, la charité peut se produire là où elle le veut : «Il n'est rien de si profane qu'elle ne sanctifie, de si corrompu qu'elle ne purifie, de si méchant qu'elle ne rectifie, rien de si extraordinaire, de si inusité et de si nouveau qu'elle ne justifie».[55]

De par son argument et son style, la *Lettre* se montre incomparablement supérieure à tout autre opuscule publié du vivant de Molière pour le défendre. Pour s'en persuader, il n'est que de parcourir d'autres documents contemporains qui prennent sa défense, tels que *La Lettre sur les observations d'une comédie du sieur Molière* (1665) ou *La Lettre écrite sur la comédie du Misanthrope* (1666). Si bien intentionnées et raisonnées qu'elles soient, ces lettres ne laissent pas d'être écrites par ceux qui de toute évidence ne se font que les *défenseurs* du comique. En tant que tels, leurs auteurs se rangent dûment sous la bannière de Molière qu'ils défendent loyalement pour ne pas dire aveuglément. Ce parti pris trop évident les prive du coup de cette aura d'autorité et de poids intellectuel dont l'écrasante mais insaisissable ironie de Le Vayer investit sa *Lettre*. L'argumentation de Le Vayer procède à l'inverse, et s'accomplit en trois temps. Dans un premier temps *andante*, il se fait un plaisir d'évoquer l'un après l'autre les arguments des ennemis de la comédie, feignant d'y ajouter foi, et dans un deuxième temps *maestoso* il les anéantit sous le poids de son ironie massive. La table rase faite, il termine l'opération dans un troisième temps *allegro* : grâce à la magie du verbe alliée à la virtuosité

---

[52] *Éd. cit.*, p.82.
[53] *Éd. cit.*, p.82.
[54] *Éd. cit.*, p.87.
[55] *Éd. cit.*, p.88-89.

intellectuelle, Molière le libertin en train de démolir les fondements de la société se voit tranformé en évangéliste et missionnaire fervent qui n'a pas de charge plus pressante que de faire pénétrer la lumière de la charité chrétienne dans les coins les plus reculés du monde. Érudition, ironie, dextérité verbale se renforcent, dotant l'argument apologétique d'un élan auquel le lecteur résiste difficilement.

C
Quel crédit peut-on accorder à la *Lettre sur la comédie de L'Imposteur*?

À la question : quel fond peut-on faire sur la *Lettre* en tant que relation exacte de l'unique représentation de *L'Imposteur*, nous répondrions volontiers par une autre : que sait-on au juste de l'auteur de la *Lettre*? Jusqu'à quel point peut-on lui faire confiance comme témoin? Une lecture, même hâtive, suffit pour nous convaincre de l'érudition et de l'habileté avec lesquelles la cause de Molière est soutenue. Les amis et les ennemis de Le Vayer s'accordent sur un point : il était bel et bien le Plutarque français de son époque,[56] description d'autant plus remarquable qu'il vivait à une époque riche en savants et en hommes de lettres. Héritier de la bibliothèque de Mlle de Gournay, fille par alliance de Montaigne, il se réunissait à Paris avec un groupe de doctes et de lettrés chez le Président de Thou, connu sous le nom de l'académie putéane.[57] Là il rencontra des penseurs aux idées avancées tels Élie Diodati, l'avocat et ami de Cremonini et de Galilée, le philosophe et savant Pierre Gassendi, le rationaliste Gabriel Naudé. Avec ces penseurs il semble que Le Vayer ait formé un groupe ésotérique à l'intérieur de l'Académie que René Pintard appelle la tétrade. Sans doute avait-il l'esprit moins porté à la philosophie que Gassendi et moins strictement rationaliste que Naudé, mais il se distinguait de ses confrères brillants tant par ses lectures encyclopédiques

---

[56] Là-dessus nous avons la concordance de deux témoignages : le premier de son ami Gabriel Naudé et le second de Chapelain, qui lui était hostile, Wickelgren, *op. cit.*, p.119; voir aussi Perrault et Bayle, cités dans *OLV*, I (1re partie), 1er vol., p.33, 44.
[57] Pintard, *op. cit.*, I, p.92–5, Adam, *Histoire* ... I, p.287–88.

que par l'usage abondant qu'il en faisait. L'historien de l'Académie Française au XVII" siècle, Paul Pellisson, passant en revue la quantité prodigieuse d'écrits produits par Le Vayer et cherchant à en évaluer la qualité, conclut à juste titre qu'«on ne croira pas qu'il ait pu avoir d'autre occupation [que celle d'écrivain] dans tout le cours de sa vie».[58] La raison en était qu'«il a tout embrassé dans ses écrits : l'ancien, le moderne, le sacré, le profane, mais sans confusion; il avait tout lu, tout retenu et fait usage de tout».[59] Au même endroit, Pellisson loue sa mémoire qui «quoi qu'[sic] elle brille par tout, n'efface jamais son esprit».[60] C'est cette même faculté qu'on a vu Le Vayer affecter de mépriser dans l'*Avis* ainsi que dans ses *Promenades*.[61]

Comme le suggéra Pellisson, ce savoir immense fut emmagasiné et utilisé avec une discipline avisée : si dans les premiers dialogues il fait étalage d'une licence débridée, sous l'influence de son patron Richelieu ses écrits prennent par la suite une allure plus souple et ordonnée. L'érudition y est tout aussi évidente, mais elle se fait plus coulante, se soumet au service d'objectifs précis. Il tient à garder une rigueur et une méthode dans ses études, répartissant ses connaissances avec ordre et logique, témoin ses écrits pédagogiques à l'intention du futur Louis XIV. Une des caractéristiques les plus marquées de son écriture consiste en la fidélité et la probité avec lesquelles il attribue ses multiples citations puisées surtout dans les sources antiques. Ne pas agir ainsi était à ses yeux manquer foncièrement d'honnêteté, et il décoche avec entrain ses flèches contre les auteurs moins scrupuleux dans la notation de leurs sources : ceux-ci n'écrivent pas, ils transcrivent plutôt,[62] se voient traités de «plagiaires, pour nous servir du terme qui est propre à cette infamie»,[63] sont coupables de «larcin»,[64] sans quoi leurs écrits se réduiraient vite à la «carte blanche».[65]

[58] *Histoire de l'Académie Française*, dans *OLV*, I (1ʳᵉ partie), 1ᵉʳ vol., p.12.
[59] *Ibid.*, p.27.
[60] *Ibid.*
[61] *Avis, éd. cit.*, p.71; voir la note 34 ci-dessus, et *De la lecture des livres*, *OLV* (2ᵉ partie), 4ᵉ vol., p.492.
[62] *De quelques compositions*, *OLV*, VII (1ʳᵉ partie), 13ᵉ vol., p.131-32.
[63] *De la lecture*, *OLV*, II (2ᵉ partie), 4ᵉ vol., p.518.
[64] *De quelques compositions*, p.132.
[65] *De la lecture*, p.517.

Il n'est pas jusqu'au moindre *Petit traité en forme de lettres écrites à diverses personnes studieuses*, qui sont au nombre de 150, qui ne soit scrupuleusement annoté. Si la *Lettre* ne l'est pas, la raison en est sans doute qu'une annotation coutumière eût trahi tout de suite l'identité de l'auteur. En outre, un appareil critique avec force citations en latin et en grec eût alourdi davantage un texte déjà passablement touffu et pédant, risquant fort de rebuter le lecteur moyen. La *Lettre* n'en reste pas moins imprégnée de l'esprit et des idées de l'antiquité : *Avis* et *Lettre* se placent sous le signe de La Justice, La Raison et La Vérité, qui proviennent non pas des sources révélées, mais de «la saine Antiquité»,[66] cette «Antiquité, si sage en toutes choses».[67] Dans la *Lettre*, les allusions aux Anciens, tant directes qu'indirectes, foisonnent: Sénèque, Horace, Cicéron, Quintilien, Platon, Saint Augustin, Saint Paul, et surtout Aristote sont cités (ce dernier six fois); Le Vayer fait des allusions à la comédie ancienne ainsi qu'au théâtre ancien, dont la fonction religieuse, surtout évidente dans les dénouements, fait l'objet d'une longue digression.[68] Descartes, pour ne pas être mentionné, y est présent par sa théorie de l'origine du rire fondé sur le mépris, de même que le philosophe anglais Thomas Hobbes dont les idées sur le même sujet sont voisines. Il est inconcevable que Le Vayer n'ait pas connu ce dernier, lequel, mal vu des deux factions de la guerre civile dans son pays, se trouva en exil à Paris pendant la période 1640-53, et connaissait bien Marin Mersenne, Samuel Sorbière et Pierre Gassendi, qui fréquentaient les mêmes cercles intellectuels que Le Vayer.[69]

À tout prendre, s'il fallait désigner un seul spectateur ou critique capable de reconstituer le plus exactement possible l'unique représentation

---

[66] La *Lettre*, *éd. cit.*, p.81, phrase qui par un changement freudien se transforme dans la deuxième édition de 1668 en «la sainte Antiquité», voir la note 236 de la page 136.

[67] *Éd. cit.*, p.90. Comparer son éloge des Anciens dans la préface de son *Petit traité sceptique*, *OLV*, V (2ᵉ partie), 10ᵉ vol., p.125 :
«Ceux-là ne se trompent pas qui considérent (*sic*) ces anciens Philosophes Grecs et Latins comme des originaux de Sagesse et de Vertu. La Vérité éternelle est la source où ils ont puisé tant de beaux préceptes qu'ils nous donnent.»

[68] *Éd. cit.*, p.34-35.

[69] À ce sujet, voir R. Pintard, *op. cit.*, p.552-58, et J.S. Spink, *French Free-Thought from Gassendi to Voltaire* (London, 1966), p.69sv.

de *L'Imposteur* en vue de la postérité, on jetterait sans hésitation son dévolu sur Le Vayer; et cela à cause de la clarté de son esprit, la force sinon l'élégance de son style et un attachement au moindre détail confinant à la pédanterie. Son récit est d'autant plus fidèle qu'il ne se fait pas d'après des souvenirs de la représentation. Si bonne qu'ait pu être sa mémoire, il était trop fin pour croire qu'un lecteur avisé pût ajouter plus de foi à la fiction qui nous est racontée dans l'*Avis* à ce sujet qu'aux dates fantaisistes qu'on l'a vu donner à ses premiers dialogues. De surcroît, il pouvait compter sur l'aide du dramaturge lui-même pour contrôler les détails de son récit. (Il suffit de regarder le nombre et la qualité des remarques d'ordre théâtral, par exemple sur les entrées et les sorties des personnages, pour s'en convaincre.) Nous sommes amenés à conclure que nous disposons d'un texte qui nous livre un récit exact de la comédie de *L'Imposteur*.

D
De la *Lettre* à *L'Imposteur*

Pour fidèle que soit le récit de *L'Imposteur*, il y a loin—très loin—de la description de la comédie à sa reconstruction. C'est une évidence qui saute aux yeux qu'un récit ne saurait nous tenir lieu de pièce, même si nous ne le considérons que du seul point de vue de son contenu : par sa nature sommaire, la *Lettre* ne vise qu'à décrire et à résumer, relatant les épisodes les plus dramatiques d'une représentation qui, irrécupérable, s'est déjà déroulée. Elle ne saurait restituer chaque membre d'une phrase qui se joint à d'autres pour s'enchâsser dans un vers ou un discours lesquels forment des répliques à des répliques, le tout se déroulant au gré de l'action et des personnages. Nous reviendrons plus loin sur les problèmes ainsi posés par notre reconstruction. Face à de pareilles difficultés, nous nous sommes laissé guider par le principe directeur suivant : nous nous en sommes tenu au texte de la version définitive de 1669 tant elle n'est pas seulement contredite mais aussi contrôlée par la *Lettre*. Il va de soi qu'on ne saurait garantir la présence en 1667 d'un seul vers qui ne figure pas ou qui ne soit pas indiqué directement ou indirectement dans la *Lettre*. Sur les 1962 vers du *Tartuffe* de 1669, 595 sont cités directement ou font l'objet d'une référence directe dans la *Lettre*, soit 30.3%. Pourcentage qui peut paraître assez faible à l'état brut s'il l'on s'en tient à la version définitive comme seule norme et œuvre de référence et qui appelle deux observations majeures :

    (a) il faut tenir compte du fait que Molière s'est vu contraint de faire force suppressions et modifications dans la version définitive de 1669 (nous en relevons 46, dont bon nombre de substantielles) à la suite de l'unique représentation de *L'Imposteur*; nous les estimons au bas mot de l'ordre de 25% à 30% par rapport à *L'Imposteur* (voir la section 'E' ci-dessous) : ce chiffre de 30.3 % est donc important, car il représente en effet un corpus très solide à partir duquel l'on peut procéder à la reconstruction de la comédie de 1667, corpus d'autant plus solide que n'y figurent que des vers complets ou des références assez complètes pour être reconstituées intégralement;

    (b) en outre, la description de l'action de *L'Imposteur*, même si aucun vers n'y est cité, est le plus souvent d'une telle précision qu'elle nous permet de mesurer clairement l'écart entre les deux versions à tel ou tel endroit. Pour ne citer que quelques exemples :

1 :   au vers 65-6 de *L'Imposteur*, La Vieille exprime le souhait fervent que Panulphe prenne en main la conduite de la maison. Très précisément, la *Lettre* note que «sur ce propos le Frere de la Bru commence déja à faire voir quelle est la veritable devotion, par rapport à celle de Monsieur Panulphe ... »,[70] et le beau-frère déclame l'essentiel du discours que tient Cléante à Orgon en 1669 (I, 5, v.351-80) (voir la note 40 de l'acte I de *L'Imposteur*). N'était l'indication de l'endroit exact où se situait une partie de ce discours en 1667, cette phrase de la *Lettre* serait sujette à caution.

2 :   nous trouvons un autre exemple de cette manière détaillée de repérer telle ou telle intervention dans la même scène si l'on considère au sujet de la première mention de l'hypocrite. En 1669 Dorine profite de l'occasion donnée par l'éloge outré de Tartuffe par Madame Pernelle pour le qualifier d'hypocrite (v.69-70). Il est tout à fait naturel que la servante évoque ensuite la présence opprimante du serviteur de l'hypocrite, ce qu'elle ne manque pas de faire en 1669 dans deux vers (v.71-2). En 1667 pourtant, à en croire la *Lettre*,

---

[70] *Éd. cit.*, p.4-5.

après avoir taxé Panulphe d'ingérence dans les affaires de la maison, la suivante enchaîne avec une attaque contre son valet. Sans les très précises indications du contexte on aurait bien de la peine à accepter ce prolongement de satire, d'autant plus qu'en 1669 il figure dans la scène suivante : «pour achever la peinture de ce bon Monsieur, [Panulphe] on luy a donné un Valet, duquel, quoiqu'il n'ait point à paroistre, on fait le caractere tout semblable au sien, c'est à dire, selon Aristote, qu'on dépeint le Valet pour faire connoître le Maistre. La Suivante sur ce propos continuant de se plaindre des reprimendes continuelles de *l'un et de l'autre* ... ».[71] En 1667 donc la servante donne un portrait du domestique (I, 1, v.97-104), qui s'incorpore en 1669 dans I, 2, v.203-10 (voir la note 50 de l'acte I).

3 : un troisième exemple de la façon dont la relation précise sert à situer fidèlement les différences textuelles de 1667 nous est fourni par les efforts du beau-frère pour ramener le mari à la raison au moyen de ce que la *Lettre* appelle «des reflexions tres solides sur les differences qui se rencontrent entre la veritable et la fausse vertu» dans l'acte I.[72] Ces «reflexions solides» ne peuvent aucunement correspondre aux deux longs discours que tient Cléante à Orgon en 1669 sur la vraie et la fausse dévotion (I, 5, v.318-45, 351-407), pour la bonne raison qu'en 1667 le beau-frère a déjà déclamé le second discours de 1669 en deux endroits de la première scène, à la Vieille (v.67-92, v.173-96), et sur un ton acerbe et cassant. Les «reflexions solides» de 1667 indiquent clairement les vers adressés à Orgon (v.318-45), dont le ton sententieux et modéré cadre parfaitement avec la description de la *Lettre*.

Toute reconstruction bute sur un autre obstacle qui tient au fait que Le Vayer prétend ne pas citer de vers directement : *«L'Auteur s'est contenté la plûpart du tems de rapporter à peu prés les mêmes mots, et ne se hazarde guere à mettre des vers.»*[73] Sous prétexte de respecter Molière il affirme ne pas vouloir *«travailler sur sa matiere», «ne se hazarder pas à défigurer ses pensées, en leur donnant peutêtre un tour autre que le*

---

[71] *Éd. cit.*, p.5. Les italiques sont de nous.
[72] *Éd. cit.*, p.18.
[73] *Avis*, *éd. cit.*, p.71.

sien».[74] Le prétexte est des plus minces, et se rattache à ce que Le Vayer veut nous laisser accroire concernant la rédaction de la relation de mémoire. Prétendre ne rien citer directement de la pièce se révèle être une autre histoire transparente, destinée à permettre aux lecteurs de la *Lettre* de contourner l'interdiction formelle de l'archevêque de Paris «de la [la comédie] lire ou entendre réciter, soit en public soit en particulier, sous peine d'excommunication», comme nous l'avons déjà constaté.[75] Le Vayer n'est que trop heureux d'aider ses lecteurs à se dérober à la lettre de *l'Ordonnance* de son ancien adversaire ecclésiastique. Le lecteur avisé sait toute la portée qu'il faut donner à des phrases décrivant la pièce qui l'informent que l'auteur utilise «*à peu prés les mêmes mots*» et «*ne se hazarde guere à mettre des vers*», d'autant plus que vers la fin du même *Avis* il entend Le Vayer affirmer avoir donné «*une relation fidele de la chose*».[76] D'ailleurs, malgré tous ces démentis élégants, il est clair qu'il cite souvent, tels quels, des vers de 1667 qui ne figurent pas dans *Le Tartuffe* (voir la note 117 de l'acte IV). La prose est souvent si fidèle aux vers qu'elle en garde la rime, voir la note 99 du premier acte et la note 88 du dernier acte. On peut se faire une excellente idée de la fidélité scrupuleuse avec laquelle Le Vayer s'attache aux détails de son récit en comparant les passages de la *Lettre* qui ne font que résumer l'action, parfois sans citations, avec les endroits correspondants du *Tartuffe* de 1669. Quelques exemples suffiront pour nous en convaincre :

1. Prenons le discours du beau-frère au mari au dernier acte, débité au moment où celui-ci s'en prend à son ancienne idole, *L'Imposteur*, v. 1445-66. Le Vayer fait état

(a) de «[la] mauvaise disposition d'esprit» du mari [1669 : «emportements» v. 1607];

(b) «qui luy fait juger de tout avec excés» [1669 : «Et toujours d'un excès vous vous jetez dans l'autre» v.1610];

(c) du fait qu'il [le mari] ne se trouve jamais dans «le juste milieu, dans lequel seul se trouve la justice, la raison, et la verite», [1669 : «Vous ne

---

[74] *Ibid.*, p.71.
[75] *Ordonnance de Mgr. l'archevêque de Paris*, Couton, I, p.1145. Voir la reproduction à la page 10.
[76] *Avis, éd. cit.*, p.72.

gardez en rien les doux tempéraments; /Dans la droite raison jamais n'entre la vôtre» v.1608-9];
(d) de la considération pour les véritables gens de bien laquelle «ne doit point passer jusqu'aux méchans qui savent se couvrir de quelque apparence de vertu» [1669 : il ne faut pas confondre «le cœur d'un perfide vaurien ... {avec} les cœurs de tous les gens de bien» v.1615-6]. Aussi constate-on que la douzaine de lignes de la prose de la *Lettre*[77] rend un compte exact des quatre points fondamentaux des 22 vers de Cléante. (Voir la note 13 de l'acte V.)

2. Au début de l'acte II, au moment où le père choisit d'aviser Mariane du choix du mari [Panulphe] qu'il lui désigne, Le Vayer enregistre même les exclamations traduisant la stupéfaction de la fille, ainsi que les interjections ahuries du père devant le refus d'un parti si admirable.

3. Cet exemple montre la façon pénétrante dont la nature de l'hypocrisie religieuse est analysée. Après nous avoir résumé avec force citations la scène entre le beau-frère et Panulphe, IV, 1, Le Vayer ajoute deux observations pertinentes sur les deux aspects du caractère bigot mis en relief ici : la capacité de Panulphe à s'insinuer dans une famille au point de léser les droits des enfants et son habileté à pratiquer une distinction de casuiste entre «le pardon du cœur» et la conduite qui laisse prévoir son second entretien avec la dame.[78]

Comme nous l'avons mentionné plus haut, une difficulté majeure provient de la grande différence entre la nature d'un récit et d'un dialogue théâtral. Pour éviter le décousu et l'incohérence dans son récit, Le Vayer se voit souvent obligé de fondre dans un seul bloc narratif plusieurs discours d'un même personnage avant de citer ou de décrire la réaction de l'interlocuteur qui lui donne la réplique sur la scène. Aussi choisit-il pour la commodité de son récit de rapporter ensemble quatre interventions de La Vieille dans le premier acte (voir la note 29 de cet acte). Même méthode dans IV, 5, où les explications de la dame au sujet de sa conduite réticente envers son mari à la suite de l'irruption du fils sur la scène dans III, 4, s'étendent sur deux discours que coupe une intervention de l'hypocrite (v.1234-1282). Ces discours de la dame font bloc tels que la

---

[77] *Éd. cit.*, p.66-67.
[78] *Éd. cit.*, p.48.

Lettre les rapporte.[79] Dans l'acte III, sc.6, où Panulphe se voit accusé par Damis devant le père, la *Lettre* nous donne la justification et l'autoaccusation de Panulphe (v.920-32, 933-48, 954-56) avant de décrire l'emportement du père, alors que sur la scène la colère paternelle les traverse (voir la note 84 de l'acte III). Le Vayer résume globalement une série d'interventions de La Vieille dans l'acte V, scène 2, comme il le fait dans l'acte I, scène 1 (voir la note 26 du dernier acte et la note 29 du premier). Enfin, la forme plus ramassée du récit est capable, en dépit du souci de fidélité de son auteur, de conférer une densité au contenu qui ne ressort pas forcément du texte. Ainsi le récit peut-il, malgré lui, prêter une allure plus hardie à la dame qui donne raison à Panulphe de sa conduite moins réticente au début de leur second entretien dans l'acte IV (voir la note 91 de cet acte).

Si Le Vayer ne nous donne que de rares citations de la scène entre Dorine et le père dans II, 2, il nous en laisse par contre une description fort complète qui permet de la reconstruire avec un haut degré de probabilité. Sans doute reconnut-il que le second acte, lequel fait une large part aux jeux de farce et de pantomime, est moins important sur le plan dramatique et moral que d'autres actes dont les citations sont plus abondantes (voir la note 10 de l'acte II).

E
L'Imposteur et *Le Tartuffe*—une seule et même pièce?

Nous avons constaté plus haut (**A**) que les moliéristes ont longtemps pensé que *L'Imposteur* de 1667 et *Le Tartuffe* de 1669 étaient une seule et même pièce à plusieurs changements de pure forme près.[80] Or, il n'en est rien, les différences sont nombreuses et importantes, reflétant l'évolution

---

[79] *Éd. cit.*, p.55-57.
[80] Idée qui a la vie dure au vingtième siècle aussi, voir G. Michaut, *Les Luttes de Molière*, p.98; J. Cairncross, *New Light on Molière*, p.2, pour qui il n'y a pas de différence fondamentale entre Panulphe et Tartuffe; R. Robert, «Des commentaires de première main sur les chefs-d'œuvre les plus discutés de Molière», p.27; A. Adam, *Histoire...* III, p.314; J. Scherer, *Structures de Tartuffe*, p.55; B. Louvat, éd. *Tartuffe* (Paris, 1997), p.23; J. Serroy, éd. *Le Tartuffe* (Paris, 1997), p.183.

L'IMPOSTEUR DE 1667 29

radicale que subit la pièce de 1667 à 1669. Avant de faire l'analyse de ces différences, il serait utile de les énumérer acte par acte.

ACTE I

1. Sc. 1 : Dans la première scène, quand La Vieille traverse la scène en trombe, et critique tout ce qui se passe à la maison, les membres de la famille interviennent tour à tour pour lui tenir tête, à commencer par Damis, la Dame, le beau-frère, Dorine. Mariane, quoique présente, ne dit mot (voir la note 20 de l'acte I). En 1669 l'ordre se fait plus symétrique: Elmire, Dorine, Damis, Mariane, Elmire, Cléante.

2. À la suite des discours de la Vieille sur les mérites insignes de Panulphe (v.66), le beau-frère «commence déjà à faire voir quelle est la veritable devotion, par rapport à celle de Monsieur Panulphe : de sorte que le venin, s'il y en a à tourner la bigotterie en ridicule, est presque precedé par le contrepoison».[81] Aussi fait-il la distinction entre la vraie et la fausse dévotion (v.67-92), et son discours ici correspond à ce que dit Cléante dans I, 5 (v.355-80). La deuxième moitié du discours de Cléante (v.381-404) est déclamée par le beau-frère à la Vieille (v.173-196) en 1667. Celui-ci, plus agressif que son successeur, dévoile impitoyablement les mobiles de la pruderie (v.133-48) dans des termes et sur un ton que ne désavouerait pas Célimène lors de sa prise de bec avec Arsinoé (voir la note 62 de *L'Imposteur*, I, 1 : «Le Frere de la Bru continuë par un caractere sanglant qu'il fait de l'humeur des gens de cet âge, *qui blâment tout ce qu'ils ne peuvent plus faire*».)[82] En 1669, ces remarques cinglantes sont dans la bouche de Dorine (v.125-40). En 1667 Molière s'expose évidemment au risque de se voir attribuer les propos acerbes du beau-frère, alors qu'en 1669 il semble vouloir s'en distancier en les prêtant à la servante. En édulcorant les propos de Cléante, il souligne ainsi son intention de présenter le personnage comme un honnête homme moins porté à envenimer la situation qu'à calmer les esprits et à prôner la dévotion raisonnable et modérée. La distinction entre la fausse et la vraie

---

[81] *Éd. cit.*, p.4-5.
[82] *Éd. cit.*, p.7.

dévotion qu'introduit Cléante se fait du coup plus clairement et directement et Molière en est le grand bénéficiaire.

3. Après la réponse enragée de la Vieille (v.149-72) le beau-frère de 1667 fait exprès de l'exaspérer davantage :

> Pour remettre la Vieille de son emotion, le Frere continue, sans faire semblant d'appercevoir le desordre où son discours l'a mise; et, pour un exemple de bigoterie qu'elle avoit apporté, il en donne six ou sept qu'il propose, soûtient et prouve l'estre de la veritable vertu. Nombre qui excede de beaucoup celuy des bigots alleguez par la Vieille.[83]

En 1669 ce discours se trouve transposé dans I, 5, v.381-404. En 1667 c'est le beau-frère qui provoque sa sortie, alors qu'en 1669 c'est Dorine. Les aspérités du caractère chez le beau-frère ne sont plus visibles chez son successeur de 1669.

4. En 1667, la servante fait suivre sa boutade à l'égard de Panulphe d'une description détaillée du serviteur, lequel, mû par la même hypocrisie religieuse que son maître, prend sur lui de s'ingérer dans la vie de la famille (v.95-104) :

> [...] pour achever la peinture de ce bon Monsieur, on luy a donné un Valet, duquel, quoiqu'il n'ait point à paroistre, on fait le caractere tout semblable au sien, c'est à dire, selon Aristote, qu'on dépeint le Valet pour faire connoître le Maistre. La Suivante sur ce propos continuant de se plaindre des reprimendes continuelles de l'un et de l'autre [...][84]

En 1669, Dorine ne fait que mentionner brièvement ce serviteur (v.71-2), et remet la description de son ingérence dans les affaires de la famille à I, 2, v.203-10. Il est évident qu'en 1669 Molière préféra diriger ses feux sur Tartuffe dès la première scène, renouvelant l'attaque contre lui à travers le valet plus tard, afin de ménager les effets et de rendre la satire plus incisive.

[83] *Éd. cit.*, p.8.
[84] *Éd. cit.*, p.5.

5. En 1667, à la suite de la raillerie de Dorine qui veut que Panulphe soit jaloux de sa maîtresse (v.116), la Vieille fait une intervention hargneuse (v.117-128). En 1669, ces vers de Pernelle sont répartis sur deux discours (v.85-92, 117-20). Nous croyons en effet que ces vers formaient un seul et même discours en 1667 pour les raisons suivantes: le deuxième discours de 1669 (v.117-20) est une riposte aux précédents vers de Dorine sur les potins de Daphné et son petit époux, et secondent des remarques de Cléante (v.93-102) sur l'impossibilité de mettre fin au qu'en-dira-t-on. Or la *Lettre*, dans son récit très détaillé de cette première scène, ne mentionne ni l'un ni l'autre de ces discours en 1667 :[85] il n'en reste que la mention de la prude Orante que cite la Vieille comme exemple de la vertu. Le discours de la Vieille de 1667 semble faire état de plus d'exemples de vertu qu'en 1669 selon la *Lettre*, voir la note 57 de l'acte I. En outre, les propos de Cléante (v.93-102) ont un ton modéré très différent des propos acerbes qui caractérisent le beau-frère en 1667, lequel d'ailleurs assume une fonction explicitement satirique que Molière prend garde de confier à Dorine en 1669. Le discours qu'elle tient en 1669 à ce sujet n'aurait point de raison d'être dans la première scène en 1667.

6. Sc.2 : après la sortie de la Vieille en 1667, les autres membres de la famille se réunissent pour parler des raisons qui pourraient avoir retardé le mariage de Mariane avec Valère :

> [...] ils l'attribuent fort naturellement au principe general de toutes les actions de ce pauvre homme coëffé de Monsieur Panulphe, c'est à dire à Monsieur Panulphe mesme, sans toutefois comprendre pourquoy ny comment il peut en estre la cause. Et là on commence à rafiner le caractere du saint Personnage, en montrant par l'exemple de cette affaire domestique comment les Devots, ne s'arrestant pas simplement à ce qui est plus directement de leur métier, qui est de critiquer et mordre, passent au delà sous des

---

[85] *Éd. cit.*, p.6-7. Voir la note 57 de l'acte I.

pretextes plausibles à s'ingerer dans les affaires les plus secretes et les plus seculieres des familles.[86]

Le conseil de guerre que tient la famille aboutit à la résolution suivante: le beau-frère pressera le mari de conclure le mariage aussitôt que possible. Molière a omis cette scène en 1669, jugeant opportun de laisser tomber et discussion et analyse des voies de l'hypocrisie (voir la note 79 de l'acte I) et l'action reprend plus naturellement avec le dialogue de Dorine et de Cléante. Molière se rendit compte sans doute que la discussion familiale de 1667 marquait une rupture un peu brutale avec la scène précédente, et se contente d'y faire allusion dans I, 3, de 1669, où il y a et inversion dans l'ordre des scènes 2 et 3 de 1667 et allègement considérable au profit de l'action comique.

7. Sc.3 : Il n'y a aucune mention à la fin du discours de Dorine au beau-frère (v.211-35) du comportement fort bizarre de son maître face à ce Panulphe au petit pied qu'est son serviteur, à la différence de la scène correspondante en 1669 (v.203-210) (voir 4 ci-dessus et les notes 50 et 89 de l'acte I).

8. Sc.5 : Quand le mari commence à prôner les vertus de Panulphe à son beau-frère, il fait grand cas du dénuement de son saint homme. Il est évident que ces remarques se situent après son discours qui commence au vers 293 (voir la note 99 de l'acte I). En 1669, ces vers font partie du discours d'Orgon à Dorine dans II, 2, v.489-90.

9. Les discours du beau-frère sur la différence entre la vraie et la fausse dévotion sont ici plus brefs qu'en 1669, où il y consacre deux grandes tirades, v.318-45, 351-407. L'essentiel du premier discours figure dans v.330-57 en 1667 mais le deuxième est réparti sur les vers 67-92 et 173-96 de la première scène, où le beau-frère les adresse non pas au mari, qui n'est pas en scène, mais à la Vieille (voir les notes 40, 70, 109 de l'acte I).

---

[86] *Éd. cit.*, p.10-11.

ACTE II

10. Sc.1 : le père conseille à Mariane de lui dire tout haut sa pensée sur les mérites de Panulphe sans crainte de représailles de sa part, et de se disposer à l'épouser (après v.400). En 1669 il est seulement question du mariage avec Tartuffe (v.441-44) (voir la note 4 de l'acte II).

11. L'ordre des interjections de Mariane et de son père est quelque peu différent en 1667 suivant le rapport très précis de Le Vayer (voir la note 8 de l'acte II).

12. Les vers d'Orgon en 1669 sur le peu de cas que fait Tartuffe des biens de ce monde (v.489-90) figurent en 1667 dans I, 5 (voir 8 ci-dessus, et la note 16 de l'acte II). Les vers suivants du même discours d'Orgon en 1669 sur la noblesse de Tartuffe se trouvaient en 1667 dans IV, 3, v.1145-48 (voir 26 ci-dessous).[87]

13. Le commentaire de Dorine en 1669 (v.495-500) sur la disparité entre ambition mondaine et dévotion chez Tartuffe ne figure pas dans cette scène en 1667 mais fait partie de IV, 3, où il est organisé et disposé autrement; la servante riposte :

> Oui, c'est lui qui le dit.

et c'est le beau-frère et non pas Dorine qui enchaîne :

> et cette vanité,
> [Je crois], ne sied pas bien avec la piété.
> Qui d'une sainte vie embrasse l'innocence
> Ne doit point tant prôner son nom et sa naissance,
> Et l'humble procédé de la dévotion
> Souffre mal les éclats de cette ambition.

Voir *L'Imposteur*, IV, 3, v.1149-54, et les notes 44, 45 et 46 de cet acte.

---

[87] *Éd. cit.*, p.50, et la note 16 de l'acte II.

14. En 1667, après l'algarade de Dorine avec le père et la sortie de celui-ci (v.530), la suivante dit à la fille qu'«Il [le père] le [Panulphe] peut épouser sans nul empêchement» (v.542). Le Vayer ajoute que «Sur ce discours Valère, amant de cette fille à qui elle est promise, arrive».[88] Dans la pièce de 1669, Molière ajoute un long développement (v.597-684) où il met en relief la dimension grotesque et grivoise que comporte l'idée du mariage de Mariane avec Panulphe (voir la note 33 de l'acte II).

15. En 1667, à la fin de l'acte II, il y a un nouveau conseil familial pour faire le point sur le mariage proposé entre l'hypocrite et Mariane:

> Enfin, Dorine, demeurée seule, est abordée par sa Maitresse et le Frere de sa Maitresse avec Damis : tous ensemble parlant de ce beau mariage, et ne sachant quelle autre voye prendre pour le rompre, se resolvent d'en faire parler à Panulphe mesme par la Dame, parce qu'ils commencent à croire qu'il ne la hait pas. Et par là finit l'Acte, qui laisse, comme on voit dans toutes les regles de l'art, une curiosité et une impatience extreme de savoir ce qui arrivera de cette entreveuë [...].[89]

Molière constata-t-il que cette discussion cadrait mal avec la symétrie élégante du dépit amoureux? On le croirait facilement, car il l'a omise en 1669, où l'acte se termine avec la réconciliation des amoureux par Dorine, ce qui se révèle sans conteste avantageux sur le plan dramatique, la comédie gagnant en concision et en rapidité. On évite ainsi le délayage qu'eût entraîné un deuxième conciliabule familial, dont subsistent des échos dans les vers 835-46 en 1669. La juxtaposition des remarques de Dorine en 1669 et de l'entrée imminente de Tartuffe marque un des moments les plus tendus de la pièce.

---

[88] *Éd. cit.*, p.24.
[89] *Éd. cit.*, p.28-29.

L'IMPOSTEUR DE 1667 35

ACTE III

16. Comme on l'a constaté (15 ci-dessus), l'acte II de *L'Imposteur* se terminait sur la discussion entre les membres de la famille, et la décision de s'en remettre à la dame qui va tâcher de détourner Panulphe du mariage. En 1669, cette discussion a été omise, et il n'y a que Dorine qui explique à Damis la stratégie familiale. Or, il est évident que cette explication de Dorine et ses vers sur l'amour pour sa maîtresse (v.835-46) qu'elle attribue à Tartuffe n'ont plus de raison d'être dans la scène correspondante de 1667, Damis ayant déjà assisté et participé au conseil familial à la fin de l'acte II.

17. Sc.3 : comme l'indique la *Lettre*, il est vraisemblable que la passion de Panulphe se déclare d'une façon plus agressive et brutale qu'en 1669, ce qui se traduit surtout dans ses efforts persistants pour palper le genou et le collet de la dame (voir les notes 30 et 31 de l'acte III).

18. À la suite de son vers 858, qui nous rappelle «qu'un homme est de chair», Panulphe en déclama d'autres du même acabit, comme le fait voir le passage de la *Lettre* que nous intercalons après ce vers, et les notes 45 et 57 de l'acte III.

19. Sc.6 : à la différence de la version finale, la dame reste en scène, car le mari «les [Damis et elle-même, car il ne saurait se fâcher contre son idole] regarde l'un et l'autre d'un œil de courroux».[90] Il s'en prend tout de suite à eux, leur reprochant «la fourbe mal conceuë qu'ils luy veulent jouër; enfin, venant à l'Hypocrite [...].»[91] Molière omet cette diatribe dans la pièce de 1669, où Orgon ne dit que «Ce que je viens d'entendre, ô Ciel! est-il croyable?» (v.1073). La colère du père n'éclate qu'après que Tartuffe s'est accusé de tous les péchés, hormis l'adultère. Pour être ainsi différée, la colère paternelle n'en est que plus accablante, parce qu'envenimée par les propos doucereux de Tartuffe (voir la note 74 de l'acte III).

---

[90] *Éd. cit.*, p.42.
[91] *Éd. cit.*, p.42.

20. En 1667, le père passe sa mauvaise humeur sur Damis après les «aveux» de Panulphe : «[il] s'emporte contre son fils d'une façon étrange, l'appelant vingt fois *Coquin*.»[92] En 1669 son irascibilité s'exprime à travers une série d'injures qui va s'intensifiant (v.1107-40) (voir la note 84 de l'acte III). L'action s'allège et le registre et le ton des ripostes acquièrent une variété et une gradation plus grandes en 1669.

21. Sc.7 : Damis chassé, Panulphe renchérit sur son jeu de la scène précédente dans sa parodie des paroles prononcées sur la croix par le Christ : «Ô Ciel, pardonne-lui [Damis] comme je lui pardonne» (v.984) (voir la note 101 de l'acte III). La *Lettre* n'a pas rapporté ce vers, sans doute pour la bonne raison qu'il était capable de fournir une arme de plus contre Molière aux adversaires de la pièce, ce dont il se rendit compte, l'atténuant dans la version de 1669 : «Ô Ciel! pardonne-lui la douleur qu'il me donne» (v.1142).

22. La fin de l'acte III en 1667 diffère sensiblement de celle de la version de 1669. Selon la *Lettre*, il importe avant tout pour le mari de «consoler Monsieur Panulphe»,[93] à la suite du démêlé avec Damis. À cette fin, il propose de donner sa fille en mariage à l'hypocrite (passage intercalé après v.1010); ensuite il lui fait donation entière de ses biens, faisant de lui son unique héritier (v.1011-16); Panulphe répond d'abord en louant le ciel (v.1018), ensuite en prétextant qu'il doit fuir sa femme (passage intercalé aux v.1018, 1019-21); et le mari de mordre à l'hameçon, «donnant dans le piege que luy tend l'Hypocrite, [disant] qu'*il veut au contraire qu'ils soient toujours ensemble en dépit de tout le monde*».[94] En 1669, l'ordre des événements est changé du tout au tout. L'acte se termine toujours par la bêtise d'Orgon, mais dans les gradations successives par lesquelles elle passe, les tête-à-tête désormais autorisés de Tartuffe et d'Elmire n'en constituent plus l'aspect que Molière choisit de mettre en lumière. De la permission accordée à Tartuffe de fréquenter Elmire (v.1172-74), Orgon passe rapidement à ce qui est pour lui sans conteste l'élément le plus précieux, parce que mesurable, dans son adoration de Tartuffe : le fait de

---

[92] *Éd. cit.*, p.43.
[93] *Éd. cit.*, p.44.
[94] *Éd. cit.*, p.45.

se dépouiller volontairement de ses biens en faveur de son idole (v.1175-81). Le sacrifice de sa femme et de sa fille n'ont de l'importance à ses yeux qu'à la lumière du glorieux renoncement ascétique à lui-même et à tout ce qu'il possède. La fin très différente de 1667 est révélatrice, mettant moins en évidence le dépouillement du mari au profit de Panulphe que la certitude pour le spectateur que le mari est en passe de devenir cocu. Qui plus est, elle nous laisse des traces de ce qui était vraisemblablement un des points les plus burlesques, sinon le dénouement hilare, du premier *Tartuffe* de 1664 (voir la note 108 de l'acte III).

ACTE IV

23. Sc.1 : il est évident que la scène entre le beau-frère et Panulphe a subi quelques modifications pour la pièce de 1669. À l'argument du premier qu'il est du devoir d'un chrétien de rechercher la réconciliation avec le fils dépossédé (v.1027-44), Panulphe oppose l'intérêt du ciel (v.1045-50), et se trouve interrompu par le beau-frère qui le presse d'expliquer ce qu'il entend par cette expression.[95] En 1667, Panulphe allègue qu'une réconciliation le mettrait en mauvaise posture aux yeux d'autrui (v.1051-58). En 1669 il n'y a pas d'interruption du discours de Tartuffe (v.1203-16).

24. Le beau-frère revient à la charge (v.1059-62), le pressant de nouveau de définir cet intérêt du ciel, ce qui donne lieu au discours de Panulphe sur la nécessité d'empêcher que le bien ne tombe en de méchantes mains (v.1065-74). La réplique du beau-frère, qu'il convient de laisser au ciel le soin de veiller à ses intérêts lui-même (v.1077-86), fait partie en 1669 de la seconde intervention de Cléante dans cette scène et se place plus haut (v.1219-28).

En 1667 le beau-frère semble être moins disposé à la modération et plus enclin à s'exaspérer devant les faux-fuyants d'un interlocuteur aussi évasif que son successeur. Molière prend soin de rendre Cléante plus raisonneur, plus réfléchi et plus maître de lui en 1669.

---

[95] *Éd. cit.*, p.46, phrase intercalée au vers 1050.

25. En 1667, après la première scène, la dame, Mariane et Dorine se joignent au beau-frère; ils parlent brièvement de la tournure qu' a prise l'affaire, avant d'être interrompus par l'arrivée du mari (voir la note 28 de l'acte IV). En 1669, il ne reste que quelques vers où Dorine supplie Cléante d'apporter son appui à une Mariane désespérée à la pensée de devoir se marier avec Tartuffe (v.1269-75).

26. Sc.3 : il nous semble que c'est dans cette scène que le mari parle de la noblesse de Panulphe, aux vers 1145-48, alors qu'en 1669 Orgon le fait dans l'acte II, sc.2, v.491-94 devant Dorine et Mariane (voir la note 42 de l'acte IV et 12 ci-dessus). Le vers 1149 de Dorine, «Oui, c'est lui [Panulphe] qui le dit» est placé en 1669 dans II, 2, v.495, et ses remarques suivantes sur la disparité entre piété et ambition (v.495-500) appartiennent au beau-frère en 1667 (v.1149-54) (voir la note 45 de l'acte IV). Avec le déplacement de ces vers en 1669, l'intervention de Dorine à propos du mariage forcé («Mais quoi!...» v.1307) entraîne une riposte de la part d'Orgon (v.1307-8) (voir la note 46 de l'acte IV). En 1667 Molière confie au beau-frère son attaque contre les contradictions de l'hypocrite, mise en 1669 dans la bouche de Dorine. Là encore nous avons une nouvelle preuve de la façon dont s'est atténué le côté satirique du rôle de Cléante, voir la note 46 de l'acte IV.

27. Le mari refuse l'accusation contre Panulphe en alléguant le trop grand calme affiché par sa femme à la suite de son tête-à-tête avec l'hypocrite. Elle a beau lui objecter qu'il vaut mieux en l'occurrence opposer un froid refus que de crier au scandale (v.1169-82) : rien ne peut l'en faire démordre. Selon la *Lettre*, interviennent à ce point «plusieurs discours de cette nature tant d'elle que des autres pour montrer la verité de ce dont ils ont accusé Panulphe».[96] En 1669, par contre, ces discours manquent et nous n'avons ici que de courtes interjections de la part d'Orgon et d'Elmire (v.1337-47). La discussion en 1667 est donc beaucoup plus étendue qu'en 1669, avec l'intervention sans doute de Dorine et du beau-frère (voir la note 61 de l'acte IV). Quand on propose au mari la preuve de leurs accusations, «Il se moque lontemps de cette proposition, et

---

[96] *Éd. cit.*, p.52.

s'emporte contre ceux qui la font, en detestant leur impudence».[97] En 1669 il ne fait qu'une objection : « [...] cela ne se peut», v.1349. Il est évident que Molière a opéré d'importantes suppressions dans cette scène, lesquelles ont pour effet d'en accélérer le rythme, tout en mettant en valeur la pesanteur et la cécité d'Orgon (voir les notes 61, 63, 64 de l'acte IV).

28. En 1667 une fois que son mari a accepté l'offre de la dame de lui faire voir la malhonnêteté de Panulphe, elle lui explique comment elle entend y réussir, en reprenant le fil du premier entretien avec l'hypocrite et en le poussant à se découvrir (voir le passage intercalé au vers 1200). En 1669 Molière omet ce discours (voir la note 67 de l'acte IV), sans doute pour la raison qu'il devance ce que dira Elmire à son mari dans les vers 1369-85. Il vise à rehausser l'effet dramatique de la scène.

29. Sc.5 : quand la dame est en train de regagner la confiance de Panulphe, elle veut lui faire toucher du doigt la façon dont l'a déçue l'interruption de Damis lors de leur premier entretien : par conséquent, elle s'empresse de lui rappeler «*comme elle a quitté la place, de douleur de le voir en danger de souffrir une telle confusion*».[98] Nous intercalons cette phrase au vers 1244. Molière aurait-il laissé tomber ces vers par crainte de rendre Elmire trop coquette?

30. Panulphe, se méfiant de la dame, exige qu'elle lui donne ses faveurs comme gage de vérité. À court d'argument, elle commence à faire du pied à son mari (voir l'indication scénique aux vers 1298, 1343, 1348). En 1669 ce jeu de scène est remplacé par un accès de toux au moyen duquel Elmire espère faire sortir Orgon de dessous la table (aux vers 1452, 1497, 1506). On devine facilement ce que ce jeu plus raffiné et élégant en 1669 a de supérieur, car la toux permet à Molière de rendre Tartuffe victime de l'ironie dramatique quand plus loin Elmire se voit offrir «un morceau de ce jus de réglisse», v.1498. (Voir la note 116 de l'acte IV de *L'Imposteur*.)

31. En 1667, quand la dame fait des objections à Panulphe à propos de l'interdiction du péché, il prétend l'avoir plus en horreur qu'elle dans le

[97] *Ibid.*
[98] *Éd. cit.*, p.56.

passage intercalé après le vers 1332 : «*il hait le peché autant et plus qu'elle ne fait.*»[99] Ce vers ne figure pas dans *Le Tartuffe*, où Molière préfère mettre en lumière la justification casuiste de l'adultère.

32. En 1669 cette justification est précédée d'un avis au lecteur : «*C'est un scélérat qui parle*», au vers 1487, avis qui est absent de la relation de la *Lettre*. Un écrit qui tient si manifestement à démontrer l'innocence des intentions de Molière n'eût pas omis d'en citer pareille preuve.

33. Avant de conclure que le mal de l'action se justifie par la pureté de l'intention, Panulphe donne force exemples des adresses des directeurs de conscience qui réussissent à lever les scrupules chez celui ou celle qui hésite à commettre le mal, au vers 1338. Cette partie du discours a sans doute été jugée trop audacieuse en 1669 (voir les notes 113 et 114 de l'acte IV).

34. En 1667, la justification de l'adultère était plus explicite, Panulphe disant que «le scandale en effet est la plus grande offense, et c'est une vertu de pécher en silence», v.1347-48. Cependant, Tartuffe s'exprime plus discrètement :

> Le scandale du monde est ce qui fait l'offense,
> Et ce n'est pas pécher que pécher en silence. (v.1505-6)

Le vers tel que Le Vayer le cite est d'autant plausible qu'il cadre parfaitement avec les propos précédents de l'hypocrite qui renchérissent sur ceux de son successeur (voir la note 117 de l'acte IV).

35. Quand Panulphe sort à la fin de la scène 5 pour s'assurer que le mari ne se trouve pas dans les parages, ce dernier quitte sa cachette «et se trouve droit devant l'Hypocrite, quand il revient à la Dame pour achever l'œuvre si heureusement acheminée».[100] En 1669, le jeu de scène se raffine: «*Elle fait mettre son mari derrière elle*», au vers 1538, et là-dessus commence une nouvelle scène (voir la note 128 de l'acte IV).

---

[99] *Éd. cit.*, p.58.
[100] *Éd. cit.*, p.60.

36. Dans *L'Imposteur*, l'hypocrite regagne la pièce : «La surprise de Panulphe est extreme, se trouvant le bon homme entre les bras.»[101] En 1669, Tartuffe entre, informe Elmire qu'il n'y a nul obstacle à son projet, et se voit interrompu brutalement par Orgon au vers 1541. La rentrée est traitée avec davantage de subtilité et moins d'effets physiques dans la pièce définitive (voir les notes 128, 129, 130 de l'acte IV).

37. Panulphe essaie de se tirer d'affaire en appelant le mari son frère, v.1395, ce que Molière omet en 1669.[102] Cette omission reflète la tendance de la troisième version à une plus grande concision dramatique.

ACTE V

38. Sc.1 : en 1667, le mari explique à la famille comment il a remis à Panulphe d'importants papiers afférents aux activités politiques de ses confidents, dont dépendent « [...] *la vie, l'honneur et la fortune de ses meilleurs amis, et peutestre la sienne propre*»,[103] afin de pouvoir nier les avoir en cas de difficulté. En 1669, il n'est question que d'un seul ami, Arras. De toute évidence Molière ne tient pas à faire mention du soulèvement de sujets si peu reconnaissants envers un Prince dont on célèbre la clémence à la fin de la pièce!

39. Le beau-frère qualifie Panulphe de «fourbe» capable de ruiner la famille, v.1436 (voir la note 6 de l'acte V). En 1669 il se révèle beaucoup plus diplomate, conseillant à Orgon la mesure et la prudence, v.1593-1600.

40. En 1669 Molière ajoute la deuxième scène où Damis rentre et jure de venger la famille des menaces de Tartuffe, v.1629-41. Cet ajout est satisfaisant et sur le plan esthétique et sur le plan moral. En 1667, il revient sur la scène avec tous les autres, voir la note 14 de l'acte V.

---

[101] *Éd. cit.*, p.60.
[102] *Éd. cit.*, p.62, voir la note 138 de l'acte IV.
[103] *Éd. cit.*, p.64.

41. En 1667, la Vieille semble s'être étendue plus longuement qu'en 1669 sur le thème des apparences dont il faut se méfier et des leçons à tirer des exemples de sa jeunesse (voir le passage intercalé au vers 1496, et la note 20 de l'acte V). En 1669 Molière omet ces développements et aiguise l'ironie aux dépens de Mme Pernelle.

42. En 1667 l'observation ironique de Dorine à son maître sur la ressemblance entre l'entêtement de sa mère à croire Panulphe incapable de nuire à la famille et son récent engouement à lui pour le même personnage (v.1507-8) se situe au milieu des banalités proverbiales de la Vieille; en 1669 Molière l'insère après les vers d'Orgon (v.1695-96) où ce dernier, hors de lui, s'avoue capable de dire n'importe quoi à Mme Pernelle si elle n'était sa mère. La boutade vient ainsi couronner et résumer le désaccord entre mère et fils, permettant l'intervention plus grave et mesurée de Cléante. Nous passons sans interruption du langage de la farce au ton du drame qu'est devenue la situation de la famille. La fin de scène acquiert donc davantage de symétrie et de finesse théâtrale.

43. En fin de V, 3, Cléante intervient en 1669 pour conseiller la modération à Orgon vis-à-vis de Tartuffe (v.1703-8, 1711-12). La *Lettre*, qui décrit exactement la fin de cette scène en 1667, passe sans transition des antiennes de la Vieille à l'entrée de M. Loyal (voir le passage intercalé au vers 1522 et la note 28 du dernier acte).

44. En 1667 Monsieur Loyal déclare bien qu'il exerce sa charge d'huissier depuis trente ans (v.1549) et non pas quarante comme en 1669 (voir les notes 34 et 35 de l'acte V).

45. En 1667, Valère avertit le mari que Panulphe est allé remettre au Prince la cassette avec les papiers qui compromettent politiquement son propriétaire, et prétend connaître cette nouvelle «*par l'Officier mesme qui a ordre de [vous] arrêter*», V, 5.[104] En 1669 cet officier est devenu un ami influent, *Le Tartuffe*, v.1829-34. Ce changement comporte des avantages politiques et dramatiques (voir la note 61 de l'acte V).

---

[104] *Éd. cit.*, p.73.

46. Le discours de l'Exempt de 1669 diffère sensiblement de celui de l'Officier de 1667. Molière saisit l'occasion pour affirmer que «*l'hypocrisie est autant en horreur dans son esprit* [c'est-à-dire du Prince] *qu'elle est accreditée parmy ses sujets*» (passage intercalé au vers 1726).[105] Ce passage est omis en 1669, où le discours, moins incisif et satirique, est dans la bouche d'un Exempt moins ami de Valère et moins partisan de la famille. Les ennemis de sa pièce vaincus, Molière a sans doute jugé opportun d'ajouter à la pièce de 1669 les vers flatteurs sur le jugement infaillible du monarque, v.1909-16, et v.1929-32. (Voir à ce propos les notes 83, 84, 85 du dernier acte.)

F
L'Imposteur: une pièce à tonalité rude

Il ressort de cette énumération que *L'Imposteur* était très loin d'être plus ou moins la même pièce que *Le Tartuffe*. En particulier, certains personnages sont très différents de leurs successeurs, à commencer par le beau-frère. Celui-ci participe beaucoup plus à l'action, assumant souvent le rôle d'agent provocateur, rôle qui revient à Dorine en 1669. Plus agressif que Cléante, il use pleinement de son franc-parler, faisant exprès de pousser la Vieille à bout (voir 2, 3, 5, 9, ci-dessus) comme Dorine ne manquera pas de le faire en 1669. Face à Panulphe, il s'avère plus combatif que Cléante, cédant à ce que Le Vayer appelle «un emportement fort naturel»[106] (voir 23, 24), usant de moins de diplomatie quand il parle du faux dévot, 39, étalant au grand jour la contradiction entre l'ambition mondaine de celui-ci et sa profession de piété, ce dont Dorine se charge en 1669, 26, ayant moins recours aux propos lénifiants. S'il représente le bon sens et la raison dans *L'Imposteur*, face à l'imbécile bigoterie du mari, comme Le Vayer ne manque pas de le noter, il n'en reste pas moins vrai qu'en 1669 Molière supprime toute trace de cette aspérité de caractère qui transparaît souvent en 1667. À l'instar de ce dernier, Cléante parle au nom du sens commun, mais incarne en plus le principe fondamental de la pièce: la tolérance et la modération dans la religion comme dans les rapports

---
[105] *Éd. cit.*, p.76.
[106] *Lettre*, p.47.

avec autrui. En 1667 le beau-frère ne laisse échapper aucune occasion pour fustiger la fausse dévotion, et se révèle impitoyable dans sa raillerie de la Vieille. Avec le recul du temps, Molière a parfaitement compris que les jugements sur son attitude envers la religion et sur l'ensemble de sa comédie étaient en grande partie fonction des arguments et de la conduite de Cléante. C'est en conséquence du perfectionnement du caractère de Cléante que l'affirmation de Voltaire à son sujet ne manque pas de fondement : « [...] les discours de Cléante, dans lesquels la vertu vraie et éclairée est opposée à la dévotion imbécile d'Orgon, sont, à quelques expressions près, le plus fort et le plus élégant sermon que nous ayons en notre langue».[107] On en dirait malaisément autant de son prédécesseur.

Panulphe, même sous le déguisement d'un homme du monde,[108] était plus capable d'outrer les dévots, vrais ou faux, que Tartuffe. Dans son premier entretien avec la dame, il se montre plus charnel et lubrique dans sa déclaration, promenant sa main à plusieurs reprises sur les vêtements et le corps de sa conquête, 17. Il semble avoir exprimé ses besoins et sa frustration sexuels d'une façon plus sensuelle et pressante, 18 (voir la note 57 de l'acte III). Il se fait fort de fouler aux pieds la moralité avec un cynisme allègre, prétendant haïr le péché plus qu'elle au moment précis où il en fait évaporer le concept même, 31; sa justification de l'adultère est plus explicite, 34, et se poursuit à grand renfort d'autorité ecclésiastique, 33. De toute évidence, Molière voulait frapper fort en 1667 et à cette fin ménage moins la susceptibilité de son public qu'en 1669, témoin l'avertissement précédant la doctrine de la pureté de l'intention en 1669, que Le Vayer n'eût pas manqué de mentionner, s'il avait fait partie des intentions de Molière en 1667, 32 (voir la note 111 de l'acte IV); le vers de Panulphe exprimant son pardon de Damis est clairement blasphématoire, 21. Molière semble vouloir profiter du moindre prétexte pour attaquer les hypocrites; à la sortie de la Vieille à la fin de la première scène, la famille discute des motifs éventuels du retard du mariage de Mariane; on suppose que Panulphe doit y être pour quelque chose, sans deviner pourquoi, et l'on commence à le blâmer, ainsi que ses acolytes qui s'immiscent sournoisement dans les affaires les plus intimes d'autrui, 6.

[107] *Sommaire* du *Tartuffe*, *G.E.* IV, p.369.
[108] Pour la description, voir le *Second Placet*, au second paragraphe.

À la fin de la pièce, l'Officier, au nom de Molière, condamne de nouveau l'hypocrisie d'une manière plus incisive qu'en 1669, 46.

Autant d'indications qui suffisent pour nous convaincre que *L'Imposteur* sentait le soufre aux yeux des contemporains. Cette impression se confirme à la lecture d'une lettre de Desfontaines au secrétaire d'État des affaires étrangères, De Lionne, du 6 août 1667, où il parle d'une deuxième représentation de *L'Imposteur* promise pour le lendemain [sic] «mais je crains que ce ne soit la dernière; les petits collets y sont si maltraités que je ne doute point qu'ils ne fassent tous leurs efforts pour la faire supprimer» (voir la note 4 au *Second Placet*).[109]

On constate à maintes reprises que la version de 1667 tend à être plus diffuse et à faire davantage de place aux développements purement verbeux. Il y a trois conseils de famille où l'on débat des démarches à faire pour tenir en échec Panulphe et ses desseins (I, 2, II, 5, IV, 2). Certes, ces conseils donnent à Molière l'occasion de souligner le sérieux de la situation et de concentrer sa satire sur l'hypocrisie; mais il est évident qu'ils tendent à ralentir le rythme dramatique de la pièce et à créer un effet de rupture (voir 6, 15, 25 ci-dessus). La pièce de 1669 les omet, et il n'en subsiste que quelques brèves allusions (v.840-44, 1269-75). En 1667, dans la première scène, le beau-frère déclame deux longs discours où est démontrée la différence entre la vraie et la fausse dévotion (v.67-92, 173-96). Si ces vers ont pour effet immédiat de faire tempêter de nouveau la Vieille, ils immobilisent un peu le rythme du début coupant l'action commune et sporadique de la famille contre un personnage automate. Par contre, ils conviennent beaucoup mieux au tête-à-tête de Cléante avec Orgon en 1669 (I, 5, v.318-45, 351-407) pour plusieurs raisons dramaturgiques; ces discours ne font pas que faire ressortir le caractère déraisonnable de celui-ci, ils prolongent et diversifient les attaques contre l'hypocrisie religieuse plus efficacement que ne le permettent les efforts du beau-frère et de la famille pour ridiculiser Panulphe à travers la Vieille. Il est à remarquer qu'en 1669 Molière retranche tout ce qui nuit à la bonne marche dramatique de sa pièce : il la déleste des conseils familiaux (6, 15, 25); structure mieux la réaction enragée d'Orgon aux accusations de Damis (19, 20); réduit sensiblement les discours de la famille pour

---

[109] *Molière Recueil*, I, p.287. Desfontaines se trompe sur la date de l'unique représentation de *L'Imposteur*, qui fut donnée le 5 et non pas le 6 août.

convaincre Orgon de la perfidie de Tartuffe (27, 28); diminue ce qu'il y a de trop bouffon dans certains jeux de scène (30, 35, 36); coupe court aux tentatives de Panulphe de sauver la situation *in extremis*, 37, comme aux rengaines de la Vieille dans V, 2, 41; ajoute une nouvelle scène qui marque le retour de Damis et son ralliement à la famille, 40. Sur le plan dramatique, la pièce de 1669 marque un progrès indéniable sur *L'Imposteur*, se révèle plus efficace du point de vue théâtral, évite les longueurs qui caractérisent son prédécesseur, la satire de l'hypocrisie entravant moins le jeu du théâtre. Il n'est pas jusqu'à l'intervention de l'Exempt en 1669 qui ne se ressente de ce processus de théâtralisation : en 1667 l'Officier est un ami de Valère, tandis qu'en 1669 il se présente comme un simple émissaire de la part du roi agissant sans préjugé favorable envers la famille. L'arrestation de Tartuffe par l'Exempt, lequel reste apparemment indifférent au sort de la famille jusqu'à la dernière minute, nous procure un dénouement des plus dramatiques. La liaison des scènes se fait plus naturellement, 6, 14, 25, 28, 35, les effets dramatiques sont plus raffinés, 28, 30, 36, 41, 45, et symétriques, 1, 41, 45, et les jeux de scène plus subtils et moins physiques, 30, 35, 36.

Il est évident qu'en 1669 Molière s'est efforcé à une plus grande diplomatie dans le langage, qui nous paraît souvent plus poli et moins rude, 6, 29, 33, 34, 38, 45, 46. Face à Panulphe, la dame use de moins de retenue pour faire tomber l'hypocrite dans le panneau, 29, et la fin de l'acte III semble favoriser un jeu qui serait davantage celui d'une coquette, 22, 29. La tendance générale du *Tartuffe* est à l'atténuation, que ce soit du langage, de la satire ou du personnage. Les modifications dans le rôle de Panulphe et du beau-frère sont les exemples les plus marquants. La prudence donne le ton en 1669, et Molière se montre plus circonspect dans sa façon de traiter des questions d'une grande délicatesse politique, 38, 45, 46.

De par son langage plus cru, sa satire moins subtile, ses jeux de scènes plus physiques, *L'Imposteur* se distingue définitivement de son successeur. À maints égards, la pièce nous laisse parvenir des échos plus railleurs et scandaleux du prototype de 1664, témoin la note de franche hilarité sur laquelle se termine l'acte III, où le mari se fait une joie d'inciter Panulphe à côtoyer sa femme, 22. Il était inévitable que la comédie se ressentît des pressions et des manœuvres politiques et subît à son tour le processus de politisation inséparable de l'affaire du *Tartuffe*. *L'Imposteur* se trouve historiquement et politiquement entre *Le Tartuffe* vite supprimé à Versailles en 1664 et la grande comédie dans son état définitif de 1669, palimpeste où sont empreints et d'où sont presque aussitôt effacés les nombreux changements imposés par la politique. Grâce à cette place intermédiaire et privilégiée qu'elle occupe, la version de *L'Imposteur* nous laisse constater non seulement l'étendue des remaniements qu'a réalisés Molière en 1669, mais la mesure dans laquelle il devait tenir compte—de gré ou de force—des critiques faites à sa pièce.

Il était non moins inévitable aussi que l'auteur du *Tartuffe* fût marqué pour de bon par l'expérience de ces années de crise. Si nous essayons de mesurer le parcours effectué par lui depuis les trois actes malheureux représentés à Versailles en 1664—quels qu'ils fussent—nous constatons le passage de l'indignation désemparée à l'adresse politique. La seule indignation devant le fléau social de l'hypocrisie religieuse ne suffit pas pour porter devant les contemporains sa satire de l'hypocrisie et de la crédulité religieuses. Il fallait que cette indignation s'accompagnât de grande habileté et de ruse politiques que Molière, en proie au harcèlement concerté de la part des dévots, ne savait pas toujours manier de façon efficace. Dans son *Second Placet* au roi d'août 1667 le voilà qui écrit que s'il n'obtient pas gain de cause contre les hypocrites, il aura à renoncer à faire des comédies. Menace en l'air, si l'on veut, que l'on peut soupçonner un Molière fou du théâtre incapable de tenir. N'empêche qu'il est impossible de constater combien la trop longue affaire du *Tartuffe* contribua à miner le moral et la santé de l'auteur comique. Par contre, nous sommes en état de mesurer la différence entre le trouble indigné du *Placet* et la calme assurance de la *Préface* de 1669, où l'auteur s'élève bien au-dessus du cas *Tartuffe* et d'une quelconque cabale de dévots pour doter le théâtre d'une défense raisonnée, érudite sans être pédante, et pénétrante, capable, sinon de fermer la bouche à ses détracteurs, au moins de les tenir en échec. La Mothe Le Vayer, passé maître dans l'art de la polémique, à qui les autorités eurent souvent recours pour plaider telle ou telle cause en mal de défenseur, y est pour beaucoup; non seulement en ce qui concerne le puissant arsenal d'arguments mis à contribution par

Molière pour défendre le théâtre,[110] mais surtout dans sa façon de relativiser la situation actuelle en la plaçant dans une perspective plus large :

> J'avoue qu'il y a eu des temps où la comédie s'est corrompue. Et qu'est-ce que dans le monde on ne corrompt point tous les jours? Il n'y a chose si innocente, où les hommes ne puissent porter du crime; point d'art si salutaire dont ils ne soient capables de renverser les intentions; rien de si bon en soi qu'ils ne puissent tourner à de mauvais usages.[111]

Molière met en œuvre ici non seulement l'argument de choix de Le Vayer—celui qui repose sur le principe de relativisme—mais aussi sa tactique favorite, qui consiste à reculer pour mieux sauter, à n'accorder que pour reprendre par la suite comme nous le constatons dans une phrase importante de la *Lettre* :

> Que si la corruption qui s'est glissée dans les mœurs depuis ce tems heureux [où l'église faisait représenter le mystère de la passion] a passé jusqu'au Theatre et l'a rendu aussi profane qu'il devoit être sacré, pourquoi ... l'[Molière] empêcherons- nous ... de prêcher la veritable devotion?[112]

L'interdiction du premier *Tartuffe* et de *L'Imposteur* provoqua une crise si grave qu'elle menaça de marquer la fin de la comédie de Molière et de la carrière du dramaturge. En réalité nous constatons qu'elle signala le début de sa victoire sur ses ennemis religieux et politiques. L'intervention de Le Vayer dans la querelle nous semble annoncer le retour inespéré de

---

[110] Nous confrontons les arguments en faveur du théâtre de la *Préface*, ceux d'un petit traité de Le Vayer sur le théâtre publié en 1654 et l'apologie de la *Lettre sur la comédie de L'Imposteur*, éd. cit., p.28-32.

[111] *Préface*, éd. cit., I, p.886-87.

[112] *Éd. cit.*, p.92. Comparer la phrase de son petit traité *Des Récréations honnêtes*, *OLV*, VI (2e partie), 12e vol., p.261 : «Mais pourquoi me voulez-vous faire passer pour un ennemi declaré du Théâtre et de ses représentations, moi qui n'en ai jamais condamné (*sic*) que les abus, dont les meilleures choses, et même les plus saintes ne sont pas toûjours exemtes?».

Molière, le moment à partir duquel un auteur qu'avait démoralisé une opposition si bien concertée se voit doté d'armes puissantes capables de démolir les batteries de ses ennemis. Au lieu de continuer à ressasser les mêmes arguments rebattus portant sur l'innocence morale de ses intentions, au risque de s'entendre répondre qu'il n'appartient nullement au théâtre de traiter de la religion, Molière passe désormais à l'offensive en osant soulever la question taboue : quelle peut en être la raison et devrait-il fatalement en être ainsi? Une phrase capitale de la *Préface* de 1669 nous démontre que Molière avait parfaitement assimilé l'argument, les tactiques, et la confiance dont Le Vayer lui fournit l'exemple magistral dans sa *Lettre sur la comédie de L'Imposteur*, phrase où, à la manière du maître, il met en question l'argument dont usent ses détracteurs pour lui fermer la bouche : «Je sais bien que, pour réponse ces messieurs [les ennemis de sa pièce] tâchent d'insinuer que ce n'est point au théâtre à parler de ces matières; mais je leur demande, avec leur permission, sur quoi ils fondent cette belle maxime»,[113] avant de développer une apologie

---

[113] Couton, *éd. cit.*, I, p.884. Rappelons que Molière répond ici à l'objection de Guillaume de Lamoignon, Premier Président et responsable de l'interdiction de la seconde représentation de *L'Imposteur* en août 1667 : au dire de Brossette, qui tient ses renseignements de Boileau avec qui Molière rendit visite au Premier Président, celui-ci, après avoir rendu hommage au mérite de Molière, lui expliqua que «je ne saurais vous permettre de jouer votre comédie. Je suis persuadé qu'elle est fort belle et fort instructive, mais il ne convient pas à des comédiens d'instruire les hommes sur les matières de la morale chrétienne et de la religion; ce n'est pas au théâtre à se mêler de prêcher l'Évangile». D'un seul coup le magistrat avait démoli d'avance les arguments de Molière, dont la réaction nous laisse voir que désormais toute défense convaincante de sa comédie aurait à surmonter cette objection capitale : «Molière, qui ne s'attendait pas à ce discours, demeura entièrement déconcerté, de sorte qu'il lui fut impossible de répondre à M. le premier Président. Il essaya pourtant de prouver à ce magistrat que sa comédie était très innocente, et qu'il l'avait traitée avec toutes les précautions que demandait la délicatesse de la matière du sujet; mais, quelques efforts que pût faire Molière, il ne fit que bégayer et ne put point calmer le trouble où l'avait jeté M. le premier Président». Note de Brossette (9 novembre 1702) dans *Correspondance Boileau-Brossette* (Paris, 1858), p.563-65, citée par Mongrédien, *Molière recueil*, I, p.291. On reconnaît ici les arguments de Molière dans ses *Placets* au roi d'août 1664 et d'août 1667 au sujet de l'innocence de sa pièce. Ayant constaté l'échec des arguments précédents, il se tourne vers Le Vayer, le laissant élaborer une apologie puissante et érudite du théâtre, portant «sur l'étrange

du théâtre d'une grande envergure et convaincante au point d'entraîner facilement tout lecteur non prévenu. Le ton assuré de la *Préface* de 1669 nous laisse mesurer le double apport de La Mothe Le Vayer à l'affaire *Tartuffe* : justification savante et habile de l'utilité morale du théâtre en général et de *L'Imposteur* en particulier, et panoplie d'arguments probants où Molière n'a qu'à puiser en abondance pour s'assurer contre les ennemis de son théâtre. À tout prendre, l'influence de La Mothe Le Vayer, conseiller d'état, a pesé lourd dans l'histoire de la pièce la plus controversée de Molière, ce dont tout ami de son théâtre n'a qu'à se louer. Reconnaître ainsi le rôle du premier dans l'affaire c'est aussi s'acquitter—bien tardivement—d'une dette envers un auteur méconnu qui mérite mieux de la postérité.

G
Note sur l'établissement du texte

Dans notre reconstruction de *L'Imposteur* nous gardons l'orthographe moderne, tandis que les citations de la *Lettre sur la comédie de L'Imposteur* suivent l'orthographe originale, conformément à notre édition de ce texte en 1994. Il faut bien reconnaître qu'en théorie il eût été peut-être logique d'opter pour une seule orthographe uniforme et moderne. Mais en pratique les formes différentes ont l'avantage de mieux marquer les divergences entre les versions de 1667 et de 1669. Nous avons visé surtout à établir dans la mesure de notre possible un texte sûr, à l'éclairer au moyen de remarques et d'allusions textuelles, linguistiques et bibliques, et à faire ressortir les grandes lignes du mouvement dramatique. Les changements dramatiques et comiques entre les versions sont indiqués brièvement dans les notes et plus amplement dans la section E de cette notice.

> croyant de bonne foi qu'il ne s'y fait ny dit rien qui puisse en particulier faire aucun méchant effet, ce qui est le point de la question, la condamnent toutefois en general, à cause seulement qu'il y est parlé de la Religion, et que le Theatre, disent-ils, n'est pas un lieu où il la faille enseigner», *Lettre, éd. cit.*, p.80. Le Vayer ne se contente pas de retourner contre ces adversaires les arguments de la religion; il se plaît par surcroît à les écraser sous le poids accumulé de la raison, l'ironie, le ridicule, et le témoignage de l'histoire et de la philosophie.

Est-il besoin de dire ici que notre propos n'est nullement de récrire Molière? Ambition aussi oiseuse que stérile, d'ailleurs, et qui ne saurait servir son œuvre. Le but plus modeste que nous nous proposons consiste à jeter autant de lumière que possible sur le contenu de *L'Imposteur*, en mettant à contribution le document contemporain le plus important et le plus fidèle sur la seconde version. Ce faisant, nous constatons à plusieurs reprises que l'ordre de l'action indiqué par la *Lettre* cadre malaisément avec l'alternance régulière des rimes masculines et féminines. Nous préférons nous en tenir à l'ordre de la *Lettre* plutôt que d'inventer des vers pour la circonstance (voir les vers 11-14, 65-68, 95-98, 103-6, 447-50, 1009-12,1017-20, 1505-8, 1521-24), afin de démontrer ce à quoi a très bien pu ressembler *L'Imposteur*. Si notre reconstruction permet de donner une idée même approximative de ce que pouvait contenir *L'Imposteur*, nous nous tiendrons pour satisfait. Les divergences entre la relation de la *Lettre* et la version finale sont indiquées dans le texte même de notre reconstruction au moyen de crochets [...] renfermant les passages intercalés de celle-là. De nombreuses indications de scène s'imposent d'après une lecture attentive de la *Lettre*, que nous insérons à l'endroit qui convient dans le texte. Les différences principales entre les deux versions sont indiquées dans les notes. Tout vers ou toute partie de vers dont la provenance moliéresque ne nous semble pas incontestable ou que nous suppléons nous-même pour enchaîner des discours est indiqué de la même façon. Dans ce travail, nous voulons simplement attirer l'attention sur l'importance de *L'Imposteur* dans l'évolution de la pièce la plus notoire d'un génie en pleine crise. La comédie qui prépare et annonce *Le Tartuffe* nous offre non seulement la possibilité de voir Molière aux prises avec des difficultés d'ordre majeur qui faillirent lui être fatales, mais aussi de constater la dépense exceptionnelle d'ingéniosité qu'il dut fournir pour en venir à bout. C'est là, nous semble-t-il, que réside l'intérêt essentiel de ce long et douloureux épisode que fut la querelle du *Tartuffe*.

Portrait de François de La Mothe Le Vayer gravé sur bois par Achille Ouvré, Bibliothèque nationale, cl. B.N.

SECOND PLACET

présenté au Roi, dans son camp devant la ville de Lille en Flandre.[1]

Sire,

C'est une chose bien téméraire à moi que de venir importuner un grand monarque au milieu de ses glorieuses conquêtes;[2] mais, dans l'état où je me vois, où trouver, Sire, une protection qu'au lieu où je la viens chercher? et qui puis-je solliciter, contre l'autorité de la puissance qui m'accable,[3] que la source de la puissance et de l'autorité, que le juste dispensateur des ordres absolus, que le souverain juge et le maître de toutes choses?

Ma comédie, Sire, n'a pu jouir ici des bontés de Votre Majesté. En vain je l'ai produite sous le titre de *L'Imposteur* et déguisé le personnage sous l'ajustement d'un homme du monde; j'ai eu beau lui donner un petit chapeau, de grands cheveux, un grand collet, une épée, et des dentelles

---

[1] Le titre complet est SECOND PLACET, *présenté au Roi dans son camp devant la ville de Lille en Flandre, par les nommés de la Torillière et de la Grange, comédiens de Sa Majesté, et compagnons du sieur de Molière* (en Flandres, par les sieurs la Thorillière et la Grange, comédiens de Sa Majesté, et compagnons du sieur Molière, édition de 1734) *sur la défense qui fut faite le 6 août 1667 de représenter* le Tartuffe *jusques à nouvel ordre de Sa Majesté* (éditions de 1682, 1734).

[2] L'invasion des Pays-Bas espagnols fut entreprise par le Roi pour faire valoir le droit de la reine à ces territoires, et déclencha une série de guerres qui ne se terminèrent qu'en 1672 avec la Paix de Nimègue.

[3] C'est-à-dire l'autorité et la puissance de Guillaume de Lamoignon, premier président du Parlement de Paris, chargé par le Roi de «l'administration et de la police de Paris en son absence», Brossette, *Correspondance Boileau-Brossette, Molière recueil*, I, p.290.

sur tout l'habit, mettre en plusieurs endroits des adoucissements, et retrancher avec soin tout ce que j'ai jugé capable de fournir l'ombre d'un prétexte aux célèbres originaux du portrait que je voulais faire : tout cela n'a de rien servi.[4] La cabale[5] s'est réveillée aux simples conjectures qu'ils ont pu avoir de la chose. Ils ont trouvé moyen de surprendre des esprits qui, dans toute autre matière, font une haute profession de ne se point laisser surprendre. Ma comédie n'a pas plus tôt paru, qu'elle s'est vue foudroyée par le coup d'un pouvoir qui doit imposer du respect;[6] et tout ce que j'ai pu faire en cette rencontre pour me sauver moi-même de l'éclat de cette tempête, c'est de dire que Votre Majesté avait eu la bonté de m'en permettre la représentation,[7] et que je n'avais pas cru qu'il fût besoin de

[4] De cette description G. Couton a déduit avec vraisemblance que le premier Tartuffe portait un «grand chapeau, cheveux courts, petit collet, pas d'épée, habit sans dentelles», *éd. cit.,* I, p.835. Furetière donne la description suivante de «petit collet» : «On appelle petit collet un homme qui s'est mis dans la réforme, dans la dévotion, tandis que les gens du monde en portent de grands ornés de dentelles.» Dans la lettre du 6 août 1667 à De Lionne, déjà citée dans la note 25 de *L'Introduction,* Desfontaines fait mention d'une seconde représentation de *L'Imposteur* pour le lendemain (*sic*), «mais je crains que ce ne soit la dernière; les petits collets y sont si maltraités que je ne doute point qu'ils ne fassent tous leurs efforts pour la faire supprimer», *Molière recueil,* I, p.287. Tartuffe perçait toujours sous l'habit de Panulphe!

[5] «*Cabale* : une société de personnes qui sont dans la même confidence et dans les mêmes intérêts; mais il se prend ordinairement en mauvaise part» (Furetière). Le Vayer fustige «l'art de cabaler» dans *Prose chagrine* (1661) : «N'est-ce pas une chose honteuse que cet art regne aujourd'hui dans toute sorte de professions; et que celles même qui témoignent le plus d'intégrité, et qui en font leçon aux autres, soient souvent sujettes aux cabales comme les autres», p.256. Philinte admet que «Tout marche par cabale et par pur intérêt», *Le Misanthrope,* V, 1, v.1556, tandis que Dom Juan se fait fort de continuer sa vie libertine sous le couvert de la cabale, V, 2.

[6] Molière fait allusion ici à l'interdiction d'une seconde représentation de sa pièce par le premier président Guillaume de Lamoignon, officiellement signifiée le 6 août. Le placet a dû être écrit la veille du départ des compagnons de Molière pour le remettre au roi, que La Grange donne comme le 8. *L'Ordonnance* de Monseigneur l'archevêque de Paris défendant aux fidèles de voir ou de lire la comédie ne fut promulguée que le 11 août.

[7] Le Roi avait sans doute laissé entendre cela oralement à Molière. Grimarest écrit en effet que «la permission que Molière disoit avoir de Sa Majesté pour jouer sa pièce n'étoit point écrite», *La Vie de M. de Molière,* éd. par G. Mongrédien

demander cette permission à d'autres, puisqu'il n'y avait qu'elle seule qui me l'eût défendue.[8] Je ne doute point, Sire, que les gens que je peins dans ma comédie ne remuent bien des ressorts auprès de Votre Majesté, et ne jettent dans leur parti, comme ils l'ont déjà fait, de véritables gens de bien, qui sont d'autant plus prompts à se laisser tromper qu'ils jugent d'autrui par eux-mêmes. Ils ont l'art de donner de belles couleurs à toutes leurs intentions. Quelque mine qu'ils fassent, ce n'est point du tout l'intérêt de Dieu[9] qui les peut émouvoir; ils l'ont assez montré dans les comédies qu'ils ont souffert qu'on ait jouées tant de fois en public, sans en dire le moindre mot. Celles-là n'attaquaient que la piété et la religion, dont ils se soucient fort peu; mais celle-ci les attaque et les joue eux-mêmes, et c'est ce qu'ils ne peuvent souffrir.[10] Ils ne sauraient me pardonner de dévoiler leurs impostures[11] aux yeux de tout le monde; et, sans doute, on ne manquera pas de dire à Votre Majesté que chacun s'est scandalisé de ma comédie. Mais la vérité pure, Sire, c'est que tout Paris ne s'est scandalisé que de la

[8] (Paris, 1955), p.96-7. Brossette en 1702 ne contredit pas cette version des événements : «Le Roi étant parti, Molière, en suite de la permission du Roi, fit représenter son *Tartuffe* le 5 août 1667, et le promit encore pour le lendemain», G. Mongrédien, *Molière recueil*, I., p.290.
De nouveau Molière affirme être dans son bon droit quant à l'interdiction du Premier Président, tout en faisant état de ses liens privilégiés avec le Roi.

[9] Un thème majeur de la comédie comme du *Placet*, voir les notes 33 et 52 de l'acte I.

[10] Molière fait allusion à un bon mot du prince de Condé en 1664, dont il fait mention à la fin de la *Préface* du *Tartuffe* (1669) : «Huit jours après qu'elle eut été défendue, on représenta devant la cour une pièce intitulée *Scaramouche ermite* [que Voltaire qualifia de «licencieuse» dans son *Sommaire* du *Tartuffe*, G.E. IV, p.369]; et le Roi, en sortant, dit au grand prince que je veux dire : «Je voudrais bien savoir pourquoi les gens qui se scandalisent si fort de la comédie de Molière ne disent mot de celle de *Scaramouche*». À quoi le Prince répondit : « La raison de cela, c'est que la comédie de *Scaramouche* joue le Ciel et la religion, dont ces Messieurs-là ne se soucient point; mais celle de Molière les joue eux-mêmes : c'est ce qu'ils ne peuvent souffrir», éd. Couton, I, p.888.

[11] «*Imposture* : calomnie, tromperie, mensonge, hypocrisie.» (Furetière). Mais comme le font ressortir les exemples que cite Furetière sur les actions de ceux qui commettent des impostures, des «imposteurs», le mot renchérit sur le simple mensonge, y ajoutant un je ne sais quoi de mystérieux et d'inattaquable. Voir la note 9 de l'acte II.

défense qu'on en a faite, que les plus scrupuleux en ont trouvé la représentation profitable, et qu'on s'est étonné que des personnes d'une probité si connue aient eu une si grande déférence pour des gens qui devraient être l'horreur de tout le monde et sont si opposés à la véritable piété dont elles font profession.[12]

J'attends avec respect l'arrêt que Votre Majesté daignera prononcer sur cette matière; mais il est très assuré, Sire, qu'il ne faut plus que je songe à faire des comédies, si les tartuffes[13] ont l'avantage, qu'ils prendront droit

[12] Ce paragraphe reprend l'argument majeur du *Premier Placet* du début d'août 1664 (au deuxième paragraphe), où Molière se fait un devoir de distinguer les vrais des faux dévots, voir aussi la *Préface* de 1669, troisième paragraphe.

[13] Molière avait déjà employé ce nom pour fustiger ses ennemis dans le *Premier Placet* d'août 1664 : «Les Tartuffes, sous main, ont eu l'adresse de trouver grâce auprès de Votre Majesté ... », *éd. cit.*, I, p.890. Rochemont désigna Molière comme «un Tartuffe achevé et un véritable hypocrite» dans ses *Observations sur le Festin de Pierre* (1665), *éd. cit.*, II, p.1201. Le terme se rencontre sous la plume de l'auteur de *La Lettre sur les observations d'une comédie du Sieur Molière intitulée Le Festin de Pierre* (1665), où le défenseur de Molière se plaît à lui demander «A quoi songiez-vous, Molière, quand vous fîtes dessein de jouer les tartufles?», *éd. cit.* II, p.1219. En laissant jouer *Le Festin de Pierre*, le Roi «ne voulait pas que les Tartufles eussent plus d'autorité que lui dans son royaume», p.1219. La Reine mère, à qui Rochemont fait appel, a trop de dévotion «pour s'attacher à des bagatelles qui ne sont de conséquence que pour les Tartufles», p.1221. Mme de Sévigné en fit usage dans une lettre du 1er décembre 1664 à propos de la conduite du procès de Foucquet par M. le Chancelier (Pierrot) : «Je suis au désespoir que ce ne soit pas moi qui ai dit *la métamorphose de Pierrot en Tartuffe*», *Correspondance*, éd. R. Duchêne (Paris, 1972-1978), I, p.66. La Fontaine, dans sa fable *Le Chat et le renard* (1679) décrit ainsi les deux compères: «C'étaient deux vrais Tartufs, deux archipatelins», *Fables*, IX, 14. Le nom qui se rencontre en 1609 est d'origine italienne ('tartúfo') et signifie 'truffe'. Ce mot avait le sens figuré de tromperie en ancien français, voir G.E. IV, p.312, n.2, et éd. Couton, I, p.1326. Le nom italien appartenait sans doute à un personnage de la *commedia dell'arte*, où Truffaldino était une des variations du rôle du valet Arlecchino. La notion de ruse ne fait qu'un avec le personnage, 'truffàre' en italien signifiant 'tromper'. Dans *L'Étourdi* (1658) le vieillard rusé dont Célie est esclave s'appelle Trufaldin. Enfin, avant *Tartuffe*, Scarron avait déjà baptisé son hypocrite Montufar dans une nouvelle des *Hypocrites* (1655). Il y a plusieurs traits et détails que Molière semble avoir empruntés à cet auteur, voir G. Michaut, *Les Luttes de Molière* (Paris, 1925), p.87-88, H. d'Alméras, *Le Tartuffe de Molière* (Paris, 1946), p.37-38. Furetière définit le mot *Tartufe* comme «faux dévot et

par-là de me persécuter plus que jamais, et voudront trouver à redire aux choses les plus innocentes qui pourront sortir de ma plume.[14] Daignent vos bontés, Sire, me donner une protection contre leur rage envenimée; et puissé-je, au retour d'une campagne si glorieuse, délasser Votre Majesté des fatigues de ses conquêtes, lui donner d'innocents plaisirs après de si nobles travaux, et faire rire le monarque qui fait trembler toute l'Europe!

hypocrite» et remarque que «Molière a enrichi la langue de ce mot par une excellente comédie dont le héros s'appelle ainsi. Elle est imitée d'une fort jolie nouvelle espagnole qui s'appelle Montufar». Le nom n'avait pas tardé à faire fortune en France et en français, voir H.J.G. Godin, *Les Ressources stylistiques du français contemporain* (Oxford, 1948), p.40-41, qui le donne comme un exemple d'antonomase.

[14] Voir la *Préface* où Molière déclare qu'«on verra que mes intentions y sont partout innocentes», *éd. cit.*, I, p.884. Il y eut en effet une pause dans les représentations de la troupe, due sans doute à la vive déception de l'auteur. La Grange note dans son *Registre* que «La troupe n'a point joué pendant notre voyage, et nous avons recommencé le 25ᵉ de septembre», G.E. IV, p.323.

20; # L'IMPOSTEUR (1667)[15]

COMÉDIE

Reconstruite d'après la *Lettre sur la comédie de l'Imposteur* (1667) et *Le Tartuffe* (1669)[16]

---

[15] Tel est le seul titre donné à la comédie par la *Lettre*. Le mot était lourd de sous-entendus au dix-septième siècle, car les libertins se mettaient à la recherche de la légende du *Tractatus de tribus impostoribus*, dirigé contre les fondateurs des trois grandes religions, Moïse, Mahomet et Jésus, voir J.S. Spink, *French Free-Thought from Gassendi to Voltaire* (London, 1960), p.240-1, G. Couton, *éd. cit.*, I, p.1326, n.2. Furetière en donne les sens suivants : «Trompeur, affronteur, calomniateur» et ses exemples mettent en lumière la portée du terme : «Il n'y a point de prudence à l'épreuve des fourberies d'un homme qui vous dit d'un air imposteur que vous pouvez compter sur lui ... de tous les trompeurs il n'y en a point dont on se deffende moins que des imposteurs.»

[16] Sur le sens et l'histoire du nom qui fit fortune rapidement, et auquel Molière ne dut sans doute renoncer qu'à contrecœur, voir la note 13 ci-dessus.

ACTEURS[17]

UNE VIEILLE, mère du personnage que la *Lettre* appelle «le mary». [Madame Pernelle]
LE MARY DE LA DAME, ou LE MARY. [Orgon]
LA DAME, femme du mary. [Elmire]
DAMIS, le fils.
MARIANE, la fille, amante de Valère.
VALÈRE, amant de Mariane.
LE BEAU-FRÈRE du mary. [Cléante]

---

[17] Le Vayer ne nomme pas tous les personnages, préférant donner à certains d'entre eux une description générique, telle que «la Vieille», «la Dame», «le Beau-frère», «le Mary». Rien ne nous autorise à penser que ces personnages eussent les mêmes noms qu'en 1669, quoique ce fût pourtant probable. Nous donnons entre parenthèses les noms de 1669, là où ils ne sont pas donnés par la *Lettre*. La distribution du *Tartuffe* de 1669 nous est connue par la *Lettre en vers* de Robinet du 23 février, 1669, *Molière recueil*, I, p.337 : Mme Pernelle : Louis Béjart, le beau-frère de Molière, âgé de 39 ans et boiteux; Orgon : Molière (dont le costume de bourgeois aisé nous est connu : «pourpoint, chausse et manteau de vénitienne noire, le manteau doublé de tabis et garni de dentelle d'Angleterre, les jaretières et ronds de souliers et souliers pareillement garnis, prisé 60 livres», M. Jurgens et E. Maxfield-Miller, *Cent ans de recherches sur Molière* (Paris, 1963), p.567). Elmire : Armande Béjart; Damis : Hubert; Mariane : Mlle de Brie; Tartuffe : Du Croisy; Cléante : La Thorillière; Valère : La Grange; Dorine : Madeleine Béjart. D'après Mlle Poisson, fille de Du Croisy, Edme Villequin dit De Brie se chargea du rôle de M. Loyal en 1669 (*Mercure de France*, mai 1740, p.847). Il entra dans la troupe de Molière en 1651 pour épouser Catherine Du Rosé et il est possible qu'il ait cumulé les rôles de ce personnage et de l'Officier en 1667. Le rôle muet de la servante fut sans doute tenu par un gagiste. Tous ces acteurs faisaient partie de la troupe en 1667 et il est raisonnable de supposer que chacun joua le même rôle qu'en 1669. Voir R. Bray, *Molière, homme de théâtre* (Paris, 1954), p.70 sv., R. Herzel, *The Original Casting of Molière's plays* (Michigan, 1981), p.53-4.

ACTEURS   61

PANULPHE, homme du monde.[18] [Tartuffe]
DORINE, suivante de Mariane.
MONSIEUR LOYAL, sergent.
UN OFFICIER. [Un Exempt]
LA SERVANTE de la Vieille. [Flipote]

La scène est à Paris.[19]

---

[18] Son costume nous est décrit dans le *Second Placet*, ci-dessus, au deuxième paragraphe. Le nouveau nom peut paraître insipide à côté de Tartuffe. Furetière ne lui accorde aucune mention dans son *Dictionnaire*, et La Grange, dans sa note sur l'unique représentation du 5 août 1667, choisit d'écrire le nom de Tartuffe pour enregistrer l'événement (voir l'extrait de son *Registre* à la page 60). Or, le nom est tout aussi évocateur, comme l'a fait remarquer Sainte-Beuve : «*Tartuffe, Panulphe (le nouveau nom lui-même n'était donc pas mal imaginé)*, ou encore *Montufar* chez Scarron, tous ces noms nous présentent la même idée dans une onomatopée confuse, quelque chose en dessous et de fourré», *Port-Royal* (Paris, 1908), III, p.288, à la note. Le nom Panulphe est voisin de Panurge, le héros ingénieux et sans scrupule de Rabelais, et signifie en grec 'bon à tout, et rusé' selon Littré. Rabelais raconte *comment Pantagruel trouva Panurge, lequel il ayma toute sa vie* dans *Pantagruel*, ch. IX. On se rappelle le moment aussi dramatique où le mari rencontre Panulphe.

[19] «*La scène est à Paris, dans la maison d'Orgon*», éd. de 1734. «Le théâtre est une chambre. Il faut deux fauteuils, une table, un tapis dessus, deux flambeaux, une batte», *Mémoire de Mahelot*, dans G. Mongrédien, *Molière, Recueil*, I, p.331.

1667

Le Vendredy 8.me juillet. Sicilien. Mede. Malg. 133.tt			3:tt
part			
Dimanche 10 Juillet Idem p Idem – 145.tt			3:tt
part			
Mardy 12 Idem p Idem – – – – 172.tt			6:tt
part			
Vendredy 15.me Sicilien p le Cocu – – 150.tt			3:15
part			
Dimanche 17.me Idem p Idem – 197:5			7:tt 10
part			
Mardy 19.me Idem et Idem – 196.tt			7:tt 15
part			
Vendredy 22.me Sicilien p les Medecins 116.tt			neant
Dimanche 24.me Sicil. Med. malgré 152:5			4:tt 10
part			
Mardy neant			
Vendredy 29.me l'Escol. des M. Yeux a la m. 159.tt			8:tt 10
part			
Dimanche 31 Juillet Idem p Idem 289:tt			18:tt
part			
Mardy 2.me Aoust Escol des Maris Et la Veufve a la mode 87:tt			3:tt
part			
Vendredy 5.me Tartuffe – 1890:tt			138:tt 10
part			

Le lendemain 6.me Un huissier de la Cour du parlement est
venu de la part du premier President M. de Morgueu/
deffendre la piece. Le 8.me Le S.r de la Touillière Et moy
Delagrange sommes partis de Paris pour aller trouver
le Roy au sujet de la d.te deffence S. M.té Estoit au siege de l'Isle
en flandre, ou nous fusmes tres bien Receus Monsieur
Nous protegea a son ord.re Et la ell.e nous fist dire que son
retour a Paris, Il seroit la amener la piece de Tartuffe Et que
nous la Jouerions. apres quoy nous sommes Retournes
Le Voyage a cousté 1000.tt a la troupe/

Extrait du *Registre* de La Grange, Bibliothèque nationale, Paris, cl. B.N.

ACTE PREMIER

SCÈNE PREMIÈRE

LA VIEILLE[20] et *sa servante*, LA DAME, MARIANE, DORINE, DAMIS, LE BEAU-FRÈRE

               LA VIEILLE
Allons, [Flipote], allons, que d'eux je me délivre.

               LA DAME
Vous marchez d'un tel pas qu'on a peine à vous suivre.

               LA VIEILLE
Laissez, ma bru, laissez, ne venez pas plus loin :
Ce sont toutes façons dont je n'ai pas besoin.

               LA DAME[21]
5   De ce que l'on vous doit envers vous on s'acquitte.
Mais, ma mère, d'où vient que vous sortez si vite?

---

[20] La *Lettre* la décrit comme «une Vieille qu'à son air et à ses habits on n'auroit garde de prendre pour la mere du maistre de la maison, si le respect et l'empressement avec lequel elle est suivie de diverses personnes tres propres et de fort bonne mine, ne la faisoient connoître», p.1-2. Mariane se trouvait là, quoiqu'elle ne dît rien, car elle participa au débat familial de la deuxième scène à laquelle assistèrent tous les personnages de la première scène à l'exception de la Vieille, p.9 sv. La *Lettre* n'appelle sa servante que «sa suivante» ou «la petite fille».

[21] La dame n'est pas mentionnée tout au début de la *Lettre*, mais il est tout à fait raisonnable de supposer qu'en tant que maîtresse de maison avisée elle répondit la première à sa belle-mère enragée. D'ailleurs, quand celle-ci se dit contrariée par tout ce qui se passe «chez vous» (v.9) ce ne peut être que sa belle-fille qu'elle vise en première ligne.

LA VIEILLE
C'est que je ne puis voir tout ce ménage-ci,
Et que de me complaire on ne prend nul souci.
Oui, je sors de chez vous fort mal édifiée :
10 Dans toutes mes leçons j'y suis contrariée,
On n'y respecte rien, chacun y parle haut,
Et c'est tout justement la cour du roi Pétaut.[22]
[Je n'y puis plus rester; c'est là tout mon avis].[23]

[et comme son Petitfils ose lui répondre, elle s'emporte contre luy, et luy fait son portrait avec les couleurs les plus naturelles et les plus aigres qu'elle peut trouver et conclut *qu'il y a longtemps qu'elle a dit à son pere, qu'il ne seroit jamais qu'un Vaurien* ... Autant en fait-elle pour le mesme sujet à sa Bru, et à sa Suivante.][24]

DAMIS
Mais ...

---

[22] «Terme qui n'a d'usage qu'en cette phrase : la cour du roi Pétaud : pour dire, un lieu de désordre et de confusion, et où tout le monde est maître.» (Furetière, qui cite les vers de Molière comme exemple.) La *Lettre* commente ainsi l'apparition de la Vieille : «Ses paroles et ses grimaces témoignent également sa colere et l'envie qu'elle a de sortir d'un lieu, où elle avoue franchement *qu'elle ne peut plus demeurer, voyant la manière de vie qu'on y mene*», *Lettre*, p.2.

[23] Dans la *Lettre* il n'y a aucune mention de l'intervention de Dorine qui précède celle de Damis en 1669. Selon la *Lettre* ce fut en effet ce dernier qui intervint le premier, *ibid.*, p.2-3. Il n'est pas question dans ce rapport pourtant détaillé de l'intervention de Mariane, que Mme Pernelle apostrophe en 1669 (v.21-4). En 1667 l'ordre dans lequel intervenait la famille était différent de 1669, c'est-à-dire, Damis, la Dame, son frère, Dorine, alors qu'en 1669 c'est Elmire, Dorine, Damis, Mariane, Elmire et Cléante. Nous avons calqué le vers 13 sur la phrase de la Vieille dans la *Lettre* que voici : « *qu'elle ne peut plus demeurer, voyant la manière de vie qu'on y mène*», *ibid.*, p.2, phrase qui précède immédiatement l'intervention de Damis, laquelle doit suivre de bien près les vers qu'elle résume. L'ordre de la *Lettre* nécessite quatre rimes masculines, v. 11-14.

[24] *Op. cit.*, p.2-3.

ACTE I. SCÈNE I.

              LA VIEILLE
     Vous êtes un sot en trois lettres,[25] mon fils ;
15 C'est moi qui vous le dis, qui suis votre grand-mère ;
     Et j'ai prédit cent fois à mon fils, votre père,
     Que vous preniez tout l'air d'un méchant garnement,
     Et ne lui donneriez jamais que du tourment.

              LA DAME
Mais, ma mère ...

              LA VIEILLE
             Ma bru, qu'il ne vous en déplaise,
20 Votre conduite en tout est tout à fait mauvaise ;
     Vous devriez leur mettre un bon exemple aux yeux,
     Et leur défunte mère en usait beaucoup mieux.
     Vous êtes dépensière ; et cet état me blesse,
     Que vous alliez vêtue ainsi qu'une princesse.
25 Quiconque à son mari veut plaire seulement,
     Ma bru, n'a pas besoin de tant d'ajustement.[26]

             LE BEAU-FRÈRE
Mais, Madame, après tout ...

              LA VIEILLE
             Pour vous, Monsieur son frère,
     Je vous estime fort, vous aime, et vous révère ;
     Mais enfin, si j'étais de mon fils, son époux,
30 Je vous prierais bien fort de n'entrer point chez nous.
     Sans cesse vous prêchez des maximes de vivre

---

[25] Furetière cite ce vers pour expliquer le sens du mot «sot» : «celui qui agit sans précaution.»

[26] Dans son *Dialogue sur le mariage* (c. 1630), Le Vayer fait dire à l'un de ses personnages (Philocles) au sujet des femmes qu'«il leur faut des parements et des habits, dont les Reines du temps passé eussent fait conscience de se servir hors leurs entrées solemnelles ... Les robes seules et leurs juppes coustent plus souvent qu'elles n'ont apporté de dot en mariage», *Dialogues faits à l'imitation des anciens* (Paris, 1988), p.481. Arnolphe en a dit autant dans sa troisième maxime du mariage, *L'École des femmes*, acte III, sc. 2.

Qui par d'honnêtes gens ne se doivent point suivre.
Je vous parle un peu franc; mais c'est là mon humeur,
Et je ne mâche point ce que j'ai sur le cœur.

DORINE

35 Si ...

LA VIEILLE
Vous êtes, mamie, une fille suivante
Un peu trop forte en gueule,[27] et fort impertinente.
Vous vous mêlez sur tout de dire votre avis.
[Je ne le sais que trop; mon fils l'a souvent dit.][28]

DAMIS
Votre Monsieur Panulphe est bienheureux sans doute ...

LA VIEILLE
40 C'est un homme de bien,[29] qu'il faut que l'on écoute;
Et je ne puis souffrir sans me mettre en courroux
De le voir querellé par un fou comme vous.

---

[27] «Un homme est fort en gueule : il crie fort, il est impudent, et avantageux en paroles» (Furetière).

[28] La *Lettre* indique bien que Dorine intervient *après* le beau-frère, voir la note 23 ci-dessus. Les vers 35-36 de la Vieille correspondent aux vers 13-14 du *Tartuffe*. La *Lettre* ne dit pas explicitement que Damis amène la Vieille à parler de Panulphe. Mais si l'on regarde les répliques suivantes, il n'y a que lui qui soit capable de la lancer là-dessus. Nous insérons le vers 38 pour enchaîner et pour garder la rime.

[29] La Vieille entreprend de justifier Panulphe (v.40-2, 50-2, 65-6, 105-10), et Le Vayer, sans doute pour des raisons de commodité, résume ses discours en bloc, comme suit : «toute leur [de la famille] méchanceté consiste *dans le peu de veneration qu'ils ont pour ce saint Homme, et dans le déplaisir qu'ils témoignent de la déference et de l'amitié avec laquelle il est traité par le maistre de la maison*[cf. v.52]; *que ce n'est pas merveille qu'ils le haïssent comme ils font, censurant leur méchante vie comme il fait* [v.107-8], *et qu'enfin la vertu est toûjours persecutée* [v.106-8].» *Lettre*, p.4. «Bien : pureté de mœurs; vertu, honnêteté» (Furetière). Il cite une phrase de Balzac en exemple : «Un homme de bien est celui qui n'est ni un saint ni un dévot; et qui s'est borné à n'avoir que de la vertu.» Cf. les vers 106, 941, 1386, 1442, 1485, 1567, 1579.

ACTE I. SCÈNE I.

                     DAMIS
Quoi? je souffrirai, moi, qu'un cagot[30] de critique
Vienne usurper céans[31] un pouvoir tyrannique
45   Et que nous ne puissions à rien nous divertir,
Si ce beau monsieur-là n'y daigne consentir?

                     DORINE
S'il le faut écouter et croire à ses maximes,
On ne peut faire rien qu'on ne fasse des crimes;
Car il contrôle tout, ce critique zélé.[32]

                    LA VIEILLE
50   Et tout ce qu'il contrôle est fort bien contrôlé.
C'est au chemin du Ciel[33] qu'il prétend vous conduire,
Et mon fils à l'aimer vous devrait tous induire.

                     DAMIS
Non, voyez-vous, ma mère, il n'est père ni rien
Qui me puisse obliger à lui vouloir du bien :
55   Je trahirais mon cœur de parler d'autre sorte;
Sur ses façons de faire à tous coups je m'emporte;
J'en prévois une suite, et qu'avec ce pied plat[34]

---

[30] «*Cagot* : faux dévot; hypocrite, qui affecte des apparences de dévotion» (Furetière).

[31] «Terme démonstratif du lieu où l'on est. Ici : en ce lieu-ci. Dans cette maison» (Furetière).

[32] L'attaque contre Panulphe fut sans doute menée par Damis et Dorine : «Les autres, [c'est-à-dire tous sauf la Vieille], se voulant defendre, achevent le caractère du saint Personnage, mais pourtant seulement comme d'un zelé indiscret et ridicule», *Lettre*, p.4. Or, il n'est question de zélé indiscret et ridicule que dans les vers 43-6 et 47-9, de Damis et de Dorine. Le beau-frère est chargé d'une autre fonction (de faire la distinction entre la vraie et la fausse dévotion), et la dame est trop femme de bien pour être mêlée de près à cette âpre discussion.

[33] «Se prend aussi pour Dieu même; sa providence et sa justice ... Le *Ciel* est offensé, c'est-à-dire Dieu est offensé.» (Furetière, qui cite comme exemple les vers 1219-20 du *Tartuffe*.) Un des mots-clés de la pièce, il est mentionné plus de 40 fois et sert d'euphémisme pour Dieu.

[34] «*Pied-plat* : on appelle pied plat, un rustre, un homme de rien qui a des souliers tout unis, et tout plats, comme en portent ordinairement les paysans» (Furetière).

Il faudra que j'en vienne à quelque grand éclat.

DORINE
Certes, c'est une chose aussi qui scandalise,[35]
60 De voir qu'un inconnu céans[36] s'impatronise,[37]
Qu'un gueux[38] qui, quand il vint, n'avait pas de souliers,
Et dont l'habit entier valait bien six deniers,
En vienne jusque-là que de se méconnaître,
De contrarier tout, et de faire le maître.

LA VIEILLE
65 Hé! merci de ma vie?[39] il en irait bien mieux,
Si tout se gouvernait par ses ordres pieux.

[Et sur ce propos le Frere de la Bru commence déja à faire voir quelle est la veritable devotion, par rapport à celle de Monsieur Panulphe : de sorte que le venin, s'il y en a à tourner la bigotterie en ridicule, est presque precedé par le contre-poison.][40]

[35] Voir la note 102 de l'acte I.
[36] Voir la note 31.
[37] «S'emparer, se rendre insensiblement maître de quelque chose. Ce mot n'a guère d'usage que dans le style familier.» (Furetière, qui cite les vers 59–60 comme exemple.)
[38] «*Gueux*; on dit proverbialement, qu'un homme est gueux comme un rat d'Eglise, gueux comme un Peintre; pour dire qu'il est fort pauvre ... on appelle aussi un gueux fieffé, un gueux qui s'attache à quelque endroit certain, à quelque coin d'Eglise pour y attendre l'aumône» (Furetière).
[39] «Merci de ma vie est un serment du petit peuple» (Furetière). Littré donne comme synonyme «merci de moi», toutes deux exclamations populaires exprimant l'impatience et la colère.
[40] C'est ainsi que l'endroit précis de l'intervention du beau-frère est marqué par la *Lettre*, p.4-5, à la suite des critiques faites par la famille du zèle ridicule et indiscret de Panulphe. Or ces critiques, ainsi que les ripostes de La Vieille, forment un bloc se terminant au vers 66. D'après la *Lettre*, le beau-frère ne se fit aucun scrupule de tourner Panulphe ainsi que les sentiments de la Vieille en dérision. Son ton acerbe, conforme à son caractère plus combatif en 1667, s'atténue en 1669, mais affleure dans les vers 351-80 (acte I, sc. 5) où il s'en prend aux faux dévots. Il nous semble fort probable qu'en 1667 une version ou une partie de ce discours de 1669, surtout les vers 355-80, faisait partie des remarques que le beau-frère fait ici à la Vieille, compte tenu du ton méprisant et

ACTE I. SCÈNE III. 69

                LE BEAU-FRÈRE
[Pour ma part] je ne vois nul genre de héros
Qui soient plus à priser que les parfaits dévots,
Aucune chose au monde et plus noble et plus belle
70   Que la sainte ferveur d'un véritable zèle,
Aussi ne vois-je rien qui soit plus odieux
Que le dehors plâtré d'un zèle spécieux,
Que ces francs charlatans, que ces dévots de place,[41]
De qui la sacrilège et trompeuse grimace
75   Abuse impunément et se joue à leur gré
De ce qu'ont les mortels de plus saint et sacré,
Ces gens qui, par une âme à l'intérêt soumise,
Font de dévotion métier et marchandise,
Et veulent acheter crédit et dignités
80   À prix de faux clins d'yeux et d'élans affectés,
Ces gens, dis-je, qu'on voit d'une ardeur non commune
Par le chemin du Ciel courir à leur fortune,
Qui, brûlants et priants, demandent chaque jour,[42]
Et prêchent la retraite au milieu de la cour,
85   Qui savent ajuster leur zèle avec leurs vices,
Sont prompts, vindicatifs, sans foi, pleins d'artifices,
Et pour perdre quelqu'un couvrent insolemment

---

    de la comparaison explicite entre la vraie dévotion et la bigoterie de Panulphe, selon la *Lettre*. Voir la note 109 ci-dessous. L'ordre de la *Lettre* entraîne quatre rimes masculines, v.65–68.

[41] Ce sont bien sûr des dévots qui affichent leur dévotion, mais Furetière donne plusieurs sens au mot «place» qui conviennent ici : «se dit d'un lieu éminent où l'on a droit de s'asseoir ... qui marque le rang, la préférence, ou la dignité.» Cf. aussi les paroles du Christ : «Quand donc tu fais l'aumône, ne va pas le claironner devant toi; ainsi font les hypocrites, dans les synagogues et les rues, afin d'être glorifiés par les hommes; en vérité je vous le dis, ils tiennent déjà leur récompense», Matthieu 6 : 2.

[42] Brûlants et priants : belle formule qui caractérise admirablement les passions et le langage dévot dont usera Panulphe tout à l'heure face à la dame. Furetière commente ainsi le premier adjectif : «échauffé de quelque passion» et donne comme exemples «brûlant de l'amour divin ... d'ambition, de désirs.» Demandent: avec une force absolue, décrivant l'éternel quémandeur.

De l'intérêt du Ciel[43] leur fier[44] ressentiment,
D'autant plus dangereux dans leur âpre colère,
90 Qu'ils prennent contre nous des armes qu'on révère,
Et que leur passion, dont on leur sait bon gré,
Veut nous assassiner avec un fer sacré.

DORINE
Il passe pour un saint dans votre fantaisie :
Tout son fait, croyez-moi, n'est rien qu'hypocrisie.

LA VIEILLE
95 Voyez la langue!

DORINE
À lui, non plus qu'à son Lorent,
Je ne me fierais, moi, que sur un bon garant.[45]

[... pour achever la peinture de ce bon Monsieur, on luy a donné un Valet, duquel, quoiqu'il n'ait point à paroistre, on fait le caractere tout semblable au sien, c'est à dire, selon Aristote, qu'on dépeint le Valet pour faire connoître le Maistre.][46]

Il n'est pas jusqu'au fat[47] qui lui sert de garçon
Qui ne se mêle aussi de nous faire leçon;
Il vient nous sermonner avec des yeux farouches,
100 Et jeter nos rubans, notre rouge et nos mouches.[48]
Le traître, l'autre jour, nous rompit de ses mains

---

[43] Sur cette phrase voir les notes 33 et 52 de l'acte I, et la note 7 de l'acte IV.
[44] *Fier* : en mauvaise part «intraitable, cruel, barbare, implacable» (Furetière).
[45] Telle est l'orthographe du nom que donne la *Lettre*, p.30.
[46] *Ibid.*, p.5. L'ordre exact de la *Lettre* nous oblige à faire suivre les rimes masculines des vers 95-6 de deux masculines dans v.97-8, et à inclure quatre rimes féminines v.103-6.
[47] «*Fat* : sot, sans esprit, qui ne dit que des fadaises» (Furetière).
[48] «Un morceau de taffetas ou de velours noir que les dames mettent sur leur visage par ornement ou pour faire paraître leur teint plus blanc. Les dévots crient fort contre les mouches comme étant une marque de grande coquetterie ... Les mouches taillées en long s'appellent des assassines» (Furetière).

ACTE I. SCÈNE I.   71

        Un mouchoir qu'il trouva dans une *Fleur des Saints*,[49]
        Disant que nous mêlions, par un crime effroyable,
        Avec la sainteté les parures du diable.[50]

                      LA VIEILLE
105   J'ignore ce qu'au fond le serviteur peut être;
        Mais pour homme de bien, je garantis le maître.
        Vous ne lui voulez mal et ne le rebutez[51]
        Qu'à cause qu'il vous dit à tous vos vérités.
        C'est contre le péché que son cœur se courrouce,
110   Et l'intérêt du Ciel[52] est tout ce qui le pousse [53]

                      DORINE
        Oui; mais pourquoi, surtout depuis un certain temps,
        Ne saurait-il souffrir qu'aucun hante céans?[54]
        En quoi blesse le Ciel une visite honnête,
        Pour en faire un vacarme à nous rompre la tête?

---

[49] *Les Fleurs des vies des saints et des fêtes de toute l'année* par le jésuite Ribadeneira, mort au commencement du 17ᵉ siècle, fut traduit en français en deux volumes in-folio.

[50] Les vers 97-104 font partie du discours de Dorine à Cléante dans *Le Tartuffe*, acte I, sc. 2, v.203-10. La *Lettre* ne fait aucune mention du serviteur dans sa description de la scène correspondante en 1667, faisant terminer l'entretien entre le beau-frère et Dorine sur le portrait des rapports du mari avec Panulphe, p.12. D'après les observations de la *Lettre* sur la première scène de *L'Imposteur*, pourtant, il ressort qu'une description détaillée du serviteur venait clore le portrait de Panulphe brossé par la famille.

[51] «*Rebuter* ; dégoûter, empêcher de poursuivre quelque dessein» (Furetière).

[52] Voir la note 33, v.193-4, 1049, surtout la glose suivante de Panulphe sur la phrase, et le *Second Placet* (au troisième paragraphe).

[53] Le Vayer résume les propos de la Vieille (v.40-2, 50-2, 106-10), comme suit : «toute leur [de la famille] méchanceté consiste *dans le peu de veneration qu'ils ont pour ce saint Homme, et dans le déplaisir qu'ils témoignent de la déference et de l'amitié avec laquelle il est traité par le maistre de la maison, que ce n'est pas merveille qu'ils le haïssent comme ils font, censurant leur méchante vie comme il fait, et qu'enfin la vertu est toûjours persecutée.*», op. cit., p.4.

[54] Voir la note 31. «La Suivante sur ce propos continuant de se plaindre des reprimendes continuelles de l'un et de l'autre ... », *Lettre*, p.5.

115   Veut-on que là-dessus je m'explique entre nous?⁵⁵
      Je crois que de Madame il est, ma foi, jaloux.⁵⁶

                         LA VIEILLE
      Taisez-vous, et songez aux choses que vous dites.
      Ce n'est pas lui tout seul qui blâme ces visites.
      Tout ce tracas qui suit les gens que vous hantez,
120   Ces carrosses sans cesse à la porte plantés,
      Et de tant de laquais le bruyant assemblage
      Font un éclat fâcheux dans tout le voisinage.
      Je veux croire qu'au fond il ne se passe rien;
      Mais enfin on en parle, et cela n'est pas bien.
125   [Ma bru, il faut vivre d'une façon meilleure,]⁵⁷

---

⁵⁵ L'édition de 1734 fait suivre ce vers d'une indication scénique : *Montrant Elmire*, ce qui n'est pas confirmé par la *Lettre*.

⁵⁶ «La Suivante sur ce propos, continuant de se plaindre des reprimendes continuelles de l'un et de l'autre, expose entre autres le chapitre sur lequel Mr Panulphe est plus fort, *c'est à crier contre les visites que reçoit Madame* et dit sur cela, voulant simplement plaisanter et faire enrager la Vieille, et sans qu'il paroisse qu'elle se doute déja de quelque chose, *qu'il faut assurément qu'il en soit jaloux»*, *Lettre*, p.5-6. Le mari en dira autant sans comprendre le sens de ses paroles, v.316.

⁵⁷ Sur la boutade de la suivante (v.116) la *Lettre* dit que «Vous pouvez croire que la Vieille n'écoute pas cette raillerie, qu'elle croit impie, sans s'emporter horriblement contre celle qui la fait [Dorine]; mais comme elle voit que toutes ces raisons [c'est-à-dire v.117-24] ne persuadent point ces esprits obstinez, elle recourt aux authoritez et aux exemples, et leur apprend les étranges jugemens que font les Voisins de leur maniere de vivre : elle appuye particulierement sur une voisine, dont elle propose l'exemple à sa Bru comme un modele de vertu parfaite et enfin de la maniere qu'il faudroit qu'elle vécust, c'est à dire à la Panulphe», p.6-7. Il nous semble d'après cette description que deux discours séparés de Mme Pernelle en 1669 (v.85-92, 117-20) faisaient partie d'un seul discours en 1667 (v.117-28). Ce deuxième discours en 1669 se fait à l'intention de Cléante et de Dorine. On remarque en effet que ni le discours de Cléante en 1669 sur l'impossibilité de mettre fin au qu'en-dira-t-on (v.93-102) ni les vers suivants de Dorine sur les potins de Daphné et son petit époux (v.103-16) auxquels répondent les vers 117-120 de Mme Pernelle, ne figurent dans la *Lettre*. Cette sage réflexion de Cléante détonne quelque peu avec les propos cinglants adressés par le beau-frère à la Vieille quelques vers plus loin en 1667, v.133-48. Qui plus est, ces deux discours de Cléante et de Dorine font bloc en 1669. Comme l'indique la *Lettre*, les vers 126-8 de l'*Imposteur* s'adressent à la dame, et Dorine se charge

ACTE I. SCÈNE I.

On sait qu'Orante mène une vie exemplaire :
Tous ses soins vont au Ciel; et j'ai su par des gens
Qu'elle condamne fort le train qui vient céans.[58]

DORINE

L'exemple est admirable, et cette dame est bonne!
130 Il est vrai qu'elle vit en austère personne;
Mais l'âge dans son âme a mis ce zèle ardent,
Et l'on sait qu'elle est prude à son corps défendant.[59]

LE BEAU-FRÈRE

Tant qu'elle a pu des cœurs attirer les hommages,
Elle a fort bien joui de tous ses avantages;
135 Mais, voyant de ses yeux tous les brillants[60] baisser,
Au monde, qui la quitte, elle veut renoncer,
Et du voile pompeux d'une haute sagesse
De ses attraits usés déguiser la faiblesse.
Ce sont là les retours des coquettes du temps.
140 Il leur est dur de voir déserter les galants.[61]
Dans un tel abandon, leur sombre inquiétude
Ne voit d'autre recours que le métier de prude;
Et la sévérité de ces femmes de bien
Censure toute chose, et ne pardonne à rien;
145 Hautement d'un chacun elles blâment la vie,
Non point par charité, mais par un trait d'envie,

---

[58] d'y répondre «aussitôt», p.7.
[59] Voir la note 31.
«La Suivante repart aussitost que *la sagesse de cette Voisine a attendu sa vieillesse, et qu'il luy faut bien pardonner si elle est prude, parce qu'elle ne l'est qu'à son corps defendant.*», Lettre, p.7. «*Prude* : qui est sage et modeste. Les prudes sont souvent hargneuses et de mauvaise humeur» (Furetière).
[60] Cf. les vers de Célimène qui reproche à Arsinoé la disgrâce de son âge:
On peut, par politique, en prendre le parti, [d'être prude]
Quand de nos jeunes ans l'éclat est amorti.
(*Le Misanthrope*, III, 4, v.979-80)
[61] «Amant qui se donne tout entier au service d'une maîtresse. Se dit aussi de l'attache qu'on a à courtiser les Dames. Il se prend en bonne et en mauvaise part de celui qui entretient une femme ou une fille avec laquelle il a quelque commerce illicite» (Furetière).

74   L'*IMPOSTEUR* DE 1667

Qui ne saurait souffrir qu'une autre ait les plaisirs
Dont le penchant de l'âge a sevré leurs désirs.⁶²

LA VIEILLE

Voilà les contes bleus qu'il vous faut pour vous plaire.
150   Ma bru, l'on est chez vous contrainte de se taire,
Car Madame à jaser tient le dé tout le jour.
Mais enfin je prétends discourir à mon tour :
Je vous dis que mon fils n'a rien fait de plus sage
Qu'en recueillant chez soi ce dévot personnage;
155   Que le Ciel au besoin l'a céans⁶³ envoyé
Pour redresser à tous votre esprit fourvoyé;
Que pour votre salut vous le devez entendre,
Et qu'il ne reprend rien qui ne soit à reprendre.
Ces visites, ces bals, ces conversations
160   Sont du malin esprit toutes inventions.
Là jamais on n'entend de pieuses paroles :
Ce sont propos oisifs, chansons et fariboles;
Bien souvent le prochain en a sa bonne part,
Et l'on y sait médire et du tiers et du quart.
165   Enfin les gens sensés ont leurs têtes troublées
De la confusion de telles assemblées :
Mille caquets divers s'y font en moins de rien;
Et comme l'autre jour un docteur dit fort bien,
C'est véritablement la tour de Babylone,
170   Car chacun y babille, et tout du long de l'aune;⁶⁴

---

⁶² «Le Frere de la Bru continuë par un caractere sanglant qu'il fait de l'humeur des gens de cet âge, *qui blâment tout ce qu'ils ne peuvent plus faire*», *Lettre*, p.7. En 1669 ces vers étaient dans la bouche de Dorine (v.125-40). Auger a fait observer à propos du vers 148 qu'il serait plus clair de nos jours de dire «le déclin de l'âge», G.E. IV, p.405, n.4.

⁶³ Voir la note 31.

⁶⁴ Ces vers rappellent l'histoire de l'Ancien Testament où les hommes parlant une seule langue projetèrent de bâtir une tour pour pénétrer les cieux. Pour les confondre, «Yahvé les dispersa de là sur toute la face de la terre et ils cessèrent de bâtir la ville. Aussi la nomma-t-on Babel, car c'est de là qu'il les dispersa sur toute la face de la terre» La Genèse, 11: 8-9. «Tout le long de l'aune signifie beaucoup, tout-à-fait, avec l'excès» (Furetière, lequel cite ce vers même comme

ACTE I. SCÈNE III. 75

Et pour conter l'histoire où ce point l'engagea ...
Montrant le Beau-frère.[65]
Voilà-t-il pas Monsieur[66] qui ricane déjà!

[Pour remettre la Vieille de son emotion, le Frere continue, sans faire semblant d'appercevoir le desordre où son discours l'a mise; et pour un exemple de bigoterie qu'elle avoit apporté, [voir v.126-8 ci-dessus] il en donne six ou sept qu'il propose, soûtient et prouve l'estre de la veritable vertu.][67]

LE BEAU-FRÈRE
De ce faux caractère on en voit trop paraître;
Mais les dévots de cœur sont aisés à connaître.
175   Notre siècle, [mamie], en expose à nos yeux

«tout le long.») Une phrase de M.J.-P. Camus décrivant la visite de plusieurs dames de qualité à St François de Sales peut très bien être à l'origine de ces vers: «Si ce n'estoit la tour de Babel, au moins c'estoit celle de Babil, ou de Babylone; car elles babilloient tout du long de l'aune», dans J. Plantié, «Molière et François de Sales», *Revue d'Histoire Littéraire de la France*, 72 : 5-6 (septembre-décembre 1972), p.903.

[65] L'édition de 1734 conserve ici une trace du rôle plus agressif du beau-frère en 1667 dans une indication scénique : *Montrant Cléante*, voir la note suivante. L'essentiel de ce discours devait exister en 1667. L'ironie mordante du beau-frère passe inaperçue par La Vieille, qui s'obstine à défendre son idole comme l'indique Le Vayer : «Comme cela [ce qu'a dit le beau-frère des prudes] touche la Vieille de fort prés, elle entreprend avec grande chaleur de répondre, sans pourtant témoigner se l'appliquer en aucune façon : ce que nous ne faisons jamais dans ces occasions, pour avoir un champ plus libre à nous defendre, en feignant d'attaquer simplement la these proposée, et à evaporer toute nostre bile contre qui nous pique de cette maniere subtile, sans qu'il paroisse que nous le fassions pour nostre interest», *Lettre*, p.7-8.

[66] C'est-à-dire le frère de la dame, car la *Lettre* fait ressortir son rôle d'agent provocateur à cet endroit comme tout au long de cette scène, p.7-8.

[67] *Lettre*, p.8. En 1667 le frère reprit la parole pour donner des exemples de la véritable dévotion. Le vers 172 indique l'endroit précis de son intervention. Le vers 173 n'a pas de lien apparent avec ce que vient de dire La Vieille, mais les phrases de la *Lettre* dont nous le faisons précéder soulignent le fait que ce discours du beau-frère sert moins de riposte à la Vieille que de suite à ses propres remarques précédentes, v.133-48. Tant qu'elle reste en scène, on est condamné à un dialogue de sourds.

Qui peuvent nous servir d'exemples glorieux :
Regardez Ariston, regardez Périandre,
Oronte, Alcidamas, Polydore, Clitandre ;
Ce titre par aucun ne leur est débattu ;
180 Ce ne sont point du tout fanfarons de vertu ;
On ne voit point en eux ce faste insupportable,
Et leur dévotion est humaine, est traitable ;
Ils ne censurent point toutes nos actions :
Ils trouvent trop d'orgueil dans ces corrections ;
185 Et laissant la fierté des paroles aux autres,
C'est par leurs actions qu'il reprennent les nôtres.
L'apparence du mal a chez eux peu d'appui,
Et leur âme est portée à juger bien d'autrui.[68]
Point de cabale[69] en eux, point d'intrigues à suivre ;
190 On les voit, pour tous soins, se mêler de bien vivre ;
Jamais contre un pécheur ils n'ont d'acharnement ;
Ils attachent leur haine au péché seulement,
Et ne veulent point prendre, avec un zèle extrême,
Les intérêts du Ciel plus qu'il ne veut lui-même.
195 Voilà mes gens, voilà comme il en faut user,
Voilà l'exemple enfin qu'il se faut proposer.[70]

---

[68] Ce vers est comme un écho laïque de l'hymne de St Paul sur la charité qui «ne tient pas compte du mal ... excuse tout, croit tout, espère tout ...», Première Épître aux Corinthiens, 13 : 5, 7, d'après *La Bible de Jérusalem* (Paris, 1973), dont toutes les citations bibliques sont tirées. La charité se trouve au cœur de la dévotion prêchée par St François de Sales, pour qui la vie dévote est une vie «douce, heureuse et amiable.» Cette vie est comme une échelle, dont «les échelons ne sont autre chose que les divers degrés de la charité par lesquels l'on va de vertu en vertu ... » *Introduction à la vie dévote* (Paris, 1910), ch. II, p.18. Il y a une certaine convergence entre les idées du beau-frère sur la dévotion et celles de St François, comme l'a très bien démontré J. Plantié, voir la note 64 ci-dessus. Pour les limites de cette convergence, consulter R. Mc Bride, *The Sceptical Vision of Molière : a study in paradox* (London, 1977), p.68-9. «*Appui* : soutien ... figurément faveur, crédit» (Furetière).

[69] Voir la note 5.

[70] Son discours consiste en trois parties, comme l'indique la *Lettre* : théorie et exemples de la véritable dévotion, et conclusions sur la bonne façon de se comporter envers autrui. En 1669, ce passage se trouvait dans l'acte I, sc. 5, v.381-404, à l'exception du vocable «mamie» v.175 que nous suppléons pour

ACTE I. SCÈNE I.

      LA VIEILLE
  Allez chercher vos fous qui vous donnent à rire,
  Et sans ... Adieu, ma bru : je ne veux plus rien dire.
  Sachez que pour céans[71] j'en rabats de moitié[72]
200 Et qu'il fera beau temps quand j'y mettrai le pied.
      Donnant un soufflet à sa servante.[73]
  Allons, vous, vous rêvez, et bayez aux corneilles.[74]
  Jour de Dieu! je saurai vous frotter les oreilles.
  Marchons, gaupe,[75] marchons.

      LE BEAU-FRÈRE
        Je n'y veux point aller,
  De peur qu'elle ne vînt encor me quereller,
205 Que cette bonne femme ... [76]

      DORINE
      Ah! certes, c'est dommage
  Qu'elle ne vous ouît tenir un tel langage :
  Elle vous dirait bien qu'elle vous trouve bon,

---

  remplacer les mots «mon frère» que Cléante applique à Orgon en 1669. Nous croyons que les vers précédant ces remarques en 1669 (v.355-80) furent déclamés par le beau-frère à la Vieille en 1667, voir v.67-92 et la note 40 ci-dessus.
[71] Voir la note 31.
[72] «On dit proverbialement : j'en rabats quinze, pour dire j'ai perdu beaucoup de l'estime que j'avais pour lui. On dit aussi : j'en rabats la moitié» (Furetière).
[73] «Enfin la Vieille sort de colere; et estant encore dans la chambre de la dispute, donne un souflet sans aucun sujet à la petite fille sur qui elle s'appuye, qui n'en pouvoit mais», *Lettre*, p.9. On ne saurait croire qu'elle sortît en 1667 sans quelques paroles à l'emporte-pièce.
[74] «Manière de parler proverbiale pour exprimer un homme oisif et qui s'amuse à regarder niaisement toutes choses.» (Furetière, qui cite ce vers en exemple.)
[75] «*Gaupe* : maussade et salope» (Furetière).
[76] «On appelle un vieillard un *bonhomme*, une vieille femme, une *bonne femme*» (Furetière).
  La *Lettre* n'indique pas qu'il y a une nouvelle scène après la sortie de la Vieille. La division d'un acte en scènes n'est pas toujours marquée, mais un nouveau paragraphe sert souvent à indiquer le début d'une scène, comme pour la scène suivante. Par contre, Le Vayer prend soin de signaler le commencement ou la fin de chaque acte.

Et qu'elle n'est point d'âge à lui donner ce nom.[77]

SCÈNE II

LA DAME, MARIANE, DAMIS, LE BEAU-FRÈRE, DORINE

[Ensuite ceux qui sont restez parlent d'affaire, et exposent qu'ils sont en peine de faire achever un mariage qui est arresté depuis longtemps d'un fort brave Cavalier avec la fille de la maison, et que pourtant le Pere de la Fille differe fort obstinément; ne sachant quelle peut estre la cause de ce retardement, ils l'attribuent fort naturellement au principe general de toutes les actions de ce pauvre homme coëffé[78] de Monsieur Panulphe, c'est à dire à Monsieur Panulphe mesme, sans toutefois comprendre pourquoy ny comment il peut en estre la cause. Et là on commence à rafiner le caractere du saint Personnage, en montrant par l'exemple de cette affaire domestique comment les Devots, ne s'arrestant pas simplement à ce qui est plus directement de leur métier, qui est de critiquer et mordre, passent audelà sous des pretextes plausibles à s'ingerer dans les affaires les plus secretes et les plus seculieres des familles. Quoique la Dame se trouvast assez mal, elle estoit descendue avec bien de l'incommodité dans cette sale basse, pour accompagner sa Bellemere : ce qui commence à former admirablement son caractere tel qu'il le faut pour la suite, d'une vraye femme de bien, qui connoist parfaitement ses veritables devoirs, et qui y satisfait jusqu'au scrupule. Elle se retire avec la Fille dont il est question, nommée Mariane, et le Frere de cette fille nommé Damis, aprés estre tombez d'accord tous ensemble que le Frere de la Dame pressera son mary pour avoir de lui une derniere réponse sur le mariage.][79]

---

[77] «Cependant le Frere, parlant d'elle et l'appelant *la bonne femme*, donne occasion à la Suivante de mettre la derniere main à ce ravissant caractere, en luy disant *qu'il n'auroit qu'à l'appeller ainsi devant elle; qu'elle luy diroit bien qu'elle le trouve bon, et qu'elle n'est point d'âge à meriter ce nom*», Lettre, p.9.

[78] «Coiffer : s'entêter, se préoccuper en faveur de quelque chose. Ce veillard s'est coiffé de sa servante, il en est devenu fort amoureux» (Furetière).

[79] Lettre, p.9-11. Molière a remanié et raccourci cette scène dans Le Tartuffe de 1669, où elle devient la troisième scène et où ne subsistent que de faibles échos de la discussion familiale de 1667, voir les vers 211-23 de 1669.

ACTE I. SCÈNE III.   79

SCÈNE III

LE BEAU-FRÈRE, DORINE

[La Suivante demeure avec ce Frere, dont le personnage est toutafait heureux dans cette occasion, pour faire rapporter avec vraysemblance et bienséance à un homme qui n'est pas de la maison, quoiqu'interessé pour sa sœur dans tout ce qui s'y passe, de quelle maniere Monsieur Panulphe y est traité.][80]

LE BEAU-FRÈRE
Comme elle s'est pour rien contre nous échauffée!
210   Et que de son Panulphe elle paraît coiffée![81]

DORINE
Oh! vraiment tout cela n'est rien au prix du fils,
Et si vous l'aviez vu, vous diriez : «C'est bien pis!»
Nos troubles l'avaient mis sur le pied d'homme sage,
Et pour servir son prince il montra du courage;[82]
215   Mais il est devenu comme un homme hébété,
Depuis que de Panulphe on le voit entêté;
Il l'appelle son frère,[83] et l'aime dans son âme

---

[80] *Éd. cit.*, p.12.
[81] Voir la note 78.
[82] C'est en vertu de ces «services que le bon homme [le mari] a rendu autrefois à l'État dans les armées» qu'il bénéficiera du pardon royal dans la dernière scène, voir la *Lettre*, p.76.
    Le mari n'a pas participé à la Fronde, mais a défendu les droits du Roi, voir v.1733-4 de *L'Imposteur*.
[83] «... elle conte ... comment ... *le maistre de la maison et lui ne se traitent que de frere*», *Lettre*, p.12. Forme d'adresse habituelle entre Panulphe et le maître de maison, le mot est riche de connotations bibliques, évoquant les deux Testaments. Il désigne en effet dans l'Ancien Testament des gens unis par nationalité et sang israélites, distincts des païens, et dans le Nouveau Testament surtout ceux qui appartiennent à la communauté minoritaire chrétienne, le nouvel Israël, à en croire St Paul, Épître aux Galates, 4 : 29. Le terme tel qu'il est utilisé par l'hypocrite et sa dupe sert à les séparer formellement des profanes qui les entourent, voir le

Cent fois plus qu'il ne fait mère, fils, fille, et femme.
C'est de tous ses secrets l'unique confident,
220 Et de ses actions le directeur prudent;[84]
Il le choie, il l'embrasse, et pour une maîtresse
On ne saurait, je pense, avoir plus de tendresse;
À table, au plus haut bout il veut qu'il soit assis;[85]
Avec joie il l'y voit manger autant que six;
225 Les bons morceaux de tout, il fait qu'on les lui cède;[86]
Et s'il vient à roter, il lui dit : «Dieu vous aide!»
C'est une servante qui parle.
Enfin il en est fou; c'est son tout, son héros;[87]
Il l'admire à tous coups, le cite à tout propos;
Ses moindres actions lui semblent des miracles,
230 Et tous les mots qu'il dit sont pour lui des oracles.
Lui, qui connaît sa dupe et qui veut en jouir,
Par cent dehors fardés a l'art de l'éblouir;
Son cagotisme[88] en tire à toute heure des sommes,
Et prend droit de gloser sur tous tant que nous sommes.

---

vers 920 et surtout ceux de l'acte III, v.937, 949, 951, 954, 986, 993, 996, 1003, où Panulphe et le mari font assaut d'amour fraternel. Pour comble d'ironie, ce sera aussi le signe de leur rupture, v.1395.

[84] «*Directeur* : un directeur de conscience, un directeur d'étude, en parlant de celui qui conduit la conscience, ou les études d'un autre. Le premier s'appelle quelquefois absolument directeur» (Furetière).

[85] « ... elle [Dorine] conte comment *il tient le haut de la table au repas*», *Lettre*, p.12.

[86] « ... elle conte ... comment *il est servi le premier de tout ce qu'il y a de meilleur*», *ibid.*, p.12. À en croire l'édition de 1682, les vers 223-6, qu'elle met en guillemets, étaient supprimés lors de la représentation.

[87] La *Lettre* omet ces gloses de Dorine, se bornant à mettre en relief l'idolâtrie du mari au moyen de trois exemples présentés par le même pivot syntaxique «comment» : «elle conte comment *il tient le haut de la table au repas*; comment *il est servi le premier de tout ce qu'il y a de meilleur*; comment *le maistre de la maison et luy ne se traitent que de frere*», p.12.

[88] Voir la note 30 ci-dessus. Le résumé de la *Lettre* met surtout en lumière la sensualité de Panulphe et la façon dont il jette de la poudre aux yeux de son hôte.

ACTE I. SCÈNE IV.

235   [Et qui plus est] ... Il entre.[89]

SCÈNE IV

LE MARY, LE BEAU-FRÈRE, DORINE

LE MARY
Ah! mon frère, bonjour.

LE BEAU-FRÈRE
Je sortais, et j'ai joie à vous voir de retour.
La campagne à présent n'est pas beaucoup fleurie.

LE MARY
Dorine ... Mon beau-frère, attendez, je vous prie :
Vous voulez bien souffrir, pour m'ôter de souci,
240   Que je m'informe un peu des nouvelles d'ici.
Tout s'est-il, ces deux jours, passé de bonne sorte?
Qu'est-ce qu'on fait céans?[90] comme est-ce qu'on s'y porte?

DORINE
Madame eut avant-hier la fièvre jusqu'au soir,
Avec un mal de tête étrange à concevoir.

LE MARY
245   Et Panulphe?

DORINE
Panulphe? Il se porte à merveille.

---

[89] «Enfin comme elle est en beau chemin, Monsieur arrive» *Lettre*, p.12. Les scènes 3 et 4 s'enchaînent en 1669 avec «il entre» de Dorine, ici v.235. Aucune mention dans la *Lettre* des vers 203-10 du *Tartuffe* qui clôturent la scène en 1669, où sont décrits les prêches interminables et l'ingérence de Tartuffe et de son valet dans les actions les plus innocentes de la maison, que nous plaçons dans l'acte I, sc. 1, v.97-104. Voir la note 50 ci-dessus.

[90] Voir la note 31 ci-dessus.

Gros et gras, le teint frais, et la bouche vermeille.[91]

LE MARY

Le pauvre homme![92]

DORINE
Le soir, elle eut un grand dégoût,
Et ne put au souper toucher à rien du tout,
Tant sa douleur de tête était encor cruelle!

LE MARY
250   Et Panulphe?

DORINE
Il soupa, lui tout seul, devant elle,
Et fort dévotement il mangea deux perdrix,
Avec une moitié de gigot en hachis.

LE MARY
Le pauvre homme!

DORINE
La nuit se passa tout entière
Sans qu'elle pût fermer un moment la paupière;

---

[91] En 1669, Du Croisy joua le rôle de Tartuffe. Il était «gras, bel homme», selon les frères Parfaict, *Histoire du théâtre français*, XIII, p.294. Sans doute était-ce le même comédien qui créa le rôle de Panulphe, aussi gourmand et rayonnant de santé.

[92] Cette réplique est comme le troisième volet d'un triptyque composé de la question du maître, la réponse de la servante et l'exclamation du premier, dont la triple répétition rehausse le comique de l'épisode : «Il [Le Mary] luy demande d'abord *ce qu'on fait à la maison*, et en reçoit pour réponse, que *Madame se porte assez mal*, à quoy sans repliquer il continue : *Et Panulphe?* La Suivante, contrainte de répondre, luy dit brusquement que *Panulphe se porte bien*. Sur quoy l'autre s'écrie d'un ton mélé d'admiration et de compassion : *Le pauvre homme*. La Suivante revient d'abord à l'incommodité de sa Maistresse, par trois fois est interrompuë de mesme, répond de mesme, et revient de mesme», *Lettre*, p.12-13. On n'a pas manqué de signaler des sources possibles de cette observation banale, les unes tout aussi incontrôlables que les autres, voir G.E. IV, p.413-5.

ACTE I. SCÈNE IV.

255   Des chaleurs l'empêchaient de pouvoir sommeiller,
      Et jusqu'au jour près d'elle il nous fallut veiller.

                    LE MARY
      Et Panulphe?

                    DORINE
      Pressé d'un sommeil agréable,
      Il passa dans sa chambre au sortir de la table,
      Et dans son lit bien chaud il se mit tout soudain,
260   Où sans trouble il dormit jusques au lendemain.
                    LE MARY
      Le pauvre homme!

                    DORINE
      À la fin, par nos raisons gagnée,
      Elle se résolut à souffrir la saignée,
      Et le soulagement suivit tout aussitôt.

                    LE MARY
      Et Panulphe?

                    DORINE
      Il reprit courage comme il faut,
265   Et contre tous les maux fortifiant son âme,
      Pour réparer le sang qu'avait perdu Madame,
      But à son déjeuner quatre grands coups de vin.[93]

                    LE MARY
      Le pauvre homme!

---

[93] «C'est icy que commence le caractere le plus plaisant et le plus étrange des Bigots: car la Suivante ayant dit que *Madame n'a point soupé*, et Monsieur ayant répondu, comme j'ay dit, *Et Panulphe*, elle replique, *qu'il a mangé deux perdrix et quelque rôty outre cela*, ensuite *qu'il a fait la nuit toute d'une piece*, sur ce que *sa Maitresse n'avoit point dormy*; et qu'enfin *le matin, avant que de sortir pour reparer le sang qu'avoit perdu Madame, il a bu quatre coups de bon vin pur.* Tout cela, dis-je, le fait connoître premierement pour un homme tres sensuel et fort gourmand, ainsi que le sont la pluspart des Bigots.», *ibid.*, p.14.

DORINE
Tous deux se portent bien enfin;
Et je vais à Madame annoncer par avance
270   La part que vous prenez à sa convalescence.

SCÈNE V

LE MARY, LE BEAU-FRÈRE

LE BEAU-FRÈRE
À votre nez, mon frère, elle se rit de vous;
Et sans avoir dessein de vous mettre en courroux,
Je vous dirai tout franc que c'est avec justice.
A-t-on jamais parlé d'un semblable caprice?
275   Et se peut-il qu'un homme ait un charme aujourd'hui
À vous faire oublier toutes choses pour lui,
Qu'après avoir chez vous réparé sa misère,
Vous en veniez au point? ...[94]

LE MARY
Alte-là,[95] mon beau-frère :
Vous ne connaissez pas celui dont vous parlez.

LE BEAU-FRÈRE

---

[94] «La Suivante s'en va, et les Beauxfreres restans seuls, le sage prend occasion sur ce qui vient de se passer, de pousser l'autre sur le chapitre de son Panulphe. Cela semble affecté, non necessaire, et hors de propos à quelques-uns; mais d'autres disent que, quoique ces deux hommes ayent à parler ensemble d'autre chose de consequence, pourtant la constitution de cette piece est si heureuse, que l'Hypocrite étant cause directement ou indirectement de tout ce qui s'y passe, on ne sauroit parler de luy qu'à propos : qu'ainsi ne soit, ayant fait entendre aux Spectateurs dans la Scene precedente que Panulphe gouverne absolument l'homme dont il est question il est fort naturel que son Beau-frere prenne une occasion aussi favorable que celle-cy, pour luy reprocher l'extravagante estime qu'il a pour ce Cagot ... », *Lettre*, p.14-15.

[95] Cf. *L'Étourdi*, III, 4, v.1052 : «Alte un peu : retenez l'ardeur qui vous emporte.»

ACTE I. SCÈNE V.　　　　　　　　　　　　　　　　　　　85

280　　Je ne le connais pas, puisque vous le voulez;
　　　　Mais enfin, pour savoir quel homme ce peut être ...

　　　　　　　　　　　LE MARY
　　　　Mon frère, vous seriez charmé de le connaître,
　　　　Et vos ravissements ne prendraient point de fin.
　　　　C'est un homme ... qui, ... ha! un homme ... un homme
　　　　　　　　　　　　　　　　　　　　　　　　　　enfin.[96]
285　　Qui suit bien ses leçons goûte une paix profonde,
　　　　Et comme du fumier[97] regarde tout le monde.
　　　　Oui, je deviens tout autre avec son entretien;
　　　　Il m'enseigne à n'avoir affection pour rien,
　　　　De toutes amitiés il détache mon âme;
290　　Et je verrais mourir frère, enfants, mère et femme,

---

[96] Ce vers fait l'objet d'une étude pénétrante à part dans la *Lettre*, Le Vayer choisissant de le commenter à la suite de la description de la rencontre du mari avec l'hypocrite dans l'église : « ... l'autre, [le mari] voulant exalter son Panulphe, commence à dire que *c'est un homme*; de sorte qu'il semble qu'il aille faire un long dénombrement de ses bonnes qualitez; et tout cela se reduit pourtant à dire encore une ou deux fois, *mais un homme, un homme*, et à conclure *un homme enfin*; ce qui veut dire plusieurs choses admirables; l'une, que les bigots n'ont pour l'ordinaire aucune bonne qualité, et n'ont pour tout merite que leur bigoterie, ce qui paroit en ce que l'homme mesme qui est infatué de celuycy ne sait que dire pour le loüer. L'autre est un beau jeu du sens de ces mots, *c'est un homme*, qui concluent tres veritablement que Panulphe est extremement un homme, c'est à dire un fourbe, un méchant, un traitre et un animal tres pervers dans le langage de l'ancienne comedie; et enfin la merveille qu'on trouve dans l'admiration que nostre entesté a pour son bigot, quoiqu'il ne sache que dire pour le loüer, montre parfaitement le pouvoir vraiment étrange de la Religion sur les esprits des hommes, qui ne leur permet pas de faire aucune reflexion sur les défauts de ceux qu'ils estiment pieux, et qui est plus grand, luy seul, que celui de toutes autres choses ensemble», p.18-20.

[97] Molière aurait pu trouver ce mot et l'idée chez St Thomas à Kempis : «Vraiment sage est celui qui prend pour du fumier les choses de la terre», *L'Imitation de Jésus-Christ*, I, 3, trad. P. Corneille, 1656, à moins de les avoir puisés directement à la source originale, St Paul, Épître aux Philippiens 3 : 8 : «À cause de lui (le Christ) j'ai accepté de tout perdre, je considère tout comme déchets, afin de gagner le Christ ... »　　S'il en était ainsi, on peut estimer Molière bien naïf de s'étonner que sa pièce fût foudroyée par le pouvoir, voir le *Second Placet*, 2ᵉ paragraphe.

Que je m'en soucierais autant que de cela.⁹⁸

LE BEAU-FRÈRE
Les sentiments humains, mon frère, que voilà!

LE MARY
Ha! si vous aviez vu comme j'en fis rencontre,
Vous auriez pris pour lui l'amitié que je montre.

[Il est aussi pauvre des biens temporels que riche des éternels.]⁹⁹

---

⁹⁸ Le dernier vers se trouve aussi dans *l'Étourdi*, v.678, et dans *La Jalousie du Barbouillé*, sc. 2, où il termine la péroraison du Docteur sur l'argent que Le Barbouillé vient de lui offrir : «Sache, mon ami, quand tu me donnerais une bourse pleine de pistoles ... que je me soucierais aussi peu de ton argent et de toi que de cela.» Les vers précédents de *L'Imposteur* rappellent directement les paroles du Christ dans Saint Luc 14 : 26 : «Si quelqu'un vient à moi sans haïr son père, sa mère, sa femme, ses enfants, ses frères, ses sœurs et jusqu'à sa propre vie, il ne peut être mon disciple», et aussi dans Matthieu 10 : 37, où le commandement de haïr s'atténue en avertissement de ne pas aimer sa famille plus que le Christ. Comme dans la pièce de Molière, la tension entre l'ordre temporel et l'ordre spirituel se trouve relâchée dans le commentaire de Le Vayer sur le texte de Luc : «Et qui peut s'imaginer que Dieu commande que nous aïons une aversion de nôtre propre vie, et que nous soyons nos ennemis mortels, après nous avoir enjoint d'aimer nôtre prochain comme nous mêmes? Il nous fait simplement leçon en ce lieu, et ailleurs, que l'amour que nous devons avoir pour lui étant nôtre Créateur doit précéder et être incomparablement plus forte que celle dont nous pouvons être touchés pour toute sorte de créatures», *Œuvres*, III (2ᵉ partie), 6ᵉ vol., p.210. Comme ils sont loin tous les deux de Pascal, pour qui «Il faut n'aimer que Dieu et ne haïr que soi», *Pensées* no. 373, dans *Œuvres complètes*, éd. L. Lafuma (Paris, 1963). Il n'y a aucun doute que ces mots du mari lui ont été inspirés par le maître hypocrite, lequel les emploie dans l'acte V, scène dernière, v.1687-90 (à cette dernière occasion le sacrifice est fait non pas à Dieu mais au Prince, intérêt oblige!).

⁹⁹ «Le bon Seigneur donc, pour se justifier pleinement sur ce chapitre à son Beaufrere, *se met à luy conter comment il a pris Panulphe en amitié*. Il dit que veritablement *il estoit aussi pauvre des biens temporels que riche des eternels*», *Lettre*, p.16. En 1669, ce dernier vers a été transposé dans II, 2, v.489-90, où Orgon s'en sert dans une vaine tentative pour mettre fin aux observations peu obligeantes de Dorine sur le compte de Tartuffe.

ACTE I. SCÈNE V. 87

295 Chaque jour à l'église il venait, d'un air doux,
     Tout vis-à-vis de moi se mettre à deux genoux.
     Il attirait les yeux de l'assemblée entière
     Par l'ardeur dont au Ciel il poussait sa prière;
     Il faisait des soupirs, de grands élancements,[100]
300 Et baisait humblement la terre à tous moments;
     Et lorsque je sortais, il me devançait vite,
     Pour m'aller à la porte offrir de l'eau bénite.
     Instruit par son garçon, qui dans tout l'imitait,
     Et de son indigence, et de ce qu'il était,
305 Je lui faisais des dons; mais avec modestie
     Il me voulait toujours en rendre une partie.
     «C'est trop, me disait-il, c'est trop de la moitié;
     Je ne mérite pas de vous faire pitié»;
     Et quand je refusais de le vouloir reprendre,
310 Aux pauvres, à mes yeux, il allait le répandre.[101]
     Enfin le ciel chez moi me le fit retirer,
     Et depuis ce temps-là, tout semble prospérer.
     Je vois qu'il reprend tout, et qu'à ma femme même
     Il prend, pour mon honneur, un intérêt extrême;
315 Il m'avertit des gens qui lui font les yeux doux,
     Et plus que moi six fois il s'en montre jaloux.
     Mais vous ne croiriez point jusqu'où monte son zèle :
     Il s'impute à péché la moindre bagatelle;

---

[100] Comme G. Couton le précise à la suite de Furetière, il s'agit ici de l'oraison jaculatoire, «qui se fait par une vive et prompte aspiration du cœur», *éd. cit.*, I, p.1344, note 2.

[101] «Le bon homme continuë *qu'il le voyoit à l'église prier Dieu avec beaucoup d'assiduité et de marques de ferveur*; que pour peu qu'on luy donnât, il disoit bientost, *C'est assez :* et quand il avoit plus qu'il ne luy falloit, il l'alloit aussitost qu'il l'avoit receu, souvent mesme *devant ceux qui luy avoient donné, distribuer aux pauvres» Lettre*, p.16-17. Telle est l'espèce de dévotion bruyante et ostentatoire que blâme le Christ : «Gardez-vous de pratiquer votre justice devant les hommes, pour vous faire remarquer d'eux; ... Quand donc tu fais l'aumône, ne va pas le claironner devant toi; ainsi font les hypocrites, dans les synagogues et les rues, afin d'être glorifiés par les hommes ... Et quand vous priez, ne soyez pas comme les hypocrites : ils aiment, pour faire leurs prières, à se camper dans les synagogues et les carrefours, afin qu'on les voie», Matthieu 6 : 1-5.

Un rien presque suffit pour le scandaliser;[102]
320 Jusque-là qu'il se vint l'autre jour accuser
D'avoir pris une puce en faisant sa prière,
Et de l'avoir tuée avec trop de colère.[103]

LE BEAU-FRÈRE

Parbleu! vous êtes fou, mon frère, que je crois.
Avec de tels discours vous moquez-vous de moi?
325 Et que prétendez-vous que tout ce badinage? ... [104]

---

[102] Le mot est théologiquement d'une grande portée, ayant pour racine le verbe grec «skandalizō», «être une occasion de chute pour». Ces mots évoquent les paroles du Christ : «Que si ton œil droit est pour toi une occasion de péché [te skandalizō], arrache-le et jette-le loin de toi : car mieux vaut pour toi que périsse un seul de tes membres et que tout ton corps ne soit pas jeté dans la géhenne», Matthieu 5 : 29, aussi le vers suivant, et 18 : 8-9; voir aussi Première Épître aux Corinthiens 1 : 23, où St Paul qualifie Jésus-Christ de «skandalon» pour les Juifs. Furetière définit le mot comme «pécher ou donner occasion au péché ... trouver mauvais.»

[103] Le récit de la rencontre avec Panulphe à l'église est conforme à la version de 1669. Les exemples de la dévotion (v.313 sv.), ne sont pas mentionnés par la *Lettre*, mais cadrent parfaitement avec les preuves de son zèle données par Le Vayer : «Le bon homme continuë *qu'il le voyoit à l'église prier Dieu avec beaucoup d'assiduité et de marques de ferveur*; que pour peu qu'on luy donnât, il disoit bientost, *C'est assez* : et quand il avoit plus qu'il ne luy falloit, il l'alloit aussitost qu'il l'avoit receu, souvent mesme *devant ceux qui luy avoient donné, distribuer aux pauvres*», éd. cit., p.16-17. Le père demeure «charmé par son propre recit de la vertu de Panulphe», p.17, avec preuves à l'appui sans doute. Comparer les exemples de son zèle avec le récit de la servante de la piété du valet, v.97 sv. Jacobus de Voragine dans sa *Legenda aurea* du 13e siècle cite le remords extrême de St Macaire après avoir tué une puce, et le père Caussin en fait mention dans *La Cour sainte*, 1624.

[104] L'incrédulité du beau-frère était marquée en 1667 : «Tout cela fait un effet admirable, en ce que croyant parfaitement convaincre son Beau-frere de la beauté de son choix, et de la justice de son amitié pour Panulphe, le bonhomme le convainc entierement de l'hypocrisie du personnage, par tout ce qu'il dit; de sorte que ce mesme discours fait un effet directement contraire sur ces deux hommes, dont l'un est aussi charmé par son propre recit de la vertu de Panulphe, que l'autre demeure persuadé de sa méchanceté», *Lettre*, p.17-18.

ACTE I. SCÈNE V.   89

LE MARY
Mon frère, ce discours sent le libertinage :[105]
Vous en êtes un peu dans votre âme entiché;[106]
Et comme je vous l'ai plus de dix fois prêché,
Vous vous attirerez quelque méchante affaire.[107]

LE BEAU-FRÈRE
330 Voilà de vos pareils le discours ordinaire :
Ils veulent que chacun soit aveugle comme eux.
C'est être libertin que d'avoir de bons yeux,
Et qui n'adore pas de vaines simagrées
N'a ni respect ni foi pour les choses sacrées.
335 Allez, tous vos discours ne me font point de peur :
Je sais comme je parle, et le Ciel voit mon cœur.
De tous vos façonniers on n'est point les esclaves.
Il est de faux dévots ainsi que de faux braves;
Et comme on ne voit pas qu'où l'honneur les conduit
340 Les vrais braves soient ceux qui font beaucoup de bruit,
Les bons et vrais dévots, qu'on doit suivre à la trace,
Ne sont pas ceux aussi qui font tant de grimace.
Hé quoi? vous ne ferez nulle distinction
Entre l'hypocrisie et la dévotion?
345 Vous les voulez traiter d'un semblable langage,
Et rendre même honneur au masque qu'au visage,
Égaler l'artifice à la sincérité,

---

[105] «*Libertin* : qui prend, qui se donne trop de liberté, qui ne veut pas s'assujettir aux loix, aux règles de bien vivre; se dit principalement à l'égard de la Religion, de ceux qui n'ont pas assez de vénération pour ses mystères, ou d'obéissance pour ses décisions.» (Furetière, qui cite comme exemple le vers 320 de Cléante (1669): «C'est être libertin que d'avoir de bons yeux.») Le père n'a que ce reproche à la bouche, voir v.470-1 à l'égard de Valère, et aussi le jugement également sommaire que porte sa mère sur le beau-frère, v.30-32.

[106] Le sens que donne le mari à ce terme a vieilli : «qui commence à se pourrir. Il ne se dit au propre que des fruits ... se dit figurément des personnes pour marquer quelque défaut qu'on commence d'apercevoir en elles ... Entiché d'hérésie, d'avarice, de lèpre» (Furetière).

[107] Comme le rappelle G. Couton, le temps de l'exécution de l'écrivain Cl. Petit n'était pas lointain, *éd. cit.*, I, p.1345-6, et H. Busson cite les peines sévères qui sanctionnaient alors l'impiété, *La Religion des classiques*, p.27 sv.

Confondre l'apparence avec la vérité,
Estimer le fantôme autant que la personne,
350 Et la fausse monnaie à l'égal de la bonne?[108]
Les hommes la plupart sont étrangement faits!
Dans la juste nature on ne les voit jamais;
La raison a pour eux des bornes trop petites;
En chaque caractère ils passent ses limites;
355 Et la plus noble chose, ils la gâtent souvent
Pour la vouloir outrer et pousser trop avant.
Que cela vous soit dit en passant, mon beau-frère.[109]

[108] Dans son premier placet d'août 1664 Molière fustige «toutes les friponneries couvertes de ces faux-monnayeurs en dévotion», *éd. cit.*, I, p.889.

[109] «Le Beaufrere, plus pleinement confirmé dans son opinion qu'auparavant, prend occasion sur ce sujet de faire des reflexions tres solides sur les differences qui se rencontrent entre la veritable et la fausse vertu : ce qu'il fait toûjours d'une maniere nouvelle», *Lettre*, p.18. À en croire V. Cousin, la tirade de Cléante en 1669 (v.318-407) aurait été ajoutée en 1669 pour bien expliquer la pensée de l'auteur, G.E. IV, p.420, n.1. Mais on voit d'après la *Lettre* que l'essentiel de cette tirade, répartie sur deux discours en 1669, existait déjà en 1667, et qu'un de ces discours se situait alors à un autre endroit. En effet, en 1669, Cléante fait deux discours à Orgon sur la vraie et la fausse dévotion, dans I, 5, dont chacun a son caractère particulier. Le premier, v.318-45 en 1669, ici v.330-57, se limite à une distinction entre les apparences de la dévotion et la dévotion authentique, et à un appel à la modération, ce dont force personnes sembleraient incapables. Le ton modéré et quelque peu pédagogique correspond exactement à ces «reflexions tres solides sur les differences qui se rencontrent entre la veritable et la fausse vertu», selon la *Lettre*, voir ci-dessus. Le second discours en 1669 (v.351-407) hausse nettement le ton, fustigeant l'hypocrisie au moyen de formules percutantes telles que «le dehors plâtré d'un zèle spécieux», «ces francs charlatans, ... ces dévots de place», «la sacrilège et trompeuse grimace», «brûlants et priants», et se présente sous la forme d'un argument ad hominem contre Tartuffe, ce dont même Orgon n'a aucune difficulté à s'apercevoir. Nous ne pensons pas que ce second discours se trouvait à cet endroit dans *L'Imposteur* pour les raisons suivantes :
1. Le ton acerbe et satirique détonne dans la description que donne la *Lettre*.
2. Comme le laisse entendre une phrase de la *Lettre* à propos des remarques du beau-frère, il avait déjà fait la distinction entre la vraie et la fausse devotion plus tôt dans la pièce, et le refait ici, «ce qu'il fait toujours d'une manière nouvelle», p.18. Dans I, 1, il avait en effet tourné en dérision la dévotion grimacière de Panulphe (v.67-92), dans un discours dont le ton et le contenu correspondent de très près à une partie importante du second discours de 1669 (v.355-80). La suite de ce dernier discours de Cléante sur la conduite des vrais dévots se trouve en

ACTE I. SCÈNE V.   91

            LE MARY
        Oui, vous êtes sans doute un docteur qu'on révère;
        Tout le savoir du monde est chez vous retiré;
360   Vous êtes le seul sage et le seul éclairé,
        Un oracle, un Caton[110] dans le siècle où nous sommes;
        Et près de vous ce sont des sots que tous les hommes.

            LE BEAU-FRÈRE
        Je ne suis point, mon frère, un docteur révéré,
        Et le savoir chez moi n'est pas tout retiré.
365   Mais, en un mot, je sais, pour toute ma science,
        Du faux avec le vrai faire la différence.
        Mais par un faux éclat je vous crois ébloui.[111]

            LE MARY
        Monsieur mon cher beau-frère, avez-vous tout dit?

            LE BEAU-FRÈRE
                                                                    Oui.

            LE MARY
        Je suis votre valet.[112]

[110] 1667 vers la fin de I, 1, v.173-96. Sur la répartition des discours en 1667, voir les notes 40 et 70 ci-dessus.
Caton l'ancien passait non seulement pour un grand sage mais aussi pour un homme vertueux. Le Vayer le mentionne à ce titre dans la *Lettre* : «et comme on a dit autrefois, que plutôt que Caton fût vicieux, l'ivrognerie seroit une vertu, on peut dire avec bien plus de raison que les lieux les plus infames seroient dignes de la présence de cette Reine [la charité, dont *L'Imposteur* offrirait un exemple insigne], plutôt que sa présence dans ces lieux pût porter aucune atteinte à sa dignité», p.87-8.
[111] Ce vers clôt le discours de Cléante (v.351-407) en 1669. On sait pourtant que les vers 355-80 font partie du discours du beau-frère à la Vieille en 1667 (v.67-92). La deuxième moitié du discours de 1669 (v.381-404) est déclamée par le beau-frère à la Vieille (v.173-96). Nous retenons ce dernier vers en vue de l'enchaînement.
[112] Furetière commente ainsi la phrase : «Il y a des gens qui parlent de la sorte par compliment et par civilité, mais cela est trop familier et même il ne se dit guère que par ironie. Il faut dire : "Je suis votre serviteur, ou votre très humble

Il veut s'en aller.[113]

LE BEAU-FRÈRE
De grâce, un mot, mon frère.
370 Laissons là ce discours. Vous savez que Valère
Pour être votre gendre a parole de vous?

LE MARY
Oui.

LE BEAU-FRÈRE
Vous aviez pris jour pour un lien si doux.

LE MARY
Il est vrai.

LE BEAU-FRÈRE
Pourquoi donc en différer la fête?

LE MARY
Je ne sais.

LE BEAU-FRÈRE
Auriez-vous autre pensée en tête?

LE MARY
375 Peut-être.

LE BEAU-FRÈRE
Vous voulez manquer à votre foi?

---

serviteur."» Alceste fait usage de la formule plus polie afin de renchérir sur l'ironie d'Oronte dans *Le Misanthrope*, I, 2, v.437-8 :
    Oronte : Je suis votre valet, Monsieur, de tout mon cœur.
    Alceste : Et moi, je suis, Monsieur, votre humble serviteur.

[113] «Le bon homme, pressé par les raisonnemens de son Beaufrere, auxquels il n'a rien à répondre, bien qu'il les croye mauvais, luy dit adieu brusquement, et le veut quitter sans autre réponse; ce qui est le procedé naturel des opiniatres», *Lettre*, p.20.

ACTE I. SCÈNE V. 93

LE MARY
Je ne dis pas cela.[114]

LE BEAU-FRÈRE
Nul obstacle, je crois,
Ne vous peut empêcher d'accomplir vos promesses.

LE MARY
Selon.

LE BEAU-FRÈRE
Pour dire un mot faut-il tant de finesses?
Valère sur ce point me fait vous visiter.

LE MARY
380   Le Ciel en soit loué!

LE BEAU-FRÈRE
Mais que lui reporter?

LE MARY
Tout ce qu'il vous plaira.

LE BEAU-FRÈRE
        Mais il est nécessaire
De savoir vos desseins. Quels sont-ils donc?

LE MARY
                                    De faire
Ce que le Ciel voudra.

---

[114] Le père s'empêtre ici dans une variation de la restriction mentale, dont le bon père jésuite de Pascal se montre un praticien plus avisé, quand il explique comment s'y prendre pour se tirer d'une situation difficile : «Une chose des plus embarrassantes qui s'y trouve est d'éviter le mensonge, ... c'est à quoi sert admirablement notre doctrine des équivoques, par laquelle il est permis d'user de termes ambigus, en les faisant entendre en un autre sens qu'on ne les entend soi-même ... », 9e Provinciale, Œuvres, éd. cit., p.411.

LE BEAU-FRÈRE
Mais parlons tout de bon.
Valère a votre foi : la tiendrez-vous, ou non ?[115]

LE MARY
385 Adieu.[116]

LE BEAU-FRÈRE[117]
Pour son amour je crains une disgrâce,[118]
Et je dois l'avertir de tout ce qui se passe.

---

[115] « ... l'autre [le beau-frère] le retient pour luy parler de l'affaire du mariage, sur laquelle il ne luy répond qu' obliquement sans se declarer, et enfin à la maniere des bigots, qui ne disent jamais rien de positif, depeur de s'engager à quelque chose, et qui colorent toûjours l'irresolution qu'ils témoignent de pretextes de Religion. Cela dure jusqu'à ce que le Beaufrere luy demande *un ouï, ou un non*», *Lettre*, p.21.

[116] « ... à quoy luy [le père] ne voulant point répondre, le quite enfin brutalement, comme il avoit déja voulu faire : ce qui fait juger à l'autre que leurs affaires vont mal, et l'oblige d'y aller pourvoir», *ibid.*, p.21.

[117] CLÉANTE, *seul*. (1734).

[118] «Signifie aussi malheur, accident, revers, infortune» (Furetière).

ACTE II

SCÈNE PREMIÈRE

LE MARY, MARIANE

LE MARY

Mariane.

MARIANE

Mon père.

LE MARY
Approchez, j'ai de quoi
Vous parler en secret.

MARIANE
Que cherchez-vous?

LE MARY *Il regarde dans un petit cabinet.*
Je vois
Si quelqu'un n'est point là qui pourrait nous entendre;
390 Car ce petit endroit est propre pour surprendre.[1]
Or sus, nous voilà bien. J'ai, Mariane, en vous
Reconnu de tout temps un esprit assez doux,
Et de tout temps aussi vous m'avez été chère.

MARIANE

---

[1] Damis, caché dans ce cabinet, sera témoin de l'entretien de sa belle-mère avec Panulphe au IIIe acte.

Je suis fort redevable à cet amour de père.

LE MARY
395 C'est fort bien dit, ma fille; et pour le mériter,
Vous devez n'avoir soin que de me contenter.

MARIANE
C'est où je mets aussi ma gloire la plus haute.[2]

LE MARY
Fort bien. Que dites-vous de Panulphe notre hôte?

MARIANE
Qui, moi?

LE MARY
Vous voyez bien comme vous répondrez.

MARIANE
400 Hélas! j'en dirai, moi, tout ce que vous voudrez.[3]

[Le Père luy dit qu'elle ne craigne point d'avouër ce qu'elle pense, et qu'elle dise hardiment ce qu'aussibien il devine aisément, que *les merites de Monsieur Panulphe l'ont touchée, et qu'enfin elle l'aime.*][4]

---

[2] «La Fille de la maison commence le second Acte avec son pere. Il luy demande si *elle n'est pas disposée à luy obëir toûjours*, et à se conformer à ses volontez. Elle répond fort elegamment [de fort bonne grâce] qu'oüy», *Lettre*, p.21.

[3] «Il continue, et luy demande encore, *que luy semble de Monsieur Panulphe* : elle, bien empeschée pourquoy on luy fait cette question, hésite; enfin, pressée et encouragée de répondre, dit, *Tout ce que vous voudrez*», *ibid.*, p.21-22.

[4] *Ibid.*, p.22. Il se peut que le mari se soit plus étendu ici sur les mérites de l'hypocrite qu'en 1669.

ACTE II. SCÈNE I. 97

LE MARY
C'est parler sagement.[5] Dites-moi donc, ma fille,
Qu'en toute sa personne un haut mérite brille,
Qu'il touche votre cœur, et qu'il vous serait doux
De le voir par mon choix devenir votre époux.[6]
Mariane se recule avec surprise.[7]

MARIANE
405 Hé?

LE MARY
Hé?[8] Qu'est-ce?

MARIANE
Plaît-il?

LE MARY
Quoi?

---

[5] L'édition de 1734 indique que c'est à ce moment que Dorine entre doucement et se tient derrière Orgon, sans être vue. La *Lettre* cependant marque clairement le moment où elle entre, beaucoup plus tard et après que le père s'est mis en colère, voir ci-dessous.

[6] «Il continue; et supposant que ce qu'il s'imagine est une verité, il dit qu'*il la veut marier avec Panulphe, et qu'il croit qu'elle luy obeïra fort volontiers quand il luy commandera de la recevoir pour époux.*», *Lettre*, p.22-23.

[7] Ce jeu de scène est omis dans l'édition de 1734, mais le mouvement de recul est bien marqué par sa surprise (voir le passage de la *Lettre* que nous avons placé au début de la deuxième scène de cet acte).

[8] D'après la *Lettre*, l'ordre des interjections de la part de Mariane et de son père différait de celui de 1669, où l'exclamation d'Orgon termine son discours précédent, et est suivie de la réaction ahurie de sa fille, v.445. La description de Le Vayer est pourtant extrêmement précise sur ce point comme elle l'est pour la suite de la scène : «Elle, surprise, luy fait redire avec un *hé* de doute et d'incertitude de ce qu'elle a oüy; à quoi le Pere replique par un autre [hé], d'admiration de ce doute, aprés qu'il s'est expliqué si clairement ... Enfin, s'expliquant une seconde fois, et elle pensant bonnement sur ce qu'il a témoigné croire qu'elle aime Panulphe, que c'est peut-estre ensuite de cette croyance qu'il les veut marier ensemble, luy dit avec un empressement fort plaisant, *qu'il n'en est rien, qu'il n'est pas vray qu'elle l'aime*», *Lettre*, p.23.

MARIANE
Me suis-je méprise?

LE MARY
Comment?

MARIANE
Qui voulez-vous, mon père, que je dise
Qui me touche le cœur, et qu'il me serait doux
De voir par votre choix devenir mon époux?

LE MARY
Panulphe.

MARIANE
Il n'en est rien, mon père, je vous jure.
410   Pourquoi me faire dire une telle imposture?[9]

LE MARY
Mais je veux que cela soit une vérité;
Et c'est assez pour vous que je l'aie arrêté.

MARIANE
Quoi? vous voulez, mon père? ...

LE MARY
Oui, je prétends, ma fille,
Unir par votre hymen Panulphe à ma famille.
415   Il sera votre époux, j'ai résolu cela.
Et comme sur vos vœux je ...

---

[9] Le mot «imposture» est plus fort que «mensonge», «hypocrisie», comme le souligne Couton, *éd. cit.*, I, p.1348, n.1 de la page 914, voir la note 11 au *Second Placet* ci-dessus.

ACTE II. SCÈNE II.

SCÈNE II

LE MARY, DORINE, MARIANE

[De quoy (du refus du projet de mariage avec Panulphe par Mariane) le Pere se mettant en colere, la Suivante survient, qui dit son sentiment làdessus comme on peut penser. Le Pere s'emporte assez longtems contre elle, sans la pouvoir faire taire.][10]

LE MARY
Que faites-vous là?
La curiosité qui vous presse est bien forte,
Mamie, à nous venir écouter de la sorte.

DORINE
Vraiment, je ne sais pas si c'est un bruit qui part
420 De quelque conjecture, ou d'un coup de hasard
Mais de ce mariage on m'a dit la nouvelle,
Et j'ai traité cela de pure bagatelle.

LE MARY
Quoi donc? la chose est-elle incroyable?

DORINE
À tel point,
Que vous-même, Monsieur, je ne vous en crois point.[11]

[10] De cette scène, Le Vayer ne nous donne que ces détails épars, dont on peut tirer les conclusions que voici : (a) En 1667, Molière garda à peu près la même structure et longueur dans la querelle prolongée à plaisir par Dorine. Quoiqu'il n'y ait pas de garantie absolue que cette scène était identique en 1667, cela n'en demeure pas moins probable à nos yeux; (b) de toute évidence Le Vayer considéra la scène comme un épisode comique et gratuit de la pièce, destiné à rendre la situation moins tendue, d'où l'absence de commentaire plus détaillé.
[11] Tactique favorite de la servante ou du serviteur moliéresque pour emberlificoter l'imaginaire en opposant sa persona autoritaire à sa personne sensible. Comparer *Les Fourberies de Scapin*, I, 4, *Le Malade imaginaire*, I, 5. Il n'y a que

LE MARY
425 Je sais bien le moyen de vous le faire croire.

DORINE
Oui, oui, vous nous contez une plaisante histoire.

LE MARY
Je conte justement ce qu'on verra dans peu.

DORINE
Chansons!

LE MARY
Ce que je dis, ma fille, n'est point jeu.

DORINE
Allez, ne croyez point à Monsieur votre père;
430 Il raille.

LE MARY
Je vous dis ...

DORINE
Non, vous avez beau faire,
On ne vous croira point.

LE MARY
À la fin mon courroux ...

DORINE
Hé bien! on vous croit donc, et c'est tant pis pour vous.
Quoi? se peut-il, Monsieur, qu'avec l'air d'homme sage

---

l'impénétrable carapace d'Harpagon qui se montre à l'épreuve de l'amour paternel, *L'Avare*, I, 4.

ACTE II. SCÈNE II. 101

Et cette large barbe[12] au milieu du visage,
435 Vous soyez assez fou pour vouloir? ...

LE MARY
Écoutez :
Vous avez pris céans[13] certaines privautés
Qui ne me plaisent point; je vous le dis, mamie.

DORINE
Parlons sans nous fâcher, Monsieur, je vous supplie.[14]
Vous moquez-vous des gens d'avoir fait ce complot?
440 Votre fille n'est point l'affaire d'un bigot :
Il a d'autres emplois auxquels il faut qu'il pense,
Et puis, que vous apporte une telle alliance?
À quel sujet aller, avec tout votre bien,
Choisir un gendre gueux? ...[15]

LE MARY
Taisez-vous. S'il n'a rien,
445 Sachez que c'est par-là qu'il faut qu'on le révère.
Sa misère est sans doute une honnête misère;
Au-dessus des grandeurs elle doit l'élever,

---

[12] Le contexte, ainsi que le personnage de Scaramouche que Molière s'était donné comme modèle, indique une ample moustache : «Poil qui vient au menton, et au-dessus des lèvres des hommes» (Furetière). Voir G. Couton, éd. cit., I, p.916, n.1.

[13] Voir la note 31 de l'acte I.

[14] Voir les propos lénifiants de Béralde à Argan, Le Malade imaginaire, au début de l'acte III, sc. 3.

[15] Voir la note 38 de l'acte I. Dorine a déjà contribué au portrait peu flatteur de Panulphe au premier acte d'après la Lettre, p.4-5, qui nous informe qu'à propos du mariage de Mariane avec Panulphe elle «dit son sentiment làdessus comme on peut penser», p.23. Comment penser qu'elle n'eût pas saisi l'occasion pour renouveler sa satire de lui? À noter que la réaction exaspérée du père ici suit de près celle de sa mère envers Damis quand ce dernier met le nom de Panulphe sur le tapis, v.40-42.

102   L'IMPOSTEUR DE 1667

Puisque enfin de son bien il s'est laissé priver.[16]

[Le Pere s'emporte assez longtemps contre elle (la servante) sans la pouvoir faire taire.][17]

DORINE

Ferez-vous possesseur, sans quelque peu d'ennui,
450   D'une fille comme elle un homme comme lui?
Et ne devez-vous pas songer aux bienséances,
Et de cette union prévoir les conséquences?
Sachez que d'une fille on risque la vertu,
Lorsque dans son hymen son goût est combattu,
455   Que le dessein d'y vivre en honnête personne
Dépend des qualités du mari qu'on lui donne,
Et que ceux dont partout on montre au doigt le front
Font leurs femmes souvent ce qu'on voit qu'elles sont.
Il est bien difficile enfin d'être fidèle
460   À de certains maris faits d'un certain modèle;[18]
Et qui donne à sa fille un homme qu'elle hait
Est responsable au Ciel des fautes qu'elle fait.
Songez à quels périls votre dessein vous livre.

---

[16] Les vers de 1669 d'Orgon
Par son trop peu de soin des choses temporelles,
Et sa puissante attache aux choses éternelles (v.489-90)
faisaient partie en 1667 du discours du père au beau-frère (I, 5, après v.294, voir la note 99 de l'acte I), *Lettre*, p.16. Il est probable que les vers 491-4 d'Orgon en 1669 sur la perte des biens de Tartuffe et l'allusion à sa noblesse se situaient dans IV, 3, v.1145-8 en 1667, *Lettre*, p.50, voir la note 42 de l'acte IV.

[17] *Ibid.*, p.23-24. D'après la *Lettre*, les vers 495-500 de Dorine en 1669 se trouvaient dans IV, 3 en 1667, et sont du beau-frère (v.1149-54), qui n'était pas sur scène ici, voir *ibid.*, p.50, et la note 42 de l'acte IV. Nous reprenons avec deux rimes masculines.

[18] La tradition constatée par Cailhava dès 1802 (G.E. IV, p.433, n.1), qui veut que la servante toise son maître à ce moment, rappelant ce qui était probablement le dénouement de la première version de la comédie en 1664 (le cocuage anticipé du mari) n'est nullement contredite par le résumé de la *Lettre*, laquelle dit que «la Suivante dit son sentiment làdessus (le projet de mariage de la fille avec Panulphe) comme on peut penser», p.23.

ACTE II. SCÈNE II.

LE MARY
Je vous dis qu'il me faut apprendre d'elle à vivre.

DORINE
465   Vous n'en feriez que mieux de suivre mes leçons.

LE MARY
Ne nous amusons point, ma fille, à ces chansons :
Je sais ce qu'il vous faut, et je suis votre père.
J'avais donné pour vous ma parole à Valère;
Mais outre qu'à jouer on dit qu'il est enclin,
470   Je le soupçonne encor d'être un peu libertin :[19]
Je ne remarque point qu'il hante les églises.

DORINE
Voulez-vous qu'il y coure à vos heures précises,
Comme ceux qui n'y vont que pour être aperçus?

LE MARY
Je ne demande pas votre avis là-dessus.
475   Enfin avec le Ciel l'autre est le mieux du monde,
Et c'est une richesse à nulle autre seconde.
Cet hymen de tous biens comblera vos désirs,
Il sera tout confit[20] en douceurs et plaisirs.
Ensemble vous vivrez, dans vos ardeurs fidèles,
480   Comme deux vrais enfants, comme deux tourterelles;
À nul fâcheux débat jamais vous n'en viendrez,
Et vous ferez de lui tout ce que vous voudrez.

---

[19]   Voir la note 105 de l'acte I.
[20]   «*Confire* : dans le sucre, le miel. Un fruit tout confit sur l'arbre quand on ne l'a point cueilli qu'en sa pleine maturité ... figurément de ceux qui ont quelque bonne ou mauvaise qualité au suprême degré ... confit en dévotion ... confit en malice» (Furetière).

DORINE
Elle? elle n'en fera qu'un sot,[21] je vous assure.

LE MARY
Ouais! quels discours!

DORINE
Je dis qu'il en a l'encolure,
485 Et que son ascendant,[22] Monsieur, l'emportera
Sur toute la vertu que votre fille aura.

LE MARY
Cessez de m'interrompre, et songez à vous taire,
Sans mettre votre nez où vous n'avez que faire.

DORINE
Je n'en parle, Monsieur, que pour votre intérêt.[23]
Elle l'interrompt toujours au moment qu'il retourne pour parler à sa fille.

LE MARY
490 C'est prendre trop de soin : taisez-vous, s'il vous plaît.

DORINE
Si l'on ne vous aimait ...

LE MARY
Je ne veux pas qu'on m'aime.

---

[21] «*Sot* : mari trompé», cf. *Sganarelle*, Sc. 17, v.448 : «Elles font la sottise, et nous sommes les sots», et Arnolphe, *L'École des femmes*, «Épouser une sotte est pour n'être point sot», I, 1, v.82.

[22] «Se dit en morale de l'humeur, de la pente, de l'inclination naturelle qui nous porte à faire quelque chose.» (Furetière).

[23] Cf. Toinette à Argan : «Quand un maître ne songe pas à ce qu'il fait, une servante bien sensée est en mesure de le redresser ... Il est de mon devoir de m'opposer aux choses qui vous peuvent déshonorer ... Je m'intéresse, comme je dois, à ne vous point laisser faire de folie», *Le Malade imaginaire*, I, 5.

ACTE II. SCÈNE II.

                DORINE
     Et je veux vous aimer, Monsieur, malgré vous-même.

                LE MARY
Ah!

                DORINE
     Votre honneur m'est cher, et je ne puis souffrir
     Qu'aux brocards[24] d'un chacun vous alliez vous offrir.

                LE MARY
495   Vous ne vous tairez point?

                DORINE
               C'est une conscience[25]
     Que de vous laisser faire une telle alliance.

                LE MARY
     Te tairas-tu, serpent, dont les traits effrontés ... ?

                DORINE
     Ah! vous êtes dévot, et vous vous emportez?

                LE MARY
     Oui, ma bile s'échauffe à toutes ces fadaises,
500   Et tout résolument je veux que tu te taises.

                DORINE
     Soit. Mais, ne disant mot, je n'en pense pas moins.

---

[24] Même intérêt chez Maître Jacques pour l'honneur d'Harpagon : «je vous dirai franchement ... qu'on nous jette de tous côtés cent brocards à votre sujet.», *L'Avare*, III, 1. La franchise de Maître Jacques sera aussi mal payée que celle de Dorine!

[25] «Scrupule, doute, remords ... Je fais conscience d'avoir commerce avec un homme si vicieux» (Furetière).

LE MARY
Pense, si tu veux; mais applique tes soins
À ne m'en point parler, ou ... Suffit.
Se retournant vers sa fille.
Comme sage,²⁶
J'ai pesé mûrement toutes choses.

DORINE
J'enrage
505 De ne pouvoir parler.
Elle se tait lorsqu'il tourne le tête.

LE MARY
Sans être damoiseau,
Panulphe est fait de sorte ...

DORINE
Oui, c'est un beau museau.

LE MARY
Que quand tu n'aurais même aucune sympathie²⁷
Pour tous les autres dons ...

---

²⁶ Comme père sage, certes, mais Molière et son ami Le Vayer appartiennent à la tradition humaniste qui se gausse de la soi-disant *apatheia* ou liberté de passion qui devait caractériser le sage stoïque. Le premier tourne en ridicule les efforts du maître dans cette scène pour dompter sa tendresse paternelle, le second, à propos de la conduite du père dans IV, 3, ironise sur le «trait admirable de l'entêtement ordinaire aux bigots, pour montrer comme ils se défont de toutes les inclinations naturelles et raisonnables. Car celuy cy, se sentant attendrir, se ravise tout d'un coup, et se disant à soy-mesme, croyant faire une chose fort heroïque: *Ferme, ferme, mon cœur, point de foiblesse humaine*», *Lettre*, p.49-50. Voir aussi *De l'Impassibilité, OLV*, VII (2ᵉ partie), 14·ᵉ vol., p.216-23, *La Connaissance de soi-même, OLV*, III (2ᵉ partie), 6ᵉ vol., p.453-56, *Les Promenades, OLV*, IV (1ʳᵉ partie), 7ᵉ vol, p.178.

²⁷ «Convenance d'affections, d'inclinations : conformité de qualités naturelles, d'humeur, ou de tempérament qui fait que deux personnes s'aiment ... Se dit aussi des choses inanimées, comme si elles cherchaient à s'unir, ou à agir l'une sur l'autre» (Furetière).

ACTE II. SCÈNE II.

Il se tourne devant elle, et la regarde les bras croisés.

DORINE
La voilà bien lotie!

510 Si j'étais en sa place, un homme assurément
Ne m'épouserait pas de force impunément;
Et je lui ferais voir bientôt après la fête
Qu'une femme a toujours une vengeance prête.

LE MARY
Donc de ce que je dis on ne fera nul cas?

DORINE
De quoi vous plaignez-vous? Je ne vous parle pas.

LE MARY
515 Qu'est-ce que tu fais donc?

DORINE
Je me parle à moi-même.

LE MARY
Fort bien. Pour châtier son insolence extrême,
Il faut que je lui donne un revers de ma main.

Il se met en posture de lui donner un soufflet; et Dorine, à chaque coup d'œil qu'il jette, se tient droite sans parler.

Ma fille, vous devez approuver mon dessein ...
Croire que le mari ... que j'ai su vous élire ...
520 Que ne te parles-tu?

DORINE
Je n'ai rien à me dire.

LE MARY
Encore un petit mot.

DORINE
Il ne me plaît pas, moi.

LE MARY
Certes, je t'y guettais.

DORINE
Quelque sotte, ma foi!

LE MARY
Enfin, ma fille, il faut payer d'obéissance,[28]
Et montrer pour mon choix entière déférence.

DORINE, *en s'enfuyant*.
525 Je me moquerais[29] fort de prendre un tel époux.
Il lui veut donner un soufflet et la manque.

LE MARY
Vous avez là ma fille, une peste avec vous,
Avec qui sans péché je ne saurais plus vivre.[30]
Je me sens hors d'état maintenant de poursuivre :
Ses discours insolents m'ont mis l'esprit en feu,
530 Et je vais prendre l'air pour me rasseoir un peu.[31]

[28] Le verbe peut s'interpréter littéralement ou au figuré, selon Furetière. Le sens littéral domine ici, comme dans le vers de Damis, 903, et dans la remarque du mari à sa mère, v.1470. Dans les vers 660, 662 de Dorine et le vers du beau-frère à Panulphe v.1075, il a le sens figuré des exemples de Furetière : «Une femme prude paie de maintien et de paroles. Un mauvais débiteur paye d'excuses, et de révérences.»

[29] Littré, qui cite ce vers de Dorine, le commente ainsi : «Refuser en ridiculisant, ne pas tenir à.»

[30] Cf. les propos également tranchants de sa mère, de qui il tient aussi la manie de distribuer des soufflets aux servantes, I, 1, v.198-200. Même refus d'autrui, cette fois feint, de la part de Panulphe, III, 2, v.706, devant le décolleté de Dorine.

[31] L'emprise du tempérament sur la raison est la caractéristique par excellence de l'imaginaire, cf. Argante dans *Les Fourberies de Scapin*, I, 4, quand il est poussé à bout par Scapin : «Finissons ce discours qui m'échauffe la bile.» Même ascendant invariable du tempérament chez Alceste, *Le Misanthrope*, I, 1, v.180-1,

ACTE II. SCÈNE III.

SCÈNE III [32]

DORINE, MARIANE

DORINE
Avez-vous donc perdu, dites-moi, la parole,
Et faut-il qu'en ceci je fasse votre rôle?
Souffrir qu'on vous propose un projet insensé,
Sans que du moindre mot vous l'ayez repoussé!

MARIANE
535 Contre un père absolu que veux-tu que je fasse?

DORINE
Ce qu'il faut pour parer une telle menace.

MARIANE
Quoi?

DORINE
Lui dire qu'un cœur n'aime point par autrui,
Que vous vous mariez pour vous, non pas pour lui,
Qu'étant celle pour qui se fait toute l'affaire,
540 C'est à vous, non à lui, que le mari doit plaire,
Et que si son Panulphe est pour lui si charmant,
Il le peut épouser sans nul empêchement.[33]

---

[32] chez Argan, *Le Malade imaginaire*, I, 5, chez Monsieur Jourdain, *Le Bourgeois gentilhomme*, II, 4.
Après la scène entre Dorine et le père, la *Lettre* indique qu'«enfin comme elle s'en va, il s'en va aussi. Elle revient, et fait une Scene toute de reproches et de railleries à la Fille, sur la foible resistance qu'elle fait au beau dessein de son pere ... », p.24.

[33] « ... [Dorine] luy dit fort plaisamment, que *s'il trouve son Panulphe si bien fait* (car le bon homme avoit voulu luy prouver cela), *il peut l'épouser luymesme, si bon luy semble*», *Lettre*, p.24. Selon Le Vayer, cette boutade clôtura l'entretien entre Dorine et Mariane : «Sur ce discours Valere, amant de cette fille à qui elle

SCÈNE IV

VALÈRE, MARIANE, DORINE

VALÈRE
On vient de débiter, Madame, une nouvelle
Que je ne savais pas, et qui sans doute est belle.[34]

545 Quoi?
MARIANE

VALÈRE
Que vous épousez Panulphe.

MARIANE
                                  Il est certain
Que mon père s'est mis en tête ce dessein.

VALÈRE
Votre père, Madame ...

MARIANE
                       A changé de visée;
La chose vient par lui de m'être proposée.

VALÈRE
Quoi? sérieusement?

---

est promise, arrive.», *ibid.*, p.24. Les vers 597-684 de 1669 (prolongement de la discussion entre la servante et Mariane sur les intentions de celle-ci et l'indifférence feinte de celle-là) ne se trouvaient pas dans *L'Imposteur*. En 1669, la perspective burlesque d'une Mariane mariée au hobereau Tartuffe et jouissant de la vie provinciale(v.636-67) vient à la fois égayer la scène et provoquer chez la fille une attitude moins passive envers son père.

[34] «Il luy demande d'abord *si la nouvelle qu'il a apprise* de ce pretendu mariage *est veritable*», *ibid.*, p.25.

ACTE II. SCÈNE IV. 111

MARIANE
Oui, sérieusement.
550   Il s'est pour cet hymen déclaré hautement.

VALÈRE
Et quel est le dessein où votre âme s'arrête,
Madame?[35]

MARIANE
Je ne sais.

VALÈRE
La réponse est honnête.
Vous ne savez?

MARIANE
Non.

VALÈRE
Non?

MARIANE
Que me conseillez-vous?[36]

VALÈRE
Je vous conseille, moi, de prendre cet époux.[37]

MARIANE
555   Vous me le conseillez?

---

[35] «A quoy dans la terreur où les menaces de son pere et la surprise où ces nouveaux desseins l'ont jettée, ne répondant que foiblement et comme en tremblant, Valere continue à luy demander *ce qu'elle fera.*», *ibid.*, p.24.

[36] «Interdite en partie de son avanture, en partie irritée du doute où il témoigne en quelque facon estre de son amour, elle luy répond *qu'elle fera ce qu'il luy conseillera*», *ibid.*, p.24-25.

[37] «Il replique, encore plus irrité de cette réponse, que *pour luy il luy conseille d'épouser Panulphe*», *ibid.*, p.25.

VALÈRE
Oui.

MARIANE
Tout de bon?

VALÈRE
Sans doute :
Le choix est glorieux, et vaut bien qu'on l'écoute.

MARIANE
Hé bien! c'est un conseil, Monsieur, que je reçois.[38]

VALÈRE
Vous n'aurez pas grand-peine à le suivre, je crois.

MARIANE
Pas plus qu'à le donner en a souffert votre âme.

VALÈRE
560 Moi, je vous l'ai donné pour vous plaire, Madame.[39]

MARIANE
Et moi, je le suivrai pour vous faire plaisir.

DORINE[40]
Voyons ce qui pourra de ceci réussir.[41]

---

[38] «Elle repart sur le mesme ton, *qu'elle suivra son conseil*», ibid., p.26.
[39] «Il témoigne s'en soucier peu; elle encore moins», *ibid.*, p.25.
[40] L'indication de l'édition de 1734, DORINE, *se retirant dans le fond du théâtre*, s'harmonise bien avec la *Lettre*, qui note «la Suivante qui les regardoit faire pour en avoir le divertissement ... », p.25.
[41] Cf. la même attitude mi-figue mi-raisin de Scapin face aux effusions d'Octave : «Je ne vois pas encore où ceci veut aller», «Où est-ce que cela nous mène?» *Les Fourberies de Scapin*, 1, 2. Le Vayer résume ainsi le micro-drame circulaire en trois actes (querelle, rupture, raccommodement) qu'annonce Dorine : « ... enfin ils se querellent et se brouillent si bien ensemble, qu'après mille retours ingenieux

ACTE II. SCÈNE IV. 113

VALÈRE
C'est donc ainsi qu'on aime? Et c'était tromperie
Quand vous ...

MARIANE
Ne parlons point de cela, je vous prie.
565 Vous m'avez dit tout franc que je dois accepter
Celui que pour époux on me veut présenter :
Et je déclare, moi, que je prétends le faire,
Puisque vous m'en donnez le conseil salutaire.

VALÈRE
Ne vous excusez point sur mes intentions.
570 Vous aviez pris déjà vos résolutions;
Et vous vous saisissez d'un prétexte frivole
Pour vous autoriser à manquer de parole.

MARIANE
Il est vrai, c'est bien dit.

VALÈRE
Sans doute; et votre cœur
N'a jamais eu pour moi de véritable ardeur.

MARIANE
575 Hélas! permis à vous d'avoir cette pensée.

VALÈRE
Oui, oui, permis à moi; mais mon âme offensée[42]
Vous préviendra peut-être en un pareil dessein;
Et je sais où porter et mes vœux et ma main.

---

et passionnez, comme ils sont prests à se quitter, la Suivante qui les regardoit faire pour en avoir le divertissement, entreprend de les raccommoder, et fait tant qu'elle en vient à bout», *ibid.*, p.25.

[42] «*Offenser* : outrager quelqu'un ... lui faire affront : aussi blesser, choquer, incommoder» (Furetière).

MARIANE
Ah! je n'en doute point; et les ardeurs qu'excite
580 Le mérite ...

VALÈRE
Mon Dieu, laissons là le mérite :[43]
J'en ai fort peu sans doute, et vous en faites foi.
Mais j'espère aux bontés qu'une autre aura pour moi,
Et j'en sais de qui l'âme, à ma retraite ouverte,
Consentira sans honte à réparer ma perte.

MARIANE
585 La perte n'est pas grande; et de ce changement
Vous vous consolerez assez facilement.

VALÈRE
J'y ferai mon possible, et vous le pouvez croire.
Un cœur qui nous oublie engage notre gloire;[44]
Il faut à l'oublier mettre aussi tous nos soins :
590 Si l'on n'en vient à bout, on le doit feindre au moins;
Et cette lâcheté jamais ne se pardonne,
De montrer de l'amour pour qui nous abandonne.

MARIANE
Ce sentiment, sans doute, est noble et relevé.

VALÈRE
Fort bien; et d'un chacun il doit être approuvé.
595 Hé quoi? vous voudriez qu'à jamais dans mon âme
Je gardasse pour vous les ardeurs de ma flamme,
Et vous visse, à mes yeux, passer en d'autres bras,
Sans mettre ailleurs un cœur dont vous ne voulez pas?

---

[43] Cf. Alceste à Arsinoé qui le loue à l'excès : «Mon Dieu, laissons mon mérite, de grâce», *Le Misanthrope*, III, 5, v.1061.
[44] «Met en cause notre fierté.»

ACTE II. SCÈNE IV.   115

MARIANE
Au contraire : pour moi, c'est ce que je souhaite;
600   Et je voudrais déjà que la chose fût faite.

VALÈRE
Vous le voudriez?

MARIANE
Oui.

VALÈRE
C'est assez m'insulter,
Madame; et de ce pas je vais vous contenter.
Il fait un pas pour s'en aller et revient toujours.

MARIANE
Fort bien.

VALÈRE
Souvenez-vous au moins que c'est vous-même
Qui contraignez mon cœur à cet effort extrême.

MARIANE
605   Oui.

VALÈRE
Et que le dessein que mon âme conçoit
N'est rien qu'à votre exemple.

MARIANE
À mon exemple, soit.

VALÈRE
Suffit : vous allez être à point nommé servie.

MARIANE
Tant mieux.

VALÈRE
Vous me voyez, c'est pour toute ma vie.

MARIANE
À la bonne heure.

VALÈRE.
Il s'en va, et, lorsqu'il est vers la porte, il se retourne.
Euh?

MARIANE
Quoi?

VALÈRE
Ne m'appelez-vous pas?

MARIANE
610   Moi? Vous rêvez.

VALÈRE
Hé bien! je poursuis donc mes pas.
Adieu, Madame.

MARIANE
Adieu, Monsieur.

DORINE
Pour moi, je pense
Que vous perdez l'esprit par cette extravagance :[45]
Et je vous ai laissé tout du long[46] quereller,

---

[45] «Folie, bizarrerie, impertinence, sottise, discours hors du bon sens, chose dite ou faite mal à propos» (Furetière).
[46] Voir la note 64 de l'acte I.

ACTE II. SCÈNE IV.

Pour voir où tout cela pourrait enfin aller.
615 Holà! seigneur Valère.
Elle va l'arrêter par le bras, et lui fait mine de grande résistance.

VALÈRE
Hé! que veux-tu, Dorine?

DORINE
Venez ici.

VALÈRE
Non, non, le dépit me domine.
Ne me détourne point de ce qu'elle a voulu.

DORINE
Arrêtez.

VALÈRE
Non, vois-tu? c'est un point résolu.

DORINE
Ah!

MARIANE
Il souffre à me voir, ma présence le chasse,
620 Et je ferai bien mieux de lui quitter la place.

DORINE.
Elle quitte Valère et court à Mariane.
À l'autre. Où courez-vous?

MARIANE
Laisse.

DORINE
Il faut revenir.

MARIANE
Non, non, Dorine; en vain tu veux me retenir.

VALÈRE
Je vois bien que ma vue est pour elle un supplice,
Et sans doute il vaut mieux que je l'en affranchisse.

DORINE.
Elle quitte Mariane et court à Valère.
625 Encor? Diantre soit fait de vous si je le veux![47]
Cessez ce badinage, et venez çà[48] tous deux.
Elle les tire l'un et l'autre.

VALÈRE
Mais quel est ton dessein?

MARIANE
Qu'est-ce que tu veux faire?

DORINE
Vous bien remettre ensemble, et vous tirer d'affaire.
Etes-vous fou d'avoir un pareil démêlé?

VALÈRE
630 N'as-tu pas entendu comme elle m'a parlé?

DORINE
Etes-vous folle, vous, de vous être emportée?

---

[47] «Le diable vous emporte si ... »; «*Diantre* : terme populaire, dont se servent ceux qui font scrupule de nommer le Diable» (Furetière).
[48] Furetière donne deux sens au terme : «Interjection qui désigne quelque sorte de commandement, ou quelque exhortation. Ça la main droite, ça la main gauche, qu'on l'attache [voir v.639–40, 646]. Ça adv. signifie ici. Venez ça [voir v.626].»

ACTE II. SCÈNE IV.

MARIANE
N'as-tu pas vu la chose, et comme il m'a traitée?

DORINE
Sottise des deux parts. Elle n'a d'autre soin
Que de se conserver à vous, j'en suis témoin.
635 Il n'aime que vous seule, et n'a point d'autre envie
Que d'être votre époux; j'en réponds sur ma vie.

MARIANE
Pourquoi donc me donner un semblable conseil?

VALÈRE
Pourquoi m'en demander sur un sujet pareil?

DORINE
Vous êtes fous tous deux. Çà, la main l'un et l'autre.
640 Allons, vous.

VALÈRE, *en donnant sa main à Dorine*
À quoi bon ma main?

DORINE
Ah! çà, la vôtre.

MARIANE, *en donnant aussi sa main.*
De quoi sert tout cela?

DORINE
Mon Dieu! vite, avancez.
Vous vous aimez tous deux plus que vous ne pensez.

VALÈRE
Mais ne faites donc point les choses avec peine,
Et regardez un peu les gens sans nulle haine.
Mariane tourne l'œil sur Valère et fait un petit souris.

DORINE
645		À vous dire le vrai, les amants sont bien fous!

						VALÈRE
		Ho çà, n'ai-je pas lieu de me plaindre de vous?
		Et pour n'en point mentir, n'êtes-vous pas méchante
		De vous plaire à me dire une chose affligeante?

						MARIANE
		Mais vous, n'êtes-vous pas l'homme le plus ingrat ... ?

						DORINE
650		Pour une autre saison laissons tout ce débat,
		Et songeons à parer ce fâcheux mariage.

						MARIANE
		Dis-nous donc quels ressorts il faut mettre en usage.

						DORINE
		Nous en ferons agir de toutes les façons.
		Votre père se moque, et ce sont des chansons;
655		Mais pour vous, il vaut mieux qu'à son extravagance[49]
		D'un doux consentement vous prêtiez l'apparence,
		Afin qu'en cas d'alarme il vous soit plus aisé
		De tirer en longueur cet hymen proposé.
		En attrapant du temps, à tout on remédie.
660		Tantôt vous payerez de quelque maladie,
		Qui viendra tout à coup et voudra des délais;
		Tantôt vous payerez[50] de présages mauvais :
		Vous aurez fait d'un mort la rencontre fâcheuse,
		Cassé quelque miroir, ou songé d'eau bourbeuse.
665		Enfin le bon de tout, c'est qu'à d'autres qu'à lui
		On ne vous peut lier, que vous ne disiez «oui».
		Mais pour mieux réussir, il est bon, ce me semble,
		Qu'on ne vous trouve point tous deux parlant ensemble.

---

[49] Voir la note 45 ci-dessus.
[50] Voir la note 28 ci-dessus, et cf. v.660.

ACTE II. SCÈNE IV.   121

       À Valère.
  Sortez, et sans tarder employez vos amis,
670 Pour vous faire tenir ce qu'on vous a promis.
  Nous allons réveiller les efforts de son frère,
  Et dans notre parti jeter la belle-mère.[51]
  Adieu.

      VALÈRE, *à Mariane.*
  Quelques efforts que nous préparions tous,
  Ma plus grande espérance, à vrai dire, est en vous.

      MARIANE, *à Valère.*
675 Je ne vous réponds pas des volontés d'un père;
  Mais je ne serai point à d'autre qu'à Valère.

      VALÈRE
  Que vous me comblez d'aise! Et quoi que puisse oser ...

      DORINE
  Ah! jamais les amants ne sont las de jaser.
  Sortez, vous dis-je.

     VALÈRE. *Il fait un pas et revient.*
    Enfin ...

      DORINE
    Quel caquet est le vôtre![52]
  Les poussant chacun par l'épaule.

---

[51] La dame est la seconde femme du père de Mariane. La Vieille ne se prive pas de reprocher à sa bru combien celle-ci s'est départie de la conduite modeste de son prédécesseur, v.19-26.

[52] «Ils concluent comme elle leur conseille, de ne se point voir pour quelque tems, et faire semblant cependant de flechir aux volontéz du Pere. Cela arresté, Dorine les fait partir chacun de leur côté, avec plus de peine qu'elle n'en avoit eu à les retenir, quand ils avoient voulu s'en aller un peu devant», *Lettre*, p.25-26.

680 Tirez de cette part;[53] et vous, tirez de l'autre.

SCÈNE V

DORINE, LA DAME, LE BEAU-FRÈRE, DAMIS

[Enfin, Dorine, demeurée seule, est abordée par sa Maitresse et le Frere de sa Maitresse avec Damis : tous ensemble parlant de ce beau mariage, et ne sachant quelle autre voye prendre pour le rompre, se resolvent d'en faire parler à Panulphe mesme par la Dame, parce qu'ils commencent à

[53] «Tirer de long signifie s'enfuir. On dit aussi tirer pour dire se retirer, s'en aller» (Furetière, qui cite ce vers). Le Vayer glose cet épisode avec finesse et subtilité, par l'intermédiaire de quelques soi-disant spectateurs: «Ce dépit amoureux a semblé hors de propos à quelquesuns dans cette piece; mais d'autres pretendent, au contraire, qu'il represente tres naïvement et tres moralement la varieté surprenante des principes d'agir, qui se rencontrent en ce monde dans une mesme affaire, la fatalité qui fait le plus souvent brouiller les gens ensemble, quand il le faut le moins, et la sotise naturelle de l'esprit des hommes, et particulierement des amans, de penser à toute autre chose dans les extremitez qu'à ce qu'il faut, et s'arrester alors à des choses de nulle consequence dans ces tems-là, au lieu d'agir solidement dans le veritable interest de la passion. Cela sert, disent-ils encore, à mieux faire voir l'emportement et l'entestement du Pere, qui peut rompre et rendre malheureuse une amitié si belle, née par ses ordres; et l'injustice de la plupart de bienfaits que les Devots reçoivent des Grands, qui tournent pour l'ordinaire au prejudice d'un tiers, et qui fait toûjours tort à quelqu'un; ce que les Panulphes pensent estre rectifié par la consideration seule de leur vertu pretendue, comme si l'iniquité devenoit innocente dans leur personne. Outre cela, tout le monde demeure d'accord que ce dépit a cela de particulier et d'original par dessus ceux qui ont paru jusqu'à present sur le theatre, qu'il naît et finit devant les Spectateurs, dans une mesme Scene, et tout cela aussi vraysemblablement que faisoient tous ceux qu'on avoit veus auparavant, où ces coleres amoureuses naissent de quelque tromperie faite par un tiers, ou par le hazard, et la pluspart du tems derriere le theatre, au lieu qu'icy elles naissent divinement à la vûe des Spectateurs, de la delicatesse et de la force de la passion mesme, ce qui meriteroit de longs commentaires,» *Lettre*, p.26-28. On sait que Molière a donné trois versions du dépit amoureux : *Dépit amoureux*, IV, 3-4 (on consultera avec profit les excellentes remarques de N.A. Peacock à ce propos, dans son édition de cette pièce, Durham, 1989, p.26-28), *Le Bourgeois gentilhomme*, III, 8-10.

croire qu'il ne la hait pas. Et par là finit l'Acte, qui laisse, comme on voit, dans toutes les regles de l'art, une curiosité et une impatience extreme de savoir ce qui arrivera de cette entreveuë, comme le premier avoit laissé le Spectateur en suspens et en doute de la cause pourquoy le mariage de Valere et de Mariane estoit rompu, qui est expliquée d'abord à l'entrée du second, comme on a vû.][54]

[54] *Ibid.*, p.28-29. On peut croire que cette discussion était capable de dissiper les effets spectaculaires du dépit amoureux, et Molière n'avait pas tort de l'omettre en 1669. En 1669, il n'en subsiste qu'une allusion dans l'acte III, sc. 1, quand Dorine essaie d'empêcher tout éclat de la part de Damis qui pourrait nuire au dessein arrêté par la famille de laisser Elmire s'occuper de l'hypocrite :

> Sur l'esprit de Tartuffe elle a quelque crédit;
> Il se rend complaisant à tout ce qu'elle dit,
> Et pourrait bien avoir douceur de cœur pour elle.
> Plût à Dieu qu'il fût vrai! la chose serait belle.
> Enfin votre intérêt l'oblige à le mander;
> Sur l'hymen qui vous trouble elle veut le sonder,
> Savoir ses sentiments, et lui faire connaître
> Quels fâcheux démêlés il pourra faire naître,
> S'il faut qu'à ce dessein il prête quelque espoir. (v.835-43)

Une bonne partie de ce discours devait figurer dans cette scène, en vue de la correspondance étroite entre ce discours et le compte rendu qu'en donne la *Lettre* (le besoin de rompre le mariage Mariane-Panulphe, nécessitant l'entretien projeté de la dame avec l'hypocrite, d'autant plus prometteur à cause de l'intérêt qu'il est censé lui porter).

ACTE III

SCÈNE PREMIÈRE

DAMIS, DORINE[1]

DAMIS
Que la foudre sur l'heure achève mes destins,
Qu'on me traite partout du plus grand des faquins,
S'il est aucun respect ni pouvoir qui m'arrête,
Et si je ne fais pas quelque coup de ma tête!

DORINE
685 De grâce, modérez un tel emportement :
Votre père n'a fait qu'en parler simplement.[2]
On n'exécute pas tout ce qui se propose,
Et le chemin est long du projet à la chose.

DAMIS
Il faut que de ce fat[3] j'arrête les complots,

---

[1] «Ainsi le troisiéme commence par le Fils de la maison, et Dorine qui attend le bigot au passage, pour l'arreter au nom de sa Maitresse et luy demander de sa part une entreveüe secrete. Damis le veut attendre aussi; mais enfin la suivante le chasse», *Lettre*, p.29.

[2] Le contexte immédiat n'explique pas le motif de la colère de Damis. S'il pense au mariage de Mariane avec Panulphe, que vient de projeter son père dans l'acte II, c'est surtout son inquiétude au sujet de son propre mariage avec la sœur de Valère qui le préoccupe, dont il a dû faire mention lors des conseils familiaux de I, 2, et de II, 5 en 1667 et dont survit une seule allusion dans son vers 222 en 1669 : «La sœur de cet ami, [Valère] ... m'est chère». Ce vers de l'édition de 1669 ne reçoit donc son plein sens qu'une fois remis dans le contexte des scènes disparues de 1667, dont il nous donne un écho lointain (voir la note 79 de l'acte I).

[3] Voir la note 47 de l'acte I. Terme mal choisi en l'occurrence, car Panulphe n'est rien moins que fat, ce qui en dit plus long sur Damis que sur le faux dévot.

ACTE III. SCÈNE I. 125

690 Et qu'à l'oreille un peu je lui dise deux mots.

DORINE

Ha! tout doux! Envers lui, comme envers votre père,
Laissez agir les soins de votre belle-mère.[4]

DAMIS

Je puis être présent à tout cet entretien.

DORINE

Point. Il faut qu'ils soient seuls.

DAMIS

Je ne lui dirai rien.

DORINE

695 Vous vous moquez : on sait vos transports ordinaires,
Et c'est le vrai moyen de gâter les affaires.
Sortez.

DAMIS

Non : je veux voir, sans me mettre en courroux.

DORINE

Que vous êtes fâcheux! Il vient. Retirez-vous.[5]

---

[4] L'essentiel des vers 835-43 de 1669 de la servante, sur le faible que pourrait avoir l'hypocrite pour Elmire, et la nécessité de connaître ses sentiments à lui sur le mariage projeté, faisait sans doute partie, sous une autre forme, de la discussion familiale qui clôt l'acte précédent (voir la note 54 de l'acte II).

[5] «Damis le [Panulphe] veut attendre aussi; mais enfin la Suivante le chasse», *Lettre*, p.29. Damis va se cacher dans ce même cabinet qu'a visité son père au début de l'acte II.

SCÈNE II

PANULPHE, LORENT,[6] DORINE

PANULPHE, *apercevant Dorine*.[7]
Lorent, serrez ma haire avec ma discipline,[8]

[6] Telle est l'orthographe de son nom suivant la *Lettre*, p.30.
[7] L'indication scénique n'est pas donnée par Le Vayer, mais il est évident que tout le jeu et le discours de l'hypocrite sont fonction de la présence de la servante. L'édition de 1734 indique TARTUFFE, *parlant haut à son valet, qui est dans la maison, dès qu'il aperçoit Dorine*. L'observation de Le Vayer sur l'apparition tardive de Panulphe ne laisse pas d'être intéressante : «C'est peutestre une adresse de l'auteur, de ne l'avoir pas fait voir plutôt, mais seulement quand l'action est échauffée; car un caractere de cette force tomberoit, s'il paroissoit sans faire d'abord un jeu digne de luy; ce qui ne se pouvoit que dans le fort de l'action», *ibid.*, p.30. La *Préface* du *Tartuffe* traite aussi l'entrée tardive de l'hypocrite : «... j'ai mis tout l'art et tous les soins qu'il m'a été possible pour bien distinguer le personnage de l'hypocrite d'avec celui du vrai dévot. J'ai employé pour cela deux actes entiers à préparer la venue de mon scélérat. Il ne tient pas un seul moment l'auditeur en balance; on le connaît d'abord aux marques que je lui donne; et, d'un bout à l'autre, il ne dit pas un mot, il ne fait pas une action, qui ne peigne aux spectateurs le caractère d'un méchant homme ... », *éd. cit.*, I, p.884. Le portrait d'Onuphre de La Bruyère lequel se veut une correction de celui de Tartuffe, ne tient aucun compte de l'aspect proprement dramatique du personnage. Cf. Sainte-Beuve sur l'entrée : «... on serait tenté à tout instant et à la fois de s'écrier : *Quelle vérité, et quelle invraisemblance*! ou plutôt on n'a que le premier cri irrésistible; car le correctif n'existerait que dans une réflexion et une comparaison qu'on ne fait pas, qu'on n'a pas le temps de faire», *Port-Royal* (Paris, 1908), III, p.295 et 296.
[8] Furetière définit ces objets de dévotion rigoureuse comme suit : «*Haire*: petit vêtement tissu de crin en forme de corps de chemise, qui est rude et piquant, que les Religieux austères, ou les dévots mettent sur leur chair pour se mortifier et faire pénitence»; «*discipline* : instrument avec lequel on châtie, ou avec lequel on se mortifie, qui ordinairement est fait de cordes nouées, de parchemin tortillé». Selon St François de Sales, il faut user avec modération de tels moyens : «La discipline a une merveilleuse vertu pour réveiller l'appétit de la dévotion, étant prise modérément. La haire mate puissamment le corps; mais son usage n'est pas pour l'ordinaire propre, ni aux gens mariés, ni aux délicates complexions, ni à ceux qui ont à supporter d'autres grandes peines. Il est vrai qu'ès jours plus

ACTE III. SCÈNE II. 127

700 Et priez que toujours le Ciel vous illumine.⁹
Si l'on vient pour me voir, je vais aux prisonniers
Des aumônes que j'ai partager les deniers.¹⁰

DORINE
Que d'affectation et de forfanterie!

PANULPHE
Que voulez-vous?

DORINE
Vous dire ...

PANULPHE. *Il tire un mouchoir de sa poche.*
Ah! mon Dieu, je vous prie,
705 Avant que de parler prenez-moi ce mouchoir.

DORINE
Comment?

---

signalés de la pénitence, on la peut employer avec l'avis d'un discret confesseur»,
Introduction à la vie dévote, ch. XXIII, p.221. Quant à lui, il préféra pratiquer les
«mortifications de cœur, qui ne paroissent point aux yeux des hommes, que non
pas se faire regarder et admirer par des jeûnes extraordinaires, par des *haires et
disciplines* et autres mortifications de corps que le vulgaire estime de grandes
vertus ... », dans J. Plantié, *art. cit.*, p.912. D'ailleurs Jésus Christ conseille de
pratiquer la discipline spirituelle dans le secret, Matthieu 6 : 16-18.

⁹ «Se dit figurément en choses spirituelles, des lumières qui éclaircissent
l'entendement» (Furetière, qui donne l'exemple que voici : «La foi *illumine* nos
âmes.»)

¹⁰ «A peine l'a-t-il [Damis] laissée, que Panulphe paroit, criant à son Valet: *Lorent,
serrez ma haire avec ma discipline*; et que si on le demande, *il va aux prisonniers
distribuer le superflu de ses deniers», Lettre*, p.29-30. La distribution des
aumônes faisait partie de la stratégie évangélistique de la Compagnie du Saint-
Sacrement : «L'aumône peut servir au salut des âmes et la Compagnie est
convaincue qu'entre les mains de personnes ingénieuses et dévouées, elle est un
excellent moyen d'espionnage sacré et que rien ne peut mieux servir à la
découverte et au châtiment des hérétiques», R. Allier, *La Cabale des dévots*
(Paris, 1902), p.19 (voir aussi p.50-76, «Œuvres de bienfaisance»).

PANULPHE
Couvrez ce sein que je ne saurais voir :
Par de pareils objets les âmes sont blessées,
Et cela fait venir de coupables pensées.[11]

DORINE
Vous êtes donc bien tendre à la tentation,
710 Et la chair sur vos sens fait grande impression?
Certes je ne sais pas quelle chaleur vous monte :
Mais à convoiter, moi, je ne suis point si prompte,
Et je vous verrais nu du haut jusques en bas,
Que toute votre peau ne me tenterait pas.[12]

PANULPHE
715 Mettez dans vos discours un peu de modestie,
Ou je vais sur-le-champ vous quitter la partie.[13]

DORINE
Non, non, c'est moi qui vais vous laisser en repos,
Et je n'ai seulement qu'à vous dire deux mots.
Madame va venir dans cette salle basse,
720 Et d'un mot d'entretien vous demande la grâce.

---

[11] «Dorine l'aborde làdessus; mais à peine la voit-il, qu'il tire son mouchoir de sa poche, et le luy presente sans la regarder, pour mettre sur son sein qu'elle a découvert, en luy disant que *les ames pudiques par cette veuë sont blessées*, et que *cela fait venir de coupables pensées*», *Lettre*, p.30. La compagnie du Saint-Sacrement menait une campagne contre les grands décolletés, voir H.P. Salomon, *Tartuffe devant l'opinion française* (Paris, 1962), p.18 sv.

[12] «Elle luy répond *qu'il est donc bien fragile à la tentation* et que *cela sied bien mal avec tant de devotion*; que *pour elle* qui n'est pas devote de profession, *elle n'est pas de mesme*, et qu'*elle le verroit tout nu depuis la teste jusqu'aux pieds sans emotion aucune*», *ibid.*, p.30-31.

[13] Ces vers remplissent une double fonction : ils ramènent le dialogue au besoin pressant de ménager un tête-à-tête à la Dame avec Panulphe et servent à mettre en lumière dès son apparition le fond insaisissable du faux dévot, voir aussi l'acte I, sc. 5, et l'acte IV, sc. 1 où son disciple et lui se dérobent littéralement à la vérité.

ACTE III. SCÈNE II. 129

>
> PANULPHE
>
> Hélas! très volontiers.
>
> DORINE, *en soi-même.*
>
> Comme il se radoucit!
> Ma foi, je suis toujours pour ce que j'en ai dit.[14]
>
> PANULPHE
>
> Viendra-t-elle bientôt?
>
> DORINE
>
> Je l'entends, ce me semble.
> Oui, c'est elle en personne, et je vous laisse ensemble.

SCÈNE III

LA DAME, PANULPHE

PANULPHE

725 Que le Ciel à jamais par sa toute bonté
     Et de l'âme et du corps vous donne la santé,
     Et bénisse vos jours autant que le désire
     Le plus humble de ceux que son amour inspire.[15]

---

[14] Voir v.116 et l'acte II, sc. 5 pour d'autres allusions à sa passion pour la maîtresse de maison. «Enfin elle fait son message, et il le reçoit avec une joie qui le décontenance, et le jette un peu hors de son rolle : et c'est icy où l'on voit representée mieux que nulle part ailleurs, la force de l'amour, et les grands et beaux jeux que cette passion peut faire par les effets involontaires qu'elle produit dans l'ame de toutes la plus concertée», *Lettre*, p.31.

[15] «A peine la Dame paroit, que notre Cagot la reçoit avec un empressement qui, bien qu'il ne soit pas fort grand, paroit extraordinaire dans un homme de sa figure», *ibid.*, p.31-32.

LA DAME
Je suis fort obligée à ce souhait pieux.
Mais prenons une chaise, afin d'être un peu mieux.
Ils s'assoient tous les deux.[16]

PANULPHE
Comment de votre mal vous sentez-vous remise ?

LA DAME
Fort bien; et cette fièvre a bientôt quitté prise.

PANULPHE
Mes prières n'ont pas le mérite qu'il faut
Pour avoir attiré cette grâce d'en haut;
Mais je n'ai fait au Ciel nulle dévote instance
Qui n'ait eu pour objet votre convalescence.

LA DAME
Votre zèle pour moi s'est trop inquiété.

PANULPHE
On ne peut trop chérir votre chère santé,
Et pour la rétablir j'aurais donné la mienne.

LA DAME
C'est pousser bien avant la charité chrétienne,
Et je vous dois beaucoup pour toutes ces bontés.

PANULPHE
Je fais bien moins pour vous que vous ne méritez.

---

[16] La *Lettre* précise en effet qu'ils s'assoient après s'être salués à l'arrivée de Panulphe, p.32. L'édition de 1734 note : TARTUFFE, *assis*, et ELMIRE *assise* (avant v.885-6, version de 1669). Le Vayer ne rapporte pas dans le détail les premiers propos qu'ils échangent, voir la note 18 ci-dessous.

ACTE III. SCÈNE III. 131

LA DAME

J'ai voulu vous parler en secret d'une affaire,
Et suis bien aise ici qu'aucun ne nous éclaire.[17]

PANULPHE

745 J'en suis ravi de même, et sans doute il m'est doux,
Madame, de me voir seul à seul avec vous :
C'est une occasion qu'au Ciel j'ai demandée,
Sans que jusqu'à cette heure il me l'ait accordée.[18]

LA DAME

Pour moi, ce que je veux, c'est un mot d'entretien,
750 Où tout votre cœur s'ouvre et ne me cache rien.[19]

PANULPHE

Et je ne veux aussi pour grâce singulière
Que montrer à vos yeux mon âme tout entière,
Et vous faire serment que les bruits que j'ai faits
Des visites qu'ici reçoivent vos attraits
755 Ne sont pas envers vous l'effet d'aucune haine,
Mais plutôt d'un transport de zèle qui m'entraîne,
Et d'un pur mouvement ... [20]

LA DAME
                     Je le prends bien aussi,
Et crois que mon salut vous donne ce souci.[21]

---

[17] «*Éclairer* : épier, contrôler secrètement» (Furetière).
[18] «Aprés qu'ils sont assis, il commence par lui rendre graces de l'occasion qu'elle luy donne de la voir en particulier», *Lettre*, p.32. Ainsi se trouvent résumés succinctement les vers 733-48.
[19] «Elle témoigne qu'il y a lontems qu'elle avoit envie aussi de l'entretenir», *Lettre*, p.32.
[20] «Il continue par des excuses *des bruits qu'il fait tous les jours pour les visites qu'elle reçoit*, et la prie de ne pas croire *que ce qu'il en fait soit par haine qu'il ait pour elle*», *ibid.*, p.32.
[21] «Elle répond qu'elle est persuadée que c'est le soin de son salut qui l'y oblige», *ibid.*, p.32.

PANULPHE. *Il lui serre le bout des doigts.*²²
Oui, Madame, sans doute, et ma ferveur est telle ...²³

LA DAME

760 Ouf! vous me serrez trop.²⁴

PANULPHE
C'est par excès de zèle.
De vous faire aucun mal je n'eus jamais dessein,
Et j'aurais bien plutôt ...²⁵
*Il lui met la main sur le genou.*²⁶

LA DAME
Que fait là votre main?²⁷

---

²² « ... pendant ce devotieux entretien notre Cagot s'approchant toujours de la Dame, mesme sans y penser, à ce qu'il semble, à mesure qu'elle s'éloigne, enfin il luy prend la main, comme par maniere de geste, et pour luy faire quelque protestation qui exige d'elle une attention particuliere ...», *ibid.*, p.38-39. L'édition de 1734 indique TARTUFFE, *prenant la main d'Elmire, et luy serrant les doigts.*

²³ «Il replique que ce n'est pas ce motif seul, mais que *c'est outre cela par un zele particulier* qu'il a pour elle», *ibid.*, p.32.

²⁴ « ... et tenant cette main il la presse si fort entre les siennes qu'elle est contrainte de luy dire, *que vous me serrez fort»*, *ibid.*, p.39.

²⁵ « ... à quoy il répond soudain à propos de ce qu'il disoit, se recueillant et s'appercevant de son transport, *c'est par excés de zele»*, *ibid.*, p.39.

²⁶ «Un moment aprés, il s'oublie de nouveau, et promenant sa main sur le genouil de la Dame, ... », *ibid.*, p.39. *Il met la main sur les genoux d'Elmire* (1734). «Cour pressante, mais qui sent son rustre», commente G. Couton, *éd. cit.*, I, p.1356, qui cite Furetière avec à-propos : «On dit qu'on patine une femme, quand on lui manie les bras, le sein, etc. Il n'y a que les paysannes et les servantes qui se laissent patiner. Ce n'est point la mode de patiner parmi le beau monde.» C'est en effet à ce genre de jeu que veut se livrer le paysan Sganarelle, déguisé en médecin, avec la servante Jacqueline, dans *Le Médecin malgré lui*, II, 2, III, 3. Le geste de Panulphe est révélateur de son origine sociale comme de son désir sexuel.

²⁷ « ... elle luy dit, confuse de cette liberté, *ce que fait là sa main*, ... », *ibid.*, p.39.

ACTE III. SCÈNE III.

PANULPHE
Je tâte votre habit : l'étoffe en est moelleuse.[28]

LA DAME
Ah! de grâce, laissez, je suis fort chatouilleuse.
Elle recule sa chaise, et Panulphe rapproche la sienne.[29]

PANULPHE
765 Mon Dieu! que de ce point l'ouvrage est merveilleux!
On travaille aujourd'hui d'un air miraculeux;
Jamais, en toute chose, on n'a vu si bien faire.[30]
Il y porte la main à plusieurs reprises. Elle le repousse.[31]

LA DAME
Il est vrai. Mais parlons un peu de notre affaire.
On tient que mon mari veut dégager sa foi,
770 Et vous donner sa fille. Est-il vrai, dites-moi?[32]

PANULPHE
Il m'en a dit deux mots; mais, Madame, à vrai dire,
Ce n'est pas le bonheur après quoi je soupire;
Et je vois autre part les merveilleux attraits

---

[28] « ... il répond, aussi surpris que la premiere fois, qu'*il trouve son étoffe moëlleuse* ... », *ibid.*, p.39.

[29] Ni le vers qui précède cette indication scénique de 1669 ni l'indication elle-même ne se trouvent dans la *Lettre*. Le recul de la dame et le rapprochement de l'hypocrite les rend pourtant nécessaires ici. La dame recule son fauteuil, et Tartuffe se rapproche d'elle, voir la note suivante. TARTUFFE, *maniant le fichu d'Elmire* (1734).

[30] « ... et, pour rendre plus vraisemblable cette deffaite par un artifice fort naturel il continue de considerer son ajustement et s'attaque *à son colet dont le point luy semble admirable*. Il y porte la main encore pour le manier et le considerer de plus prés; mais elle le repousse, plus honteuse que luy», *Lettre*, p.39-40.

[31] Comme l'indique la note précédente, le jeu de Panulphe à ce point était plus agressif et soutenu que celui de son successeur en 1669.

[32] La *Lettre* ne mentionne pas ces vers d'enchaînement, nécessaires pour amener Panulphe à faire part de sa passion pour la dame.

De la félicité qui fait tous mes souhaits.³³

LA DAME
775 C'est que vous n'aimez rien des choses de la terre.³⁴

PANULPHE
Mon sein n'enferme pas un cœur qui soit de pierre.

LA DAME
Pour moi, je crois qu'au Ciel tendent tous vos soupirs,
Et que rien ici-bas n'arrête vos désirs.

PANULPHE
L'amour qui nous attache aux beautés éternelles
780 N'étouffe pas en nous l'amour des temporelles;
Nos sens facilement peuvent être charmés
Des ouvrages parfaits que le Ciel a formés.
Ses attraits réfléchis brillent dans vos pareilles;
Mais il étale en vous ses plus rares merveilles :
785 Il a sur votre face épanché des beautés
Dont les yeux sont surpris,³⁵ et les cœurs transportés,
Et je n'ai pu vous voir, parfaite créature,

---

[33] «Enfin, enflammé par tous ces petits commencemens, par la presence d'une femme bien faite qu'il adore, et qui le traite avec beaucoup de civilité, et par les douceurs attachées à la premiere découverte d'une passion amoureuse, il luy fait sa déclaration ... », *ibid.*, p.40. «*Félicité* : bonheur, jouissance des biens qui peuvent satisfaire le corps et l'esprit ... On confond souvent le summum bonum avec la félicité» (Furetière). Molière nous donne à entendre que ce sont surtout les biens du corps que Panulphe convoite, voir v.779-80.

[34] Les vers 771-78 présentent le début de sa déclaration d'amour ne sont pas cités par la *Lettre* mais les remarques suivantes de la dame témoignent de la surprise qu'ils lui donnent, tout en obligeant Panulphe à se démasquer, voir la note 44, ci-dessous.

[35] «*Surprendre* : prendre à l'improviste, au dépourvu. Se dit aussi pour étonner» (Furetière).

ACTE III. SCÈNE III. 135

  Sans admirer en vous l'auteur de la nature,³⁶
  Et d'une ardente amour sentir mon cœur atteint,
790 Au plus beau des portraits où lui-même s'est peint.
  D'abord j'appréhendai que cette ardeur secrète
  Ne fût du noir esprit³⁷ une surprise adroite;
  Et même à fuir vos yeux mon cœur se résolut,
  Vous croyant un obstacle à faire mon salut.
795 Mais enfin je connus, ô beauté toute aimable,
  Que cette passion peut n'être point coupable,
  Que je puis l'ajuster avecque la pudeur,
  Et c'est ce qui m'y fait abandonner mon cœur.³⁸
  Ce m'est, je le confesse, une audace bien grande
800 Que d'oser de ce cœur vous adresser l'offrande;³⁹
  Mais j'attends en mes vœux tout de votre bonté,
  Et rien des vains efforts de mon infirmité;
  En vous est mon espoir, mon bien, ma quiétude,⁴⁰

---

³⁶ «On le dit par excellence de la première Cause qui est Dieu. Il est l'*Auteur* de toute la nature. Le Souverain *Auteur* du monde» (Furetière). Molière a pu trouver l'idée de l'ascension vers Dieu par l'admiration de ses créatures dans *L'Escalier spirituel portant l'âme à Dieu par les marches des créatures* de Bellarmini, dont le texte latin avait été traduit plusieurs fois en français, comme l'a signalé G. Couton, *éd. cit.* ., I, p.1356, ou dans J. de Lanner, *Roman satirique* (1624), voir H.G. Hall, «Some Background to *Tartuffe*», *Comedy in Context, Essays on Molière* (Mississippi, 1984), p.151-2.
³⁷ «*Esprit* : il se dit de Dieu ... de la vertu divine ... des Êtres spirituels. On appelle le Diable, *le malin Esprit*» (Furetière).
³⁸ Panulphe passe outre non seulement au premier et plus grand commandement : «Tu aimeras Yahvé ton Dieu de tout ton cœur, de toute ton âme et de tout ton pouvoir», Le Deutéronome 6 : 5, «Tu n'auras pas d'autres dieux devant moi», L'Exode 20 : 3, mais aussi au dixième qui interdit de convoiter la femme du prochain, L'Exode 20 : 17, ainsi qu'à l'enseignement de Jésus-Christ sur l'adultère : «Vous avez entendu qu'il a été dit : *Tu ne commettras pas l'adultère*. Eh bien! moi je vous dis : Quiconque regarde une femme pour la désirer a déjà commis, dans son cœur, l'adultère avec elle», Matthieu 5 : 27-28.
³⁹ Le mot a surtout un usage spirituel : «Présent que l'on offre à Dieu.» (Furetière, qui cite comme exemple l'offrande au milieu de la messe.)
⁴⁰ Le mot a surtout un sens spirituel. «Quiétude marque plus le repos de l'esprit que celui du corps ... parfaite et tranquille contemplation» (Furetière).

De vous dépend ma peine ou ma béatitude,[41]
805 Et je vais être enfin, par votre seul arrêt,
Heureux, si vous voulez, malheureux, s'il vous plaît.[42]

LA DAME
La déclaration est tout à fait galante,[43]
Mais elle est, à vrai dire, un peu bien surprenante.
Vous deviez, ce me semble, armer mieux votre sein,
810 Et raisonner un peu sur un pareil dessein.
Un dévot comme vous, et que partout on nomme ...[44]

PANULPHE
Ah! pour être dévot, je n'en suis pas moins homme;[45]
Et lorsqu'on vient à voir vos célestes appas,
Un cœur se laisse prendre, et ne raisonne pas.
815 Je sais qu'un tel discours de moi paraît étrange;
Mais, Madame, après tout, je ne suis pas un ange;

---

[41] «Le souverain bien; la vision de Dieu; la félicité éternelle ... La vue de Dieu fait toute *la béatitude* des Saints» (Furetière).

[42] Le Vayer écrit que «[Panulphe] se met à luy conter fleurette en termes de devotion mystique, d'une maniere qui surprend terriblement cette femme; parceque d'une part il luy semble étrange que cet homme la cajolle; et d'ailleurs il luy prouve si bien par un raisonnement tiré de l'amour de Dieu, qu'il la doit aimer, qu'elle ne sait comment le blâmer», *Lettre*, p.32-33.

[43] «*Galant*, adj. honnête, civil; se dit encore d'un homme du monde, qui est poli, qui tâche à plaire et particulièrement aux Dames, par ses manières honnêtes et complaisantes, qui a beaucoup d'esprit, de la délicatesse» (Furetière).

[44] « ... à quoy elle répond, que, *bien qu'un tel aveu ait droit de la surprendre dans un homme aussi devot que luy ...* », *Lettre*, p.40.

[45] «Il l'interromp à ces mots [c'est-à-dire après le vers 811] en s'ecriant avec un transport fort eloquent : *Ah, pour estre devot, on n'en est pas moins homme*», *ibid.*, p.40. En 1667 il dut développer le thème de la faiblesse de la chair que surmonte l'attrait de la beauté humaine comme en 1669 (v.966-86) dans les vers suivants. La *Lettre* ne décrit pas ces vers, mais les résume en quelque sorte à force d'ajouter après le vers 812 «Et continuant sur ce ton ... », *ibid.*, p.40. Molière se rappelle ici le vers de *Sertorius* : «Ah! pour être Romain, je n'en suis pas moins homme» (IV, 1, v.1194). En 1667 l'humanité de Panulphe donna lieu aux développements situés après le vers 858, lesquels ne figurent pas dans la version finale, voir les notes 57, 58, ci-dessous.

ACTE III. SCÈNE III. 137

        Et si vous condamnez l'aveu que je vous fais,
        Vous devez vous en prendre à vos charmants attraits.[46]
        Dès que j'en vis briller la splendeur plus qu'humaine,
820   De mon intérieur vous fûtes souveraine;
        De vos regards divins l'ineffable douceur
        Força la résistance où s'obstinait mon cœur;[47]
        Elle surmonta tout, jeûnes, prières, larmes,
        Et tourna tous mes vœux du côté de vos charmes.
825   Mes yeux et mes soupirs vous l'ont dit mille fois,
        Et pour mieux m'expliquer j'emploie ici la voix.
        Que si vous contemplez d'une âme un peu bénigne[48]
        Les tribulations[49] de votre esclave indigne,
        S'il faut que vos bontés veuillent me consoler
830   Et jusqu'à mon néant daignent se ravaler,

---

[46] Voir le commentaire de la *Lettre* sur la façon dont Panulphe se décharge de toute culpabilité dans la note 42 ci-dessus.

[47] En se laissant vaincre de la sorte Panulphe fait peu de cas du fruit du Saint-Esprit lequel inclut précisément la maîtrise de soi, voir St Paul, Épître aux Galates 5 : 23.

[48] «*Bénin* ne se dit guère que des remèdes ou des influences célestes» (Furetière). Panulphe renchérit sur son idolâtrie, voir la note 38 ci-dessus.

[49] Du latin tribulatio, tribulare, écraser avec la herse ou tribulum afin de séparer la balle de l'épi. Le mot s'applique surtout aux épreuves qu'endurent patiemment les saints : «Nous nous glorifions encore des tribulations, sachant bien que la tribulation produit la constance ... », Épître aux Romains 5 : 3. «Affliction, traverse, misère, le terme n'est guère usité qu'en parlant des adversités regardées comme venant de la part de Dieu» (Furetière, qui ajoute que le mot est du style relevé et d'usage religieux, selon l'Académie.) Dans la bouche d'un Panulphe impatient de séduire la dame le mot pouvait choquer, comme en témoigne une note de Guéret : «Je n'aime point que l'Imposteur, pour exprimer son amour, se serve de mots consacrés à la Religion ... quand il s'écrie d'un ton plaintif :
    Ah! si vous daigniez voir d'une âme un peu bénigne
    Les tribulations de votre esclave indigne,
il n'y a point de femme qui ne se représente l'Office des Morts et que ce terrible mot de *tribulations* n'épouvante, ou qui n'éclate de rire de l'extravagance de cette expression», *La Promenade de Saint-Cloud*, 1669, dans G. Mongrédien, *Recueil*, I, p.354.

J'aurai toujours pour vous, ô suave[50] merveille,
Une dévotion à nulle autre pareille.
Votre honneur avec moi ne court point de hasard,
Et n'a nulle disgrâce à craindre de ma part.
835 Tous ces galants[51] de cour, dont les femmes sont folles,
Sont bruyants dans leurs faits et vains dans leurs paroles,
De leurs progrès sans cesse on les voit se targuer;
Ils n'ont point de faveurs qu'ils n'aillent divulguer,
Et leur langue indiscrète, en qui l'on se confie,
840 Déshonore l'autel où leur cœur sacrifie.
Mais les gens comme nous brûlent d'un feu discret,
Avec qui pour toujours on est sûr du secret :
Le soin que nous prenons de notre renommée
Répond de toute chose à la personne aimée,
845 Et c'est en nous qu'on trouve, acceptant notre cœur,
De l'amour sans scandale[52] et du plaisir sans peur.[53]

LA DAME
Je vous écoute dire, et votre rhétorique
En termes assez forts à mon âme s'explique.
N'appréhendez-vous point que je ne sois d'humeur
850 À dire à mon mari cette galante[54] ardeur,
Et que le prompt avis d'un amour de la sorte

---

[50] «Qui est doux et agréable aux sens; mais particulièrement à l'odorat. Quelques-uns le disent aussi de ce qui est doux au toucher, agréable au goût, aux oreilles, aux yeux. On ne s'en sert plus, si ce n'est en riant, ou dans le style dévot.» (Furetière, qui cite les vers 985-6 du *Tartuffe*.) Du discrédit où était déjà tombé ce mot, Molière paraît au moins en partie responsable.

[51] Voir la note 61 de l'acte I.

[52] Voir la note 102 de l'acte I.

[53] « ... il luy fait voir d'autre part les avantages qu'il y a à estre aimée d'un homme comme luy; que le commun des gens du monde, Cavaliers et autres gardent mal un secret amoureux et n'ont rien de plus pressé, aprés avoir receu une faveur, que de s'en aller vanter; mais que pour ceux de son espece le soin, dit-il, *que nous avons de notre renommée est un gage assuré pour la personne aimée, et l'on trouve avec nous sans risquer son honneur, de l'amour sans scandale, et du plaisir sans peur*», Lettre, p.40-41.

[54] Voir la note 43 ci-dessus.

ACTE III. SCÈNE III. 139

Ne pût bien altérer l'amitié qu'il vous porte?[55]

PANULPHE
Je sais que vous avez trop de bénignité,[56]
Et que vous ferez grâce à ma témérité,
855   Que vous m'excuserez sur l'humaine faiblesse
Des violents transports d'un amour qui vous blesse,
Et considérez, en regardant votre air,
Que l'on n'est pas aveugle, et qu'un homme est de chair.[57]

[Panulphe fit d'autres développements sur le même propos, aboutissant à la conclusion du vers 858. «Il s'étend admirablement là-dessus, et luy fait si bien sentir son humanité et sa foiblesse pour elle, qu'il feroit presque pitié ...»][58]

LA DAME
D'autres prendraient cela d'autre façon peut-être;
860   Mais ma discrétion se veut faire paraître.
Je ne redirai point l'affaire à mon époux;
Mais je veux en revanche une chose de vous :
C'est de presser tout franc et sans nulle chicane
L'union de Valère avecque Mariane,

---

[55] La *Lettre* se concentre ici sur les arguments de Panulphe, mais on doit supposer la réplique de la dame semblable à celle d'Elmire en 1669, car le discours suivant de Panulphe porte sur la faiblesse de son humanité.

[56] «*Bénignité* : humanité, douceur, indulgence.» (Furetière, qui cite comme exemple une phrase du bon Père de Pascal à propos de l'adoucissement des sacrements : «Car c'est là où vous verrez la dernière bénignité de la conduite de nos Pères», *Neuvième lettre écrite à un provincial, éd. cit.*, p.413.

[57] «Delà, aprés quelques autres discours revenant à son premier sujet, il conclut qu'*elle peut bien juger, considerant son air, qu'enfin tout homme est homme, et qu'un homme est de chair*», *Lettre*, p.41. Il est évident d'après ce passage et la phrase suivante de la *Lettre* que nous reproduisons dans le texte même de la pièce, que Panulphe assortit ses propos sur la fragilité de la nature humaine de bon nombre de sophismes.

[58] *Ibid.*, p.41. Voir la note précédente. Chose curieuse, la sensibilité extrême dont il fait étalage à propos de sa faiblesse ne le rend pas plus compréhensif envers les autres membres de la famille!

865 De renoncer vous-même à l'injuste pouvoir
Qui veut du bien d'un autre enrichir votre espoir,
Et ...⁵⁹

SCÈNE IV

DAMIS, LA DAME, PANULPHE[60]

DAMIS, *sortant du petit cabinet où il s'était retiré.*[61]
Non, Madame, non : ceci doit se répandre.
J'étais en cet endroit, d'où j'ai pu tout entendre;
Et la bonté du Ciel m'y semble avoir conduit
870 Pour confondre l'orgueil d'un traître qui me nuit,
Pour m'ouvrir une voie à prendre la vengeance
De son hypocrisie et de son insolence,

---

[59] Le Vayer confirme la teneur de ce discours de la dame quand il décrit la façon dont elle est interrompue par Damis, «qui, sortant d'un cabinet voisin d'où il a tout ouï, et voyant que la Dame, sensible à cette pitié, promettoit au Cagot de ne rien dire, pourvû qu'il la servist dans l'affaire du mariage de Mariane, dit qu'*il faut que la chose éclate* et qu'elle soit sceuë dans le monde», *ibid.*, p.42. Ces quelques phrases sur la réaction tranquille de la dame à l'irruption de Damis ont incité des commentateurs à esquisser le portrait d'une femme coquette et ambiguë en 1667, voir notamment M. Michaut, *Les Luttes de Molière* (Paris, 1925, p.77 sv.). Cette vue est démentie d'une part par la *Lettre*, laquelle la décrit uniformément comme «une vraye femme de bien, qui connoist parfaitement ses veritables devoirs, et qui y satisfait jusqu'au scrupule», *ibid.*, p.11, voir aussi d'autres passages où sont loués son caractère, sa présence d'esprit et son parfait respect des convenances, p.51, 54, 55, 61. D'autre part, il y a sans conteste une ambiguïté évidente qui fait partie de la situation dramatique, qu'exploite à merveille la Dame, voir les notes 87, 91 de l'acte IV, et notre Introduction, E, p.29.

[60] La *Lettre* souligne la parfaite maîtrise de soi qui caractérise Panulphe même pris au dépourvu : «Panulphe paroit surpris et demeure muet, mais pourtant sans estre déconcerté», p.42. Sans doute médite-t-il la pantomime audacieuse qu'il va jouer tout à l'heure devant le père.

[61] « ... Damis, ... sortant d'un cabinet voisin d'où il a tout ouï ... », *Lettre*, p.41. DAMIS, *sortant d'un petit cabinet ...* (1674, 1682).

ACTE III. SCÈNE IV. 141

À détromper mon père, et lui mettre en plein jour
L'âme d'un scélérat⁶² qui vous parle d'amour.

LA DAME
875   Non, Damis : il suffit qu'il se rende plus sage,
Et tâche à mériter la grâce où je m'engage.
Puisque je l'ai promis, ne m'en dédites pas.
Ce n'est point mon humeur de faire des éclats :
Une femme se rit de sottises pareilles,
880   Et jamais d'un mari n'en trouble les oreilles.⁶³

DAMIS
Vous avez vos raisons pour en user ainsi,
Et pour faire autrement j'ai les miennes aussi.
Le vouloir épargner est une raillerie;
Et l'insolent orgueil de sa cagoterie⁶⁴
885   N'a triomphé que trop de mon juste courroux,
Et que trop excité de désordre chez nous.
Le fourbe⁶⁵ trop longtemps a gouverné⁶⁶ mon père,
Et desservi mes feux avec ceux de Valère.
Il faut que du perfide il soit désabusé,

---

⁶² «Nom et adj. : méchant, pervers, qui n'a ni foi, ni probité, ni honneur; adj. : ... des actions, et signifie noir, atroce, horrible, détestable» (Furetière). Dans sa *Préface* Molière écrit «J'ai employé pour cela [la distinction de la vraie d'avec la fausse dévotion] deux actes entiers à préparer la venue de mon scélérat», *éd. cit.*, I, p.884. On se rappelle l'avertissement précédant l'usage que fait Tartuffe de la casuistique histoire de séduire la femme de son hôte, *Le Tartuffe*, IV, 5, au vers 1487: *C'est un scélérat qui parle*.

⁶³ «La Dame prie Damis de ne rien dire, mais il s'obstine dans son premier dessein.», *Lettre*, p.42.

⁶⁴ Voir la note 30 de l'acte I, sc. 1.

⁶⁵ «Trompeur, imposteur. C'est un *fourbe* insigne, de l'italien furbo, latin fur, larron ou furvus, noir» (Furetière). Un des mots-clés de la pièce, voir l'acte V, v.1436, 1641, 1721.

⁶⁶ «Ménager avec économie, instruire : se dit figurément pour dire, Avoir du pouvoir et du crédit sur l'esprit de quelqu'un, le conduire, le faire agir, le diriger. Ce Directeur *gouverne* la conduite d'une telle femme» (Furetière). La *Lettre* nous dit que «Panulphe gouverne absolument l'homme [le père] dont il est question», p.15.

890   Et le Ciel pour cela m'offre un moyen aisé.
De cette occasion je lui suis redevable,
Et pour la négliger, elle est trop favorable :
Ce serait mériter qu'il me la vînt ravir
Que de l'avoir en main et ne m'en pas servir.

LA DAME
895   Damis ...

DAMIS
Non, s'il vous plaît, il faut que je me croie.
Mon âme est maintenant au comble de sa joie;
Et vos discours en vain prétendent m'obliger
À quitter le plaisir de me pouvoir venger.
Sans aller plus avant, je vais vuider d'affaire;[67]
900   Et voici justement de quoi me satisfaire.

SCÈNE V

LE MARY, DAMIS, PANULPHE, LA DAME

DAMIS
Nous allons régaler, mon père, votre abord[68]
D'un incident tout frais qui vous surprendra fort.[69]
Vous êtes bien payé[70] de toutes vos caresses,[71]

---

[67] «*Vuider* se dit figurément et signifie : terminer, finir une affaire ... Il est temps de *vuider* d'affaires» (Furetière). Voir v.1555, 1596, et la *Lettre*, p.70.

[68] «Arrivée. Se dit aussi de l'accès qu'on donne aux personnes qui ont à faire à nous» (Furetière).

[69] «Sur cette contestation le mary arrivant, il [Damis] luy conte tout», *Lettre*, p.42. Espèce de formule sommaire dont se sert souvent Le Vayer pour introduire une nouvelle scène, voir la note 33 de l'acte II.

[70] Voir la note 28 de l'acte II.

[71] «*Caresse* : figurément signifie les faveurs, les charmes. Je ne me soucie ni des *caresses* ni des mépris de la Fortune» (Furetière).

ACTE III. SCÈNE VI. 143

    Et Monsieur d'un beau prix reconnaît vos tendresses.
905 Son grand zèle pour vous vient de se déclarer :
    Il ne va pas à moins qu'à vous déshonorer;
    Et je l'ai surpris là qui faisait à Madame
    L'injurieux aveu d'une coupable flamme.
    Elle est d'une humeur douce, et son cœur trop discret
910 Voulait à toute force en garder le secret;
    Mais je ne puis flatter une telle impudence,
    Et crois que vous la taire est vous faire une offense.

LA DAME

    Oui, je tiens que jamais de tous ces vains propos
    On ne doit d'un mari traverser le repos,
915 Que ce n'est point de là que l'honneur peut dépendre,
    Et qu'il suffit pour nous de savoir nous défendre;
    Ce sont mes sentiments; et vous n'auriez rien dit,
    Damis, si j'avais eu sur vous quelque crédit.[72]

SCÈNE VI

LE MARY, LA DAME,[73] DAMIS, PANULPHE

[Son mary les {son fils et sa femme} regarde l'un et l'autre d'un œil de couroux; et aprés {sic} leur avoir reproché de toutes les manieres les plus aigres qu'il se peut, *la fourbe mal conceuë qu'ils luy veulent jouër*, enfin venant à l'Hypocrite ...][74]

---

[72] «La Dame avouë la verité de ce qu'il dit, mais en le blâmant de la dire», *Lettre*, p.42.
[73] Il est évident d'après la *Lettre* que la dame était présente au cours de cette scène, à la différence de la pièce de 1669 : «son mary les regarde l'un (Damis) et l'autre (sa femme) d'un œil de couroux», p.42.
[74] *Ibid.*, p.42. Aucune indication ici d'une nouvelle scène. En 1669 il y a deux changements qui ont pour effet de rehausser l'effet et l'ironie dramatiques. Alors qu'en 1667 le mari accable d'emblée sa femme et son fils d'injures, en 1669 il ne s'en prend qu'à son fils, et cela plus tard dans la scène. Il est évident que Molière

LE MARY, *à Panulphe.*
Ce que je viens d'entendre, ô Ciel! est-il croyable?

PANULPHE

920 Oui, mon frère, je suis un méchant, un coupable,
Un malheureux pécheur, tout plein d'iniquité,[75]
Le plus grand scélérat[76] qui jamais ait été;
Chaque instant de ma vie est chargé de souillures;[77]
Elle n'est qu'un amas de crimes et d'ordures;[78]
925 Et je vois que le Ciel, pour ma punition,
Me veut mortifier[79] en cette occasion.
De quelque grand forfait[80] qu'on me puisse reprendre,
Je n'ai garde d'avoir l'orgueil[81] de m'en défendre.
Croyez ce qu'on vous dit, armez votre courroux,

[75] s'en prend qu'à son fils, et cela plus tard dans la scène. Il est évident que Molière a omis la tirade prononcée par le mari en 1667 et en a retenu le seul vers qui la clôturait peut-être, adressé en désespoir de cause à sa seule source de vérité pure, son idole (v.919), voir l'indication scénique que nous insérons avant ce vers. Ce changement permet de mieux structurer la colère d'Orgon en 1669, laquelle reçoit son point d'orgue et son crescendo, variant ainsi l'effet dramatique avec efficacité.
Le mot vient du latin iniquitas, inégalité, injustice, et relève surtout du vocabulaire chrétien. Il désigne la condition naturelle de l'homme, le péché, que guérit la mort de Jésus-Christ : « ... qui s'est livré pour nous afin de nous *racheter de toute iniquité»*, Épître à Tite 2 : 14.

[76] Voir la note 62 ci-dessus.

[77] On l'emploie surtout au figuré : « ... la *souillure* du péché, *la souillure* de l'âme. Le sang de Jésus-Christ a lavé toutes nos *souillures»* (Furetière).

[78] Furetière définit ainsi ces deux mots : «*Crimes* : en termes de Dévotion signifie Faute; péché *commis* contre Dieu, ou contre la Morale»; «*Ordures*: se dit figurément et signifie turpitude, infamie, corruption honteuse dans les mœurs.»

[79] Furetière souligne que le mot s'emploie surtout pour parler du corps, des passions, des sens et de la volonté : «La haire et [le] cilice *mortifient* la chair.»

[80] «Se dit des crimes en général ... Il est plus en usage en Poésie» (Furetière). Cf. la note 83 ci-dessous, qui commente le caractère peu spécifique de son autoaccusation.

[81] C'est surtout la seconde partie de la définition de Furetière qui nous intéresse : «Amour de la gloire et de l'estime des hommes; sentiment flatteur et outré de son propre mérite.»

ACTE III. SCÈNE VI. 145

930   Et comme un criminel[82] chassez-moi de chez vous :
        Je ne saurais avoir tant de honte en partage,
        Que je n'en aie encor mérité davantage.[83]

[Le bon homme, charmé par cette humilité, s'emporte contre son fils d'une étrange sorte, l'appelant vingt fois *Coquin.*][84]

PANULPHE

Ah! laissez-le parler : vous l'accusez à tort,
Et vous ferez bien mieux de croire à son rapport.
935   Pourquoi sur un tel fait m'être si favorable?

---

[82] «Coupable; celui qui a commis un crime.» (Furetière, voir la note 78 ci-dessus.)

[83] « ... enfin, venant à l'Hypocrite, qui cependant a medité son rolle, il [le mari] le trouve qui, bien loin d'entreprendre de se justifier, par un excellent artifice se condamne et s'accuse luymesme en general et sans rien specifier, de toutes sortes de crimes; qu'il est *le plus grand des pecheurs, un méchant, un scelerat; qu'ils ont raison de le traiter de la sorte; qu'il doit estre chassé de la maison comme un ingrat et un infame; qu'il merite plus que cela;», Lettre,* p.43. Chose curieuse, cet autoportrait, par son caractère péjoratif, ne diffère en rien de la «biographie» peu édifiante du fourbe qu'en donnera l'Officier, v.1720 sv.

[84] *Lettre,* p.43. La description de l'accès de colère auquel se livre le père *suit* les discours de Panulphe (v.920-32, 933-42). Comme il en a souvent l'habitude, Le Vayer résume plusieurs discours du même personnage, et ne supplée la réaction dramatique qui divise ces discours qu'à leur suite, ce qui nous semble être le cas ici. En 1669, la réaction d'Orgon envers son fils est beaucoup moins forte :

ORGON, à son fils.
Ah! traître, oses-tu bien par cette fausseté
Vouloir de sa vertu ternir la pureté?

DAMIS
Quoi? la feinte douceur de cette âme hypocrite
Vous fera démentir ... ?

ORGON
Tais-toi, peste maudite. (v.1087-90)

En 1667 l'action risquait d'être plus diffuse, alors qu'en 1669 la colère d'Orgon atteint son paroxysme. Ainsi allégée, la scène ne pouvait que gagner en tension dramatique par la suite.

Savez-vous, après tout, de quoi je suis capable?
Vous fiez-vous, mon frère, à mon extérieur?
Et pour tout ce qu'on voit, me croyez-vous meilleur?[85]
Non, non : vous vous laissez tromper à l'apparence,
940 Et je ne suis rien moins, hélas! que ce qu'on pense;
Tout le monde me prend pour un homme de bien;
Mais la vérité pure est que je ne vaux rien.[86]

S'adressant à Damis.[87]

Oui, mon cher fils, parlez; traitez-moi de perfide,
D'infâme, de perdu, de voleur, d'homicide;
945 Accablez-moi de noms encor plus détestés :
Je n'y contredis point, je les ai mérités;
Et j'en veux à genoux souffrir l'ignominie,[88]
Comme une honte due aux crimes de ma vie.[89]

S'agenouillant devant Damis.

LE MARY, *à Panulphe.*
Mon frère, c'en est trop.

---

[85] «J'ai beau paraître dévot, je n'en suis pas pour autant meilleur.»

[86] « ... *qu'il n'est qu'un ver, un neant; quelques gens jusqu'icy me croyent homme de bien; mais, mon frere, on se trompe, hélas je ne vaux rien*», Lettre, p.43. Panulphe évite toute allusion à l'adultère dans son «aveu» (v.920-32, 933-48), dont la pensée équivaut à l'acte dans la morale chrétienne, voir la note 38 de cet acte. Panulphe fournit un bel exemple du conseil tiré d'Escobar que cite le jésuite de Pascal selon lequel il est permis d'omettre la mention d'un péché commis depuis la dernière confession et «*de faire une confession générale et de confondre ce dernier péché avec les autres dont on s'accuse en gros*», Xe *Provinciale*, éd. *cit.*, p.414.

[87] Cette indication scénique, comme les vers précédents de Panulphe, ne figurent pas tels quels dans la *Lettre*. Mais tous deux constituent néanmoins une partie indispensable des manœuvres de l'hypocrite antérieures à son acte de «pénitence» devant Damis que la *Lettre* ne manquera pas de décrire, voir la note 89 ci-dessous.

[88] C'est à cet endroit que Panulphe s'agenouille, voir la note suivante. «*Ignominie*: infamie, déshonneur, turpitude, honte ... affront sanglant qui s'en prend à la réputation d'une personne» (Furetière).

[89] «Panulphe, qui le [le mari] voit en beau chemin, l'anime encore davantage, en s'allant mettre à genoux devant Damis, et luy demandant pardon, sans dire de quoy», La *Lettre*, p.43-44. Ce jeu n'est pas indiqué dans le texte du *Tartuffe*.

ACTE III. SCÈNE VI.

à son fils.
Ton cœur ne se rend point,

950 Traître?

DAMIS
Quoi? ses discours vous séduiront au point ...

LE MARY
Tais-toi pendard.
Se joignant à Panulphe.
Mon frère, eh! levez-vous, de grâce![90]
À son fils.
Infâme!

DAMIS
Il peut ...

LE MARY
Tais-toi.

DAMIS
J'enrage! Quoi? je passe ...

LE MARY
Si tu dis un seul mot, je te romprai les bras.

PANULPHE
Mon frère, au nom de Dieu, ne vous emportez pas.
955 J'aimerais mieux souffrir la peine la plus dure
Qu'il eût reçu pour moi la moindre égratignure.

---

[90] Le père se joint à l'hypocrite agenouillé selon la *Lettre* : «Le Pere s'y jette aussi [devant Damis] pour le [Panulphe] relever, avec des rages extremes [cf. v.953] contre son Fils», p.44. Ce grand geste du père ne figure pas dans le texte du *Tartuffe*.

148 *L'IMPOSTEUR* DE 1667

     LE MARY, *à son fils.*
Ingrat!

      PANULPHE
   Laissez-le en paix. S'il faut, à deux genoux
   Vous demander sa grâce ...[91]

     LE MARY, *à Panulphe.*
      Hélas! vous moquez-vous?
      À son fils.
Coquin! vois sa bonté.

      DAMIS
      Donc ...

      LE MARY
       Paix.

      DAMIS
       Quoi? je ...

      LE MARY
        Paix, dis-je.
960 Je sais bien quel motif à l'attaquer t'oblige :
   Vous le haïssez tous; et je vois aujourd'hui
   Femme, enfants et valets déchaînés contre lui;
   On met impudemment toute chose en usage,
   Pour ôter de chez moi ce dévot personnage.
965 Mais plus on fait d'effort afin de l'en bannir,
   Plus j'en veux employer à l'y mieux retenir;
   Et je vais me hâter de lui donner ma fille,

---

[91] Les vers 954-56 et 957-58 où l'hypocrite envenime la situation efficacement, mine de rien, ne sont pas cités par la *Lettre*, mais ne font que prolonger ses efforts décrits plus haut dans la note 89 pour monter le père contre son fils. Aucune mention n'est faite dans la *Lettre* de la note de l'édition de 1734 à cet endroit : «*Orgon se jetant à genoux et embrassant Tartuffe.*»

ACTE III. SCÈNE VI.   149

>Pour confondre l'orgueil de toute ma famille ...

DAMIS
À recevoir sa main on pense l'obliger?

LE MARY
970 Oui, traître, et dès ce soir, pour vous faire enrager.
Ah! je vous brave tous, et vous ferai connaître
Qu'il faut qu'on m'obéisse et que je suis le maître.[92]
Allons, qu'on se rétracte, et qu'à l'instant, fripon,
On se jette à ses pieds pour demander pardon.[93]

DAMIS
975 Qui, moi? de ce coquin,[94] qui, par ses impostures ...[95]

LE MARY
Ah! tu résistes, gueux,[96] et lui dis des injures?

---

[92] Ce vers reproduit les vers d'Arnolphe à Agnès qui clôturent l'acte II de *L'École des femmes* :
C'est assez
Je suis maître, je parle : allez, obéissez. (II, 5)
Ces derniers vers sont une parodie des vers de *Sertorius* (1662) de Corneille (V, 6, v.1867-68).

[93] Le Vayer omet de décrire dans le détail les vers 949-64, se contentant de signaler «des rages extremes contre son fils» de la part du père, après que Panulphe se jette aux pieds de Damis, et enchaîne avec «Enfin, aprés plusieurs injures, il [le père] veut l'obliger [Damis] de se jetter *à genoux* devant Monsieur Panulphe, *et luy demander pardon*», p.44. Il est naturel de supposer, vu le mauvais caractère du père, que les «injures» comprennent la mention obligatoire de la haine que la famille voue à Panulphe, et du mariage projeté de la fille avec l'hypocrite.

[94] Le mot est bien choisi, car Damis rend à son père [et à travers lui à Panulphe] la monnaie de sa pièce, voir le résumé de la diatribe du père contre son fils de la *Lettre*, cité après le vers 932.

[95] La situation de Damis offre une analogie curieuse avec celle de son créateur, tous deux perçant à jour les «impostures» des hypocrites, et se faisant agonir pour leurs soins. Sur la portée du mot, voir la note 11 au *Second Placet*.

[96] Voir la note 38 de l'acte I.

Un bâton! un bâton![97] *À Panulphe.*[98] Ne me retenez pas.
À son fils.
Sus, que de ma maison on sorte de ce pas,
Et que d'y revenir on n'ait jamais l'audace.

DAMIS

980 Oui, je sortirai; mais ...

LE MARY
Vite, quittons la place.[99]
Je te prive, pendard, de ma succession,
Et te donne de plus ma malédiction.[100]

SCÈNE VII

LE MARY, PANULPHE

LE MARY
Offenser de la sorte une sainte personne!

---

[97] Les accessoires de la pièce de 1669 comprenaient une batte, *Mémoire de Mahelot,* dans G. Mongrédien, *Molière, Recueil,* I, p.331.
[98] Cette indication scénique n'est pas donnée par la *Lettre.* Vu son jeu précédent, pourtant, rien de plus logique pour l'hypocrite que de mettre en œuvre sa tactique habituelle de non-ingérence après provocation du mari.
[99] «... mais Damis refusant de le [se jeter aux pieds de Panulphe pour lui demander pardon] faire, et aimant mieux quiter la place, il le chasse ...», *Lettre,* p.44. «Céder, se désister. Je vous *quitte* la place, le haut du pavé» (Furetière). Voir le vers 620 aussi.
[100] «... il [le mari] le chasse, *et le desheritant luy donne sa malediction»,* ibid., p.44. Face aux enfants rebelles à son idée fixe, l'imaginaire a fatalement recours à la loi du plus fort, sans autre forme de procès, voir Harpagon dans l'*Avare,* IV, 5, Argante des *Fourberies de Scapin,* I, 4, Argan, *Le Malade imaginaire,* I, 7.

ACTE III. SCÈNE VII.   151

PANULPHE
Ô Ciel, pardonne-lui comme je lui pardonne![101]

[101] En 1669 Tartuffe dit «Ô Ciel, pardonne-lui la douleur qu'il me donne!» Trois éléments sont à la source de la transformation de ce vers. D'abord, l'abbé d'Allainval, écrivant sous le pseudonyme de George Wink, le rapporte en 1730: «On lui auroit eu une éternelle obligation [à Baron, mort en décembre, 1729, l'élève de Molière, premier successeur d'Hubert dans le rôle de Damis, qu'il conserva jusqu'à son départ pour la troupe de l'Hôtel de Bourgogne en 1673], s'il avoit aidé à conserver plusieurs beaux vers du *Tartuffe*, qu'il savoit, et qui furent retranchés dans les divers changements que cette fameuse comédie souffrit. En voici un. Tartuffe feignant de presser Orgon de pardonner à son fils, disoit :

Ô Ciel, pardonne-lui comme je lui pardonne!

Le dernier hémistiche parut trop caractériser les bigots; Molière fut obligé de le changer ainsi :

Ô Ciel, pardonne-lui le tourment qu'il me donne!»
Lettre à Mylord ***sur Baron et Mlle Le Couvreur (Paris, 1730), p.227.

Le deuxième est l'édition de 1734 qui donne la même version. Enfin, Voltaire reproduit le vers en 1739 sous une forme qui, pour être presque identique, ne laisse pas d'avoir une résonance différente: «Dans les premières représentations, l'Imposteur se nommait *Panulphe*, et ce n'était qu'à la dernière scène qu'on apprenait son véritable nom de *Tartuffe*, sous lequel ses impostures étaient supposées connues du Roi. À cela près, la pièce était comme elle est aujourd'hui.

Le changement le plus marqué qu'on y ait fait est à ce vers :
Ô Ciel! pardonne-moi la douleur qu'il me donne.
Il y avait :
Ô Ciel! pardonne-moi comme je lui pardonne.»
Sommaire du *Tartuffe*, par Voltaire, G.E. IV., p.370.

Si nous retenons le vers tel qu'il est rapporté par d'Allainval et l'édition de 1734, c'est qu'il cadre mieux avec le contexte dramatique, tant en 1667 qu'en 1669. Panulphe a pu demander pardon à genoux au fils (v.943sv). Mais ce n'est plus le moment de le faire, consacré qu'il est dans sa sainteté blessée par le mari (v.983). Désormais, sa vocation sainte ne consiste qu'à pardonner les péchés, au nom du Ciel. Même sous sa forme adoucie de 1669, il n'y est question que d'exercer cette fonction divine (v.1142), non pas de la demander pour lui-même. Il peut sembler curieux à première vue que la *Lettre*, laquelle se veut, en ce qui concerne la première partie, «*une relation fidele de la chose»* [Avis], ne mentionne

Au mari.

985 Si vous pouviez savoir avec quel déplaisir[102]
Je vois qu'envers mon frère on tâche à me noircir ...

LE MARY

Hélas!

PANULPHE
Le seul penser de cette ingratitude
Fait souffrir à mon âme un supplice si rude ...
L'horreur que j'en conçois ... J'ai le cœur si serré,
990 Que je ne puis parler, et crois que j'en mourrai.[103]

LE MARY.
Il court tout en larmes à la porte par où il a chassé son fils.
Coquin! je me repens que ma main t'ait fait grâce,
Et ne t'ait pas d'abord assommé sur la place.
Remettez-vous, mon frère, et ne vous fâchez pas.

PANULPHE
Rompons, rompons le cours de ces fâcheux débats.
995 Je regarde céans[104] quels grands troubles j'apporte,

[102] pas ce vers. Le Vayer en penseur avisé versé dans la Bible ne pouvait qu'être trop conscient de la ressemblance que le vers offrait non pas tant avec le Pater comme le suggère G. Couton (*éd. cit.,* I, n.1 à la page 950, p.1360), mais avec le passage de la Bible qui se fût prêté le moins à la parodie : le pardon du Christ mourant accordé à ceux qui l'avaient crucifié : «Père, pardonne-leur : ils ne savent ce qu'ils font», Luc 23 : 34. Le premier martyr chrétien, Étienne, à l'instar de son maître, offre ce même pardon à ceux qui étaient en train de le lapider, Les Actes des Apôtres 7 : 60.
[102] «Chagrin, affliction, tristesse, douleur d'esprit» (Furetière).
[103] On peut sans grand effort se figurer l'émoi du mari devant le jeu d'un Panulphe inconsolable, qu'il a déjà vu souffrir d'une crise de conscience pour avoir écrasé une puce avec trop de colère, voir v.319-22. La *Lettre* souligne la façon désespérée dont se démène la dupe pour apaiser l'hypocrite : «Aprés [la sortie de Damis] c'est à consoler Monsieur Panulphe, luy faire cent satisfactions pour les autres ... », p.44.
[104] Voir la note 31 de l'acte I.

ACTE III. SCÈNE VII.

Et crois qu'il est besoin, mon frère, que j'en sorte.

LE MARY
Comment? vous moquez-vous?[105]

PANULPHE
On m'y hait, et je vois
Qu'on cherche à vous donner des soupçons de ma foi.

LE MARY
Qu'importe? voyez-vous que mon cœur les écoute?

PANULPHE
1000 On ne manquera pas de poursuivre, sans doute;
Et ces mêmes rapports qu'ici vous rejetez
Peut-être une autre fois seront-ils écoutés.

LE MARY
Non, mon frère, jamais.

PANULPHE
Ah! mon frère, une femme
Aisément d'un mari peut bien surprendre l'âme.

LE MARY
1005 Non, non.

PANULPHE
Laissez-moi vite, en m'éloignant d'ici,
Leur ôter tout sujet de m'attaquer ainsi.

LE MARY

---

[105] Voir la note 29 de l'acte II.

Non, vous demeurerez : il y va de ma vie.[106]

PANULPHE

Hé bien! il faudra donc que je me mortifie.[107] Pourtant, si vous vouliez ...

LE MARY

Ah!

PANULPHE

Soit : n'en parlons plus.[108]

---

[106] C'est la vérité pure. Il ne peut se passer de Panulphe, à la fois son objet d'adoration comme Dorine l'avait déjà noté, v.227, et le mobile de ses actions comme le signale la *Lettre* : «Panulphe gouverne absolument l'homme dont il est question», p.15.

[107] Voir la note 79 de cet acte. Au cours des jours suivant l'interdiction de *L'Imposteur*, la phrase était lourde de sous-entendus, comme Voltaire nous le rappelle : «Pendant qu'on supprimait cet ouvrage [*L'Imposteur*], qui était l'éloge de la vertu et la satire de la seule hypocrisie, on permit qu'on jouât sur le Théâtre-Italien *Scaramouche ermite*, pièce très-froide si elle n'eût été licencieuse, dans laquelle un ermite vêtu en moine monte la nuit, par une échelle à la fenêtre d'une femme mariée, et y reparaît de temps en temps en disant : *Questo è per mortificar la carne*. On sait sur cela le mot du grand Condé : "Les comédiens italiens n'ont offensé que Dieu, mais les français ont offensé les dévots"», G.E. IV, p.369. Molière cite la boutade de Condé dans le dernier paragraphe de sa *Préface* de 1669, Couton, *éd. cit.*, I, p.888.

[108] Ici se termine le long travail du mari pour réconforter l'hypocrite offensé et l'empêcher de partir («consoler Monsieur Panulphe», suivant la phrase de la *Lettre*, p.44.) Il s'agit ensuite de réparer les offenses subies. Selon la *Lettre*, la réparation s'accomplit en deux temps : d'abord, Mariane lui sera donnée en mariage, avec la donation entière des biens de Damis; ensuite, le mari, guidé sournoisement en ceci par son idole, lui donne carte blanche en ce qui concerne sa femme. Or en 1669 Molière a inversé l'ordre, et la scène se termine sur l'offre de la donation, le mariage de Tartuffe avec Mariane n'étant évoqué qu'indirectement («Un bon et franc ami, qui pour gendre je prends» v.1179). L'ordre de 1667 nous donne à penser. L'acte III de *L'Imposteur* se termine en effet non pas sur la passation du contrat de la donation comme en 1669, mais met plutôt en pleine lumière le libre accès dont jouira Panulphe auprès de la dame, nous offrant la perspective réjouissante du cocuage virtuel sinon actuel du mari. N'y retrouverions-nous pas l'écho lointain de la première version du *Tartuffe* de

ACTE III. SCÈNE VII. 155

1010 [Et]¹⁰⁹je sais comme il faut en user là-dessus.

LE MARY
[{Enfin il dit à Panulphe} *qu'il luy donne sa fille en mariage*, et avec cela qu'*il veut luy faire une donation de tout son bien; qu'un gendre vertueux comme luy vaut mieux qu'un fils fou* comme le sien.]¹¹⁰

    Ce n'est pas tout encor : pour les mieux braver tous,
    Je ne veux point avoir d'autre héritier que vous,
    Et je vais de ce pas, en fort bonne manière,
    Vous faire de mon bien donation entière.
1015 Un bon et franc ami, que pour gendre je prends,
    M'est bien plus cher que fils, que femme, et que parents.¹¹¹
    *S'approchant humblement de Panulphe.*¹¹²
    N'accepterez-vous pas ce que je vous propose?¹¹³

---

¹⁰⁹ 1664, cette comédie «fort divertissante» au dire de la relation officielle (G.E. IV, p.231)? La façon dont se terminait l'acte en 1667 appuie la suggestion de G. Michaut sur la fin de cette première version du *Tartuffe* composée des trois premiers actes à en croire *Le Registre* de La Grange (I, p.67) : «Le rideau peut tomber là-dessus. Le bigot crédule, le personnage grotesque, s'est livré pieds et mains liés; il remet tous ses biens entre les mains de l'écornifleur, et prépare lui-même, pour son front, l'accessoire obligé des maris de comédie. Nous avons là une de ces pièces au comique âcre, impitoyable, dont *George Dandin* nous offrira plus tard un exemple non retouché», *Les Luttes de Molière*, p.65.

Il est évident qu'avec le vers précédent la rupture formelle avec la famille a eu lieu. Dans la pièce de 1669 la conjonction adversative «mais» au début de ce vers (v.1168) marque le moment où Tartuffe, ayant réussi brillamment à se maintenir chez Orgon, évoque la question de ses rapports avec Elmire, afin de les resserrer. En 1667, selon la *Lettre*, qui est formelle et sans la moindre ambiguïté là-dessus, il n'en était question que dans les tout derniers vers de la scène.

¹¹⁰ *Ibid.*, p.44. L'ordre des événements de la *Lettre* aboutit aux vers masculins v.1009-12.

¹¹¹ Il en a déjà dit autant à son beau-frère, v.287-91. Molière usera d'une fine ironie en laissant Panulphe retourner ces mêmes paroles contre sa dupe, v.1687-90.

¹¹² Indication scénique absente du *Tartuffe* mais qui s'impose d'après les observations de la *Lettre* sur le jeu du mari, voir la note suivante.

¹¹³ «Aprés avoir exposé ce beau projet, il vient au bigot de plus prés, et avec la plus grande humilité du monde, et tremblant d'estre refusé, il luy demande fort respectueusement *s'il n' acceptera pas l'offre qu'il luy propose*», *ibid.*, p.44-45.

PANULPHE
La volonté du Ciel[114] soit faite en toutes choses.[115]

[Cela étant arreté de la sorte avec une joye extreme de la part du bon homme, Panulphe le prie de trouver bon *qu'il ne parle plus à sa femme*, et de ne l'obliger plus à avoir aucun commerce avec elle;][116]

      L'honneur est délicat, et l'amitié m'engage
1020 À prévenir les bruits et les sujets d'ombrage.
      Je fuirai votre épouse, et vous ne me verrez ...

LE MARY
Non, en dépit de tous, vous la fréquenterez.[117]
Faire enrager le monde est ma plus grande joie,
Et je veux qu'à toute heure avec elle on vous voie.[118]
1025 Le pauvre homme! Allons vite en dresser un écrit,
Et que puisse l'envie en crever de dépit![119]

---

[114] Voir la note 33 de l'acte I, et la note 7 de l'acte IV, sc. 1.
[115] «Toute chose» en 1669, v.1182. «À quoy le Dévot répond fort chrêtiennement, *La volonté du Ciel soit faite en toutes choses»*, *Lettre*, p.45. Ce vœu pieux est une parodie des paroles du Christ dans le mont des Olives juste avant son arrestation : «Père, si tu veux, éloigne de moi cette coupe! Cependant, que ce ne soit pas ma volonté, mais la tienne qui se fasse!», Luc 22 : 42.
[116] *Ibid.*, p.45. Le récit de la *Lettre* entraîne les rimes féminines v.1017-20.
[117] Le mari sait déjà le grand intérêt que Panulphe porte à sa femme, voir les vers 313-16.
[118] « ... à quoi l'autre (le mari) répond, donnant dans le piege que luy tend l'Hypocrite, qu'*il veut au contraire qu'ils soient toujours ensemble en dépit de tout le monde»*, *Lettre*, p.45.
[119] «Là-dessus ils s'en vont chez le Notaire passer le contrat de mariage et la donation», *ibid.*, p.45.

ACTE IV

SCÈNE PREMIÈRE

LE BEAU-FRÈRE, PANULPHE

LE BEAU-FRÈRE
Oui, tout le monde en parle, et vous m'en pouvez croire,
L'éclat que fait ce bruit n'est point à votre gloire;
Et je vous ai trouvé, Monsieur, fort à propos,
1030 Pour vous en dire net ma pensée en deux mots.
Je n'examine point à fond[1] ce qu'on expose;
Je passe là-dessus, et prends au pis la chose.
Supposons que Damis n'en ait pas bien usé,
Et que ce soit à tort qu'on vous ait accusé;
1035 N'est-il pas d'un chrétien de pardonner l'offense,
Et d'éteindre en son cœur tout désir de vengeance?[2]

---

[1] Sens juridique ici : «En termes de Palais, se dit par opposition à forme. Telle requête civile ne vaut rien dans la forme, quoique l'affaire soit bonne au fond» (Furetière).

[2] Théologiquement, les propos du beau-frère sont inattaquables, étant littéralement parole d'évangile. Premièrement, l'amour des ennemis est un commandement fondamental pour le chrétien : «Aimez vos ennemis, et priez pour vos persécuteurs», Matthieu 5 : 43; deuxièmement, le pardon d'autrui s'impose au chrétien comme la condition sine qua non de son propre pardon par Dieu : «et remets-nous nos péchés, car nous-mêmes remettons à quiconque nous doit.», Luc 11 : 4. Troisièmement, la vengeance ne saurait occuper la moindre place dans la pensée du chrétien: «car la colère de l'homme n'accomplit pas la justice de Dieu», Épître de Saint Jacques 1 : 20; «Sans rendre à personne le mal pour le mal, *ayant à cœur ce qui est bien devant* tous *les hommes*, en paix avec tous si possible, autant qu'il dépend de vous, sans vous faire justice à vous-mêmes, mes bien-aimés, laissez agir la colère; car il est écrit : *C'est moi qui ferai justice, moi qui rétribuerai*, dit le Seigneur», Épître aux Romains 12 : 17-19.

>   Et devez-vous souffrir, pour votre démêlé,
>   Que du logis d'un père un fils soit exilé?
>   Je vous le dis encor, et parle avec franchise,
> 1040 Il n'est petit ni grand qui ne s'en scandalise;³
>   Et si vous m'en croyez, vous pacifierez tout,⁴
>   Et ne pousserez point les affaires à bout.
>   Sacrifiez à Dieu toute votre colère,
>   Et remettez le fils en grâce avec le père.⁵

PANULPHE

> 1045 Hélas! je le voudrais, quant à moi, de bon cœur :
>   Je ne garde pour lui, Monsieur, aucune aigreur;
>   Je lui pardonne tout,⁶ de rien je ne le blâme,

---

³ Voir la note 102 de l'acte I.

⁴ Cf. la parole du Christ : «Heureux les artisans de paix, car ils seront appelés fils de Dieu», Matthieu 5 : 9, et les injonctions du même chapitre (v.23) à rechercher activement la paix avec son frère, surtout avant d'accomplir tout acte de prière ou d'adoration : «Quand donc tu présentes ton offrande à l'autel, si là tu te souviens que ton frère a quelque chose contre toi, laisse là ton offrande, devant l'autel, et va d'abord te réconcilier avec ton frère; plus reviens, et alors présente ton offrande.» Panulphe n'a aucune cure de ces injonctions, se dérobant allègrement aux remontrances du beau-frère pour assister à son «devoir pieux», v.1104–6.

⁵ Le rétablissement du pécheur est un autre impératif catégorique pour le chrétien: «Frères, même dans le cas où quelqu'un serait pris en faute, vous les spirituels, rétablissez-le en esprit de douceur, te surveillant toi-même, car tu pourrais bien toi aussi être tenté», Épître aux Galates 6 : 1; «Mes frères, si quelqu'un parmi vous s'égare loin de la vérité et qu'un autre l'y ramène, qu'il le sache : celui qui ramène un pécheur de son égarement sauvera son âme de la mort et *couvrira une multitude de péchés»,* Épître de Saint Jacques 5 : 19–20, et aussi Première Épître de Saint Pierre 4 : 8. Comment ne pas penser au rétablissement du fils perdu de Luc 15 : 11–32? Cf. le commentaire de Le Vayer sur le discours du beau-frère : «Au quatrieme, le Frere de la Dame dit à Panulphe qu'il est bien aise de le rencontrer pour luy dire son sentiment sur tout ce qui se passe, et pour luy demander *s'il ne se croit pas obligé comme Chrétien de pardonner à Damis* bien loin de le faire desheriter», *Lettre,* p.45–6.

⁶ Le pardon «de bon cœur» de Panulphe ne relève que du pharisaïsme, bien sûr, et est à rapprocher du légalisme du débiteur impitoyable, lequel s'attire une condamnation des plus sévères du Christ : «C'est ainsi que vous traitera aussi mon Père céleste, si chacun de vous ne pardonne pas à son frère du fond du cœur», Matthieu 18 : 35.

ACTE IV. SCÈNE I. 159

        Et voudrais le servir du meilleur de mon âme ;
        Mais l'intérêt du Ciel[7] n'y saurait consentir,
1050   Et s'il rentre céans,[8] c'est à moi d'en sortir.

[Le Beau-frère intervient à ce point, pressant Panulphe d'expliquer ce qu'il entend par «l'intérêt du Ciel»][9]

                    PANULPHE
        Après son action, qui n'eut jamais d'égale,
        Le commerce entre nous porterait du scandale :[10]
        Dieu sait ce que d'abord tout le monde en croirait !
        À pure politique on me l'imputerait ;
1055   Et l'on dirait partout que, me sentant coupable,
        Je feins pour qui m'accuse un zèle charitable,
        Que mon cœur l'appréhende et veut le ménager,
        Pour le pouvoir sous main au silence engager.[11]

---

[7] Pour la portée de la phrase, se reporter aux notes 33 et 52 de l'acte I. «Panulphe lui répond que *quant à luy, il luy pardonne de bon cœur, mais que l'interest du Ciel ne luy permet pas d'en user autrement;*», *Lettre*, p.46. Ailleurs, Le Vayer note que bien souvent «sous le faux prétexte de servir Dieu, l'on se sert de lui, et son saint Nom n'est souvent qu'une couverture à nos plus grandes méchancetés.», *De la dévotion, op. cit.*, VI (1re partie), 11e vol., p.231.

[8] Voir la note 31 de l'acte I.

[9] D'après la *Lettre*, il est clair qu'à cet endroit le beau-frère, à la différence de Cléante en 1669, tient à obliger Panulphe à définir ce qu'il entend par cette phrase. En 1669 les vers 1203-16 de Tartuffe, v.1045-50 et 1051-58 de notre reconstruction, forment un seul et même discours, mais en 1667 ces derniers vers correspondaient précisément à la réponse de Panulphe à la demande de son interlocuteur cherchant à justifier ses démarches, voir la note 11 ci-dessous. «Pressé d'expliquer cet interest, il [Panulphe] dit que ... », *ibid.*, p.46.

[10] Chose qu'il lui faut éviter à tout prix, voir la note 102 de l'acte I.

[11] «Pressé d'expliquer cet interest, il dit que s'il s'accommodoit avec Damis et la Dame, il donneroit sujet de croire qu'il est coupable; que les gens comme luy doivent avoir plus de soin que cela de leur réputation, et qu'enfin *on diroit qu'il les auroit recherchez de cette maniere pour les obliger au silence»*, *Lettre*, p.46. Sur le soin qu'il a de cette réputation, voir les vers 841-46.

160   *L'IMPOSTEUR* DE 1667

[Le Frere, surpris d'un raisonnement si malicieux, insiste à luy demander *si par un motif tel que celuylà* (l'intérêt du Ciel) *il croit pouvoir chasser de la maison le legitime heritier, et accepter le don extravagant que son pere luy veut faire de son bien.*][12]

                              LE BEAU-FRÈRE
        Et vous ordonne-t-il, Monsieur, d'ouvrir l'oreille
1060   À ce qu'un pur caprice à son père conseille,
        Et d'accepter le don qui vous est fait d'un bien
        Où le droit vous oblige à ne prétendre rien?

                                  PANULPHE
        Ceux qui me connaîtront n'auront pas la pensée
        Que ce soit un effet d'une âme intéressée.
1065   Tous les biens de ce monde ont pour moi peu d'appas.
        De leur éclat trompeur je ne m'éblouis pas;[13]
        Et si je me résous à recevoir du père
        Cette donation qu'il a voulu me faire,
        Ce n'est, à dire vrai, que parce que je crains
1070   Que tout ce bien ne tombe en de méchantes mains,
        Qu'il ne trouve des gens qui, l'ayant en partage,
        En fassent dans le monde un criminel usage,
        Et ne s'en servent pas, ainsi que j'ai dessein,
        Pour la gloire du Ciel et le bien du prochain.[14]

[12]   *Ibid.*, p.46-47. Le résumé de la *Lettre* correspond parfaitement aux vers 1059-62. En 1669, ces vers se situent plus loin dans la scène, v.1233-6.

[13]   À comparer avec les stances de Polyeucte :
           Toute votre félicité,
           Sujette à l'instabilité,
           En moins de rien tombe par terre;
           Et comme elle a l'éclat du verre,
           Elle en a la fragilité. (*Polyeucte*, IV, 2.)

[14]   «Le Bigot répond à cela [l'interrogation du Beau-frère] que *s'il se rend facile à ses pieux desseins*, [c'est-à-dire du père] *c'est depeur que ce bien ne tombât en de mauvaises mains*», *Lettre*, p.47. Molière joue à plusieurs reprises sur les sens les plus divergents que renferme le mot «bien», soit utilité, avantage, soit l'argent d'autrui obtenu par escroquerie, voir la note 31 de l'acte V. Panulphe donne ici un échantillon de «cette grande méthode de *direction d'intention*, qui consiste à se

ACTE IV. SCÈNE I.   161

                    LE BEAU-FRÈRE
1075   Vous nous payez[15] ici d'excuses colorées,
        Et toutes vos raisons, Monsieur, sont trop tirées.[16]
        Des intérêts du Ciel pourquoi vous chargez-vous?
        Pour punir le coupable a-t-il besoin de nous?
        Laissez-lui, laissez-lui le soin de ses vengeances;[17]
1080   Ne songez qu'au pardon qu'il prescrit des offenses;
        Et ne regardez point aux jugements humains,
        Quand vous suivez du Ciel les ordres souverains.
        Quoi? le faible intérêt de ce qu'on pourra croire
        D'une bonne action empêchera la gloire?
1085   Non, non : faisons toujours ce que le ciel prescrit,
        Et d'aucun autre soin ne nous brouillons l'esprit.[18]

[Il pousse quelque tems fort à propos cette excellente morale ...][19]

    proposer pour fin de ses actions équivoques un objet permis», Sainte-Beuve, *Port-Royal*, III, p.287-8. Elle acquiert plus d'ampleur dans l'acte IV, sc. 5, v.1333 sv., voir la note 113 ci-dessous.
[15] Voir la note 28 de l'acte II.
[16] Le reste de ce discours sur la nécessité de laisser la vengeance au ciel dont il ne convient pas d'assumer les intérêts (v.1219-28 dans *Le Tartuffe*) s'inséra plus tard dans la scène qu'en 1669 d'après la *Lettre*, voir la note 18 ci-dessous.
[17] Le beau-frère répète le conseil de St Paul dans son Épître aux Romains 12 : 19, cité ci-dessus, dans la note 2.
[18] «Le Frère s'écrie là-dessus avec un emportement fort naturel, qu'il faut laisser au Ciel à empêcher la prospérité des méchans, et qu'il ne faut point *prendre son interest plus qu'il ne fait luy-mesme*», *Lettre*, p.47. Ce discours se trouve plus haut dans la scène en 1669 (v.1219-28), voir la note 16 ci-dessus. En 1667 sa place dans la scène est marquée avec la plus grande précision, parce que formant la réaction outrée du beau-frère aux prétextes spécieux de Panulphe qui justifie son acceptation de la donation.
[19] *Ibid.*, p.47. Comme le laisse entendre le commentaire de la *Lettre*, le beau-frère s'étendit sur l'interprétation et la pratique de la phrase «l'intérêt du ciel» qui ne saurait se confondre avec l'intérêt de gain ni s'opposer à la raison humaine. Une des bêtes noires de Le Vayer était précisément l'obsession de la volonté du ciel : « ... chacun rend le ciel partisan de ses intérêts ... et l'homme ne pouvant connoitre les sentiments de Dieu (je m'explique ainsi, puisque nous ne pouvons parler qu'improprement de lui), aime mieux lui attribuer les siens propres, que d'avouër son ignorance», *Petit traité sceptique*, p.190. On devine chez l'auteur de

Hé, Monsieur, n'ayez point ces délicates[20] craintes,
Qui d'un juste héritier peuvent causer les plaintes;
Souffrez, sans vous vouloir embarrasser de rien,
1090 Qu'il soit à ses périls possesseur de son bien;
Et songez qu'il vaut mieux encor qu'il en mésuse,
Que si de l'en frustrer il faut qu'on vous accuse.
J'admire seulement que sans confusion
Vous en ayez souffert la proposition;
1095 Car enfin le vrai zèle a-t-il quelque maxime
Qui montre à dépouiller l'héritier légitime?
Et s'il faut que le ciel dans votre cœur ait mis
Un invincible obstacle à vivre avec Damis,
Ne vaudrait-il pas mieux qu'en personne discrète
1100 Vous fissiez de céans[21] une honnête retraite,[22]
Que de souffrir ainsi, contre toute raison,
Qu'on en chasse pour vous le fils de la maison?
Croyez-moi, c'est donner de votre prud'homie,[23]
Monsieur ...

L'Imposteur et son ami Le Vayer «des Esprits en qui la lumière naturelle est trop puissante pour laisser aucune entrée à la surnaturelle» selon la phrase de Dassoucy (H. Busson, *La Pensée religieuse française de Charron à Pascal* (Paris, 1933), p.91), lesquels se méfient de ceux qui se prétendent éclairés au sujet des décrets divins. Montaigne condamne aussi cette même tendance à «deviner Dieu par nos analogies et conjectures, le regler et le monde à nostre capacité et à nos loix, et nous servir aux despens de la divinité.», *Essais*, II, 12 (Paris, 1962), I, 570.

[20] «Se dit figurément; on appelle raisonnement *délicat*, un raisonnement subtil et pressant ... un Philosophe fait des distinctions *délicates* lorsqu'elles échappent à la vue même de l'esprit» (Furetière).

[21] Voir la note 31 de l'acte I.

[22] «[Le beau-frère] conclut enfin en disant au Cagot par forme de conseil : *Ne seroit-il pas mieux qu'en personne discrete vous fissiez de ceans une honnéte retraite?*», *Lettre*, p.47.

[23] «Probité. C'est un homme d'une grande prud'hommie» (Furetière, qui indique que déjà le terme vieillissait). Cf. la phrase suivante de Le Vayer: « ... l'on doit tenir pour constant, qu'il n'y a point de prudent homme, s'il n'est accompagné de prud'homie», *De la prudence*, OLV, III (2ᵉ partie), 6ᵉ vol., p.406.

ACTE IV. SCÈNE I.

PANULPHE

Il est, Monsieur, trois heures et demie :
1105 Certain devoir pieux me demande là-haut
Et vous m'excuserez de vous quitter si tôt.[24]

LE BEAU-FRÈRE

Ah![25]

[24] «Le Bigot, qui se sent pressé et piqué trop sensiblement par cet avis, luy dit : *Monsieur, il est trois heures et demie, certain devoir chrétien m'appelle en d'autres lieux*, et le quitte de cette sorte», *Lettre*, p.47-48. Cette sortie magistrale n'est pas sans ressemblance avec celle du Premier Président Lamoignon qui mit fin à son entretien avec Boileau et Molière *après* qu'il eut interdit *L'Imposteur* le 5 août 1667 en leur disant : «Monsieur, vous voyez qu'il est près de midi; je manquerais la messe si je m'arrêtais plus longtemps» , Note de Brossette (9 novembre 1702), dans *Correspondance Boileau-Brossette*, dans G. Mongrédien, *Recueil*, I, p.292. Selon Brossette, l'histoire courut que Molière fit la satire du magistrat : «J'ai demandé à M. Despréaux s'il était vrai (comme on le disait) que Molière, voyant les défenses de M. le premier Président, avait dit dans le compliment qu'il fit au public qui était venu pour voir la pièce: Messieurs, nous aurions eu l'honneur de vous donner une représentation de la comédie du *Tartuffe*, sans les défenses qui ont été faites; mais M. le premier Président ne veut pas qu'on le joue (l'équivoque est dans ce mot *le* qui se peut rapporter à M. le premier Président aussi bien qu'au *Tartuffe*).

M. Despréaux m'a dit que cela n'était pas véritable, et qu'il savait le contraire par Molière lui-même», *ibid.*, p.291.

Voltaire reproduit l'histoire, l'ayant empruntée à l'abbé d'Allainval, *Mémoires sur Molière*, dans *Lettre à Mylord ... sur Baron et Mlle le Couvreur* (Paris, 1730), p.vi-vii.

Molière aurait très bien pu embellir une manœuvre pieuse dont avait coutume de se servir un ami de La Mothe Le Vayer : «Un de mes amis rémarqua plaisamment, comme son anchre sacrée et son dernier refuge étoit d'imputer aux raisonnemens qui le pressoient trop et où il n'avoit rien à répliquer; qu'ils interessoient la Foi», *Prose chagrine*, p.300. Quoi qu'il en soit, on voit que très tôt *L'Imposteur* commença à vivre de sa propre mythologie.

[25] À cette exclamation frustrée du beau-frère correspond le résumé exaspéré de Le Vayer suite à ce triomphe de Panulphe, qui tient en trois observations sur l'hypocrisie : 1. «Cette Scene met dans un beau jour un des plus importans et des plus naturels caracteres de la bigoterie, qui est de violer les droits les plus sacrez et les plus legitimes, tels que ceux des enfans sur le bien des peres, par des exceptions qui n'ont en effet autre fondement que l'interest particulier des Bigots» 2. «La distinction subtile que le Cagot fait du pardon du cœur [voir les vers

SCÈNE II

LA DAME, MARIANE, DORINE, LE BEAU-FRÈRE

[Il s'ensuivit en 1667 un conseil familial. «Le Frere demeuré seul, sa Sœur vient avec Mariane et Dorine.»][26]

DORINE
De grâce, avec nous employez-vous pour elle,
Monsieur : son âme souffre une douleur mortelle;
Et l'accord que son père a conclu pour ce soir
1110 La fait, à tous moments, entrer en désespoir.[27]
Il va venir. Joignons nos efforts, je vous prie,
Et tâchons d'ébranler, de force ou d'industrie,
Ce malheureux dessein qui nous a tous troublés.[28]

1045-50 et la note 6 de cet acte] avec celuy de la conduite est aussi une autre marque naturelle de ces gens-là, et un avant-goust de sa Theologie qu'il expliquera cy-aprés en bonne occasion.» 3. «Enfin la maniere dont il met fin à la conversation est un bel exemple de l'irraisonnabilité, pour ainsi dire, de ces bons Messieurs, de qui on ne tire jamais rien en raisonnant, qui n'expliquent point les motifs de leur conduite, depeur de faire tort à leur dignité par cette espece de soumission, et qui, par une exacte connoissance de la nature de leur interest, ne veulent jamais agir que par l'autorité seule que leur donne l'opinion qu'on a de leur vertu.», *Lettre*, p.48-9.

[26] *Ibid.*, p.49.
[27] «Chagrin excessif et violent, passion de l'âme qui l'accable, qui la trouble, qui lui fait perdre toute espérance; résolution extrême» (Furetière).
[28] Cette scène, quoique interrompue, devait être plus étendue en 1667, car plusieurs membres de la famille y participèrent : «À peine ont-ils parlé quelque tems de leurs affaires communes, que le Mary arrive ... », *Lettre*, p.49.

ACTE IV. SCÈNE III. 165

SCÈNE III

LE MARY, LA DAME, MARIANE, LE BEAU-FRÈRE, DORINE

LE MARY
Ha! je me réjouis de vous voir assemblés :
À Mariane.
1115 Je porte en ce contrat de quoi vous faire rire,
Et vous savez déjà ce que cela veut dire.[29]

MARIANE, *à genoux*.[30]
Mon père, au nom du Ciel, qui connaît ma douleur,
Et par tout ce qui peut émouvoir votre cœur,
Relâchez-vous un peu des droits de la naissance,[31]
1120 Et dispensez mes vœux de cette obéissance;[32]
Ne me réduisez point par cette dure loi
Jusqu'à me plaindre au ciel de ce que je vous dois,
Et cette vie, hélas! que vous m'avez donnée,
Ne me la rendez pas, mon père, infortunée.
1125 Si, contre un doux espoir que j'avais pu former,[33]
Vous me défendez d'être à ce que j'ose aimer,
Au moins, par vos bontés, qu'à vos genoux j'implore,
Sauvez-moi du tourment d'être à ce que j'abhorre,
Et ne me portez point à quelque désespoir,[34]

---

[29] « ... le Mary arrive avec un papier en sa main, disant *qu'il tient dequoy les faire tous enrager*. C'est, je pense, le contrat de mariage ou la donation», *ibid.*, p.49.
Il s'agit en fait du contrat de mariage sur lequel Mariane doit apposer sa signature et non de la donation.
[30] «D'abord Mariane se jette à ses genoux ... », *ibid.*, p.49. MARIANE, *aux genoux d'Orgon*. (1734)
[31] «Les droits que vous avez, en tant que père, sur moi.»
[32] «Faites que je ne sois plus sujette à mes vœux d'obéissance.»
[33] C'est le père lui-même qui a autorisé cet espoir, voir v.370-3.
[34] Voir la fin de la note 27 ci-dessus.

1130 En vous servant sur moi de tout votre pouvoir.[35]

          LE MARY, *se sentant attendrir.*
      Allons, ferme, mon cœur, point de faiblesse humaine.[36]

                MARIANE
      Vos tendresses pour lui ne me font point de peine ;
      Faites-les éclater, donnez-lui votre bien,
      Et, si ce n'est assez, joignez-y tout le mien :[37]
1135 J'y consens de bon cœur, et je vous l'abandonne ;
      Mais au moins n'allez pas jusques à ma personne,
      Et souffrez qu'un couvent dans les austérités
      Use les tristes jours que le Ciel m'a comptés.[38]

                LE MARY
      Ah ! voilà justement de mes religieuses,
1140 Lorsqu'un père combat leurs flammes amoureuses !

---

[35] La *Lettre* emploie le mot «haranguer» pour décrire ce discours, et rend bien son ton solennel et pathétique, *ibid.*, p.49. Voir la note suivante.

[36] « ... [Mariane] ... le harangue si bien, qu'elle le touche. On voit cela dans la mine du pauvre homme, et c'est ce qui est un trait admirable de l'entêtement ordinaire aux bigots, pour montrer comme ils se défont de toutes les inclinations naturelles et raisonnables. Car celuy cy, se sentant attendrir, se ravise tout d'un coup, et se disant à soy-mesme, croyant faire une chose fort heroïque : *Ferme, ferme, mon cœur, point de foiblesse humaine*», p.49-50. Furetière souligne l'aspect théâtral et rhétorique du mot « harangue», aspect que Mariane met si bien en valeur qu'elle touche son père.

[37] Les biens que lui a légués sa défunte mère, première épouse de son père, ainsi que la part que celui-ci gère pour elle.

[38] Ce discours n'est pas rapporté par la *Lettre*, mais il dut faire partie de *L'Imposteur*, parce que présupposé par l'allusion suivante du père à une mortification autre que celle du couvent qu'elle vient d'évoquer, voir la note suivante.

ACTE IV. SCÈNE III.   167

Debout! *faisant lever Mariane.*[39] Plus votre cœur répugne à
                                                              l'accepter,
Plus ce sera pour vous matière à mériter :[40]
Mortifiez[41] vos sens avec ce mariage,
Et ne me rompez pas la tête davantage.

[Je ne say si c'est icy qu'il [le mary] dit que Panulphe *est fort gentilhomme.*][42]

---

[39] Indication scénique qui s'impose selon le passage suivant de la *Lettre* : «Après cette belle resolution, il fait lever sa fille, et luy dit que *si elle cherche à s'humilier et à se mortifier dans un Convent*, [telle est l'orthographe de l'édition originale : («*convent* : archaïque pour couvent. Ce mot vient du latin conventus», Furetière)] *d'autant plus elle a d'aversion pour Panulphe, d'autant plus meritera-t-elle avec luy*», p.50.

[40] Il va sans dire que le bonheur de Mariane est le dernier des soucis du père; ce qui lui importe c'est d'assurer son salut en gardant auprès de lui un homme qui lui fait goûter une paix annonciatrice du ciel, voir v.282 sv.

[41] Voir la note 79 de l'acte III.

[42] *Lettre*, p.50. Telle quelle, l'allusion au sang noble de Panulphe serait en rupture avec les vers précédents. Dans la version de 1669 Orgon déclame les vers dont il est question dans l'acte II, sc. 2, v.491-4 devant Dorine et Mariane. Pourtant, il nous semble fort probable que ces vers et les suivants de Dorine du *Tartuffe*, v.495-500, que déclame le beau-frère en 1667, se trouvaient ici en 1667, car ce dernier qui prend part à cette discussion sur les ambitions mondaines de Panulphe n'intervient dans l'acte II, sc. 2 ni en 1667, ni en 1669. Voir les notes 16 et 17 de l'acte II. Pourquoi Le Vayer hésite-t-il sur l'endroit exact? Il se peut que le manuscrit selon lequel il dut travailler lors de la rédaction de la lettre ménageât deux ou même trois endroits possibles pour ces vers : l'acte I, sc. 5, après le vers 294; l'acte II, sc. 2, après le vers 448, ou dans cette scène, après le vers 1144. À première vue, les deux autres endroits peuvent s'y prêter, l'idée de l'argent ayant été précédemment évoquée. Par contre, des trois endroits possibles, il n'y a que cette scène-ci qui réunisse les trois personnages dont fait mention *explicitement* la *Lettre*, c'est-à-dire, Dorine, le père, le beau-frère, les deux autres scènes n'ayant que le beau-frère et le père (I, 5), et le père, Dorine et Mariane (II, 2) respectivement. Reste l'hypothèse d'une erreur de la part de Le Vayer mais la répartition des paroles attribuées aux trois personnages est beaucoup trop précise et interdépendante, celles du beau-frère complétant en effet une remarque de Dorine (v.1149) et ces deux personnages se prêtant main-forte pour démolir les prétentions de Panulphe à la noblesse. Nous ne croyons donc pas que Le Vayer ait commis une erreur, mais il faut attribuer sa prétendue incertitude soit à l'état

1145　　Mais mon secours pourra lui donner les moyens
　　　　De sortir d'embarras et rentrer dans ses biens;
　　　　Ce sont fiefs qu'à bon titre au pays on renomme;
　　　　Et tel que l'on le voit, il est bien gentilhomme.[43]

DORINE
Oui, c'est lui qui le dit.[44]

LE BEAU-FRÈRE
　　　　Et cette vanité,
1150　　[Je crois], ne sied pas bien avec la piété.
　　　　Qui d'une sainte vie embrasse l'innocence
　　　　Ne doit point tant prôner son nom et sa naissance,
　　　　Et l'humble procédé de la dévotion
　　　　Souffre mal les éclats de cette ambition.[45]
1155　　Si par quelque conseil vous souffrez qu'on réponde ...[46]

LE MARY
Mon frère, vos conseils sont les meilleurs du monde,

[43] du manuscrit qu'il suivait, soit à son attitude cavalière et dégagée envers la comédie, pose qu'il soutient à travers la *Lettre*, témoin son *Avis*.
«*Gentilhomme* : homme noble d'extraction, qui ne doit point sa noblesse ni à sa charge, ni aux lettres du Prince» (Furetière). En 1669, Orgon prononce ces vers à Dorine, dans l'acte II, sc. 2, v. 491-4.

[44] «À quoi Dorine répond : *Il le dit*», *Lettre*, p.50.

[45] Les vers du Beau-frère (v.1149-54) appartiennent à Dorine en 1669 (v.495-500). Il n'aurait pas appelé le mari «Monsieur» en 1667 comme le fait Dorine en 1669. «Et sur cela le Frere luy represente excellemment à son ordinaire, *qu'il sied mal à ces sortes de gens de se vanter des avantages du monde*», ibid., p.50.

[46] L'attaque contre l'ambition mondaine de Panulphe (v.1149-54) est menée par le beau-frère, et de ce fait s'avère plus forte qu'en 1669, où ces vers étaient dans la bouche de Dorine. Sans doute le changement s'explique-il par le rang mondain qu'occupait Panulphe en 1667. Si la discussion sur la noblesse de Panulphe avait lieu après le vers 1144 du Père en 1667, comme l'indique la *Lettre*, voir la note 42 ci-dessus, la protestation de Dorine contre le mariage de Mariane avec Tartuffe en 1669 ainsi que l'incartade d'Orgon (v.1307-8) n'auraient plus de raison d'être en 1667. Nous enchaînons donc avec la réplique de Cléante à son beau-frère, v.1309 en 1669, et la réponse acerbe de celui-ci.

ACTE IV. SCÈNE III.　　　　　　　　　　　　　　　　　　　169

　　　　Ils sont bien raisonnés, et j'en fais un grand cas;
　　　　Mais vous trouverez bon que je n'en use pas.[47]

　　　　　　　　　　LA DAME *à son mari.*
　　　　À voir ce que je vois, je ne sais plus que dire,
1160　　Et votre aveuglement fait que je vous admire :
　　　　C'est être bien coiffé,[48] bien prévenu de lui,[49]
　　　　Que de nous démentir sur le fait d'aujourd'hui.[50]

　　　　　　　　　　　　LE MARY
　　　　Je suis votre valet, et crois les apparences.
　　　　Pour mon fripon[51] de fils je sais vos complaisances
1165　　Et vous avez eu peur de le désavouer
　　　　Du trait[52] qu'à ce pauvre homme[53] il a voulu jouer;[54]
　　　　Vous étiez trop tranquille enfin pour être crue

---

[47] Ces vers ne figurent pas dans la *Lettre*, mais comment croire que le disciple de Panulphe laisse passer pareille attaque contre la réputation si chérie de son idole? Le beau-frère s'était déjà attiré une réponse à l'emporte-pièce dans l'acte I, sc. 5, v.358 62 pour avoir essayé de démythifier Panulphe aux yeux de son admirateur.

[48] Voir la note 78 de l'acte I.

[49] Qui a de la prévention (que Furetière définit comme «préoccupation d'esprit, entêtement») pour.

[50] La *Lettre* ne parle pas de ce discours, mais il est évident que c'est la dame qui évoqua la scène avec Panulphe de tout à l'heure, voir la note 55 ci-dessous, provoquant la réaction enragée de son mari que décrit la *Lettre* à cet endroit.

[51] Le père use de la même injure en présence de Damis dans l'acte III, sc. 6, v.973.

[52] «Se dit des coups, des attaques, de la médisance, de la raillerie, ou de quelque acte de malignité» (Furetière).

[53] On n'est pas près d'oublier la quatrième scène du premier acte axée sur la phrase du mari «le pauvre homme», v.247 sv.

[54] Ces vers rappellent les injures que proféra le mari à sa femme et à son fils lors de son intrusion dans le tête-à-tête de Panulphe et sa femme, et dont la *Lettre* conserve aussi la trace : «Son mary les regarde l'un et l'autre d'un œil de couroux; et, aprés leur avoir reproché de toutes les manieres les plus aigres qu'il se peut, la fourbe mal conceuë qu'ils luy veulent jouër ... », p.42. Voir le début de l'acte III, sc. 6, et la note 74 de cet acte.

Et vous auriez paru d'autre manière émue.[55]

LA DAME
Est-ce qu'au simple aveu d'un amoureux transport
1170 Il faut que notre honneur se gendarme si fort?[56]
Et ne peut-on répondre à tout ce qui le touche
Que le feu dans les yeux et l'injure à la bouche?
Pour moi, de tels propos je me ris simplement,
Et l'éclat là-dessus ne me plaît nullement;
1175 J'aime qu'avec douceur nous nous montrions sages,
Et ne suis point du tout pour ces prudes sauvages[57]
Dont l'honneur est armé de griffes et de dents,
Et veut au moindre mot dévisager[58] les gens :
Me préserve le Ciel d'une telle sagesse!
1180 Je veux une vertu qui ne soit point diablesse,[59]
Et crois que d'un refus la discrète froideur
N'en est pas moins puissante à rebuter un cœur.[60]

---

[55] «Enfin le discours retombant fort naturellement sur l'avanture de l'Acte precedent, et sur l'imposture pretendue de Damis et de la Dame, le mary, croyant les convaincre de la calomnie qu'il leur impute, objecte à sa femme que, *si elle disoit vray*, et si effectivement elle venoit d'estre poussée par Panulphe sur une matiere si delicate, *elle auroit esté bien autrement émue qu'elle n'était* et qu'elle étoit trop tranquille pour n'avoir pas medité de longue main cette piece. Objection admirable dans la nature des bigots, qui n'ont qu'emportement en tout, et qui ne peuvent s'imaginer que personne ait plus de moderation qu'eux», *ibid.*, p.50-51.

[56] Cf. les vers de Philinte dans *Le Misanthrope*, acte II, sc. 4 à propos d'Alceste :
Mais il est véritable aussi que votre esprit
Se gendarme toujours contre tout ce qu'on dit, v.683-4.

[57] Voir la note 59 de l'acte I.

[58] «Blesser quelqu'un au visage, en sorte qu'il en soit défiguré et gâté. Si vous reprochez à une vieille son âge, elle tâchera de vous dévisager» (Furetière).

[59] Comme substantif, «méchante femme, qui crie et tourmente toujours son mari, ses domestiques, ses voisins. Cette femme est bien *diablesse*» (Furetière).

[60] «La Dame répond excellemment, que *ce n'est pas en s'emportant qu'on reprime le mieux les folies de cette espece, et que souvent un froid refus opere mieux, que de dévisager les gens : qu'une honnête femme ne doit faire que rire de ces sortes d'offense; et qu'on ne sauroit mieux les punir qu'en les traitant de ridicule*», *Lettre*, p.51-2.

ACTE IV. SCÈNE III.

{Il s'ensuit une longue discussion où la Dame, le beau-frère, et sans doute la servante ont beau essayer de convaincre le mari du bien-fondé de l'accusation qu'ils portent contre Panulphe.Cette discussion a été omise en 1669.}

[Aprés plusieurs discours de cette nature tant d'elle que des autres pour montrer la verité de ce dont ils ont accusé Panulphe, le bon homme persistant dans son incredulité, on offre de luy faire voir ce qu'on luy dit.][61]

LE MARY
Enfin je sais l'affaire et ne prends point le change.[62]

LA DAME
J'admire, encore un coup, cette faiblesse étrange.
1185 Mais que me répondrait votre incrédulité
Si je vous faisais voir qu'on vous dit vérité?

LE MARY
Voir?

LA DAME
Oui.

LE MARY
Chansons.

LA DAME
Mais quoi? si je trouvais manière
De vous le faire voir avec pleine lumière?

---

[61] *Ibid.*, p.52. Ces coupures ont pour effet de faire ressortir plus directement le caractère obtus d'Orgon dans la version définitive.

[62] «En termes de Vénerie, se dit quand des chiens qui poursuivaient un cerf, ou un lièvre, le quittent pour courir après un autre qui se présente devant eux ... . Garder le *change* c'est suivre toujours le même gibier. Prendre le change c'est en suivre un nouveau» (Furetière).

LE MARY
Contes en l'air.⁶³

LA DAME
Quel homme! Au moins répondez-moi.
1190 Je ne vous parle pas de nous ajouter foi;
Mais supposons ici que, d'un lieu qu'on peut prendre,
On vous fît clairement tout voir et tout entendre,
Que diriez-vous alors de votre homme de bien?

LE MARY
En ce cas, je dirais que ... je ne dirais rien,
1195 Car cela ne se peut.⁶⁴

LA DAME
L'erreur trop longtemps dure,
Et c'est trop condamner ma bouche d'imposture.⁶⁵
Il faut que par plaisir, et sans aller plus loin,
De tout ce qu'on vous dit je vous fasse témoin.

LE MARY
Soit : je vous prends au mot. Nous verrons votre adresse,

---

⁶³ «Il se moque lontems de cette proposition [de lui faire voir ce qu'on lui dit], et s'emporte contre ceux qui la font, en detestant leur impudence», *Lettre,* p.52. Molière a peut-être raccourci les emportements d'Orgon en 1669, lesquels se limitent à trois interjections : «Chansons!», «Contes en l'air!», et «[...] cela ne se peut» (v.1341, 1343, 1349).

⁶⁴ «Pourtant, à force de luy repeter la mesme chose, et de luy demander *ce qu'il diroit s'il voyoit ce qu'il ne peut croire,* ils le contraignent de répondre : *Je dirois, je dirois que ... je ne dirois rien, car cela ne se peut.* Trait inimitable, ce me semble, pour representer l'effet de la pensée d'une chose sur un esprit convaincu de l'impossibilité de cette chose», *ibid.,* p.52-53.

⁶⁵ Le terme indique son profond ressentiment contre l'attitude de son mari, ressentiment qu'elle réussit pourtant à dompter, voir la note 11 du *Second Placet,* et la note 9 de l'acte II.

ACTE IV. SCÈNE III. 173

1200   Et comment vous pourrez remplir cette promesse.[66]

[Le dessein de la Dame, qu'elle expose alors, est, aprés avoir fait cacher son mary sous la table, de voir Panulphe reprendre l'entretien de leur conversation precedente et l'obliger à se découvrir tout entier par la facilité qu'elle luy fera paroitre.][67]

LA DAME, à Dorine.[68]
Faites-le-moi venir.

DORINE, à La Dame.[69]
Son esprit est rusé,
Et peut-être à surprendre il sera malaisé.

LA DAME
Non; on est aisément dupé par ce qu'on aime.
Et l'amour-propre engage à se tromper soi-même.[70]

[66] «Cependant on fait tant qu'on l'oblige à vouloir bien essayer ce qui en sera, ne fust-ce que pour avoir le plaisir de confondre les calomniateurs de son Panulphe : c'est à cette fin que le bon homme s'y resoud, aprés beaucoup de resistance», *Lettre*, p.53. La réaction du mari en 1667 était-elle plus piquée que n'est celle d'Orgon en 1669? C'est bien possible, mais la preuve n'est pas concluante, à nos yeux.
[67] *Ibid*, p.53. Molière a omis ce discours en 1669. L'exposé du dessein de la Dame eût en effet délayé la scène, dissipant les effets dramatiques.
[68] Cette indication scénique de l'édition 1734 s'impose d'après la phrase suivante de la *Lettre* : «Elle commande à Dorine de le faire venir», p.53.
[69] Suivant l'indication scénique de 1734. «Celle-cy (Dorine) voulant faire faire reflexion à sa Maitresse sur la difficulté de son entreprise, luy dit qu'*il a de grands sujets de défiance extrême*», *ibid.*, p.53.
[70] « ... mais la Dame répond divinement qu'on est facilement trompé par ce qu'on aime», *ibid.*, p.54. Elle se montre ici bien de son siècle moraliste, comme le reconnaît l'observation élogieuse de Le Vayer à ce sujet : «Principe qu'elle prouve admirablement dans la suite par experience, et que le Poëte a jetté exprés en avant, pour rendre plus vraisemblable ce qu'on doit voir», *ibid.*, p.54. Cf. La Rochefoucauld sur l'aveuglement qu'induisent la passion et l'amour-propre : «La passion fait souvent un fou du plus habile homme ... », *Maximes*, 6, et «De cette nuit qui le [l'amour-propre] couvre naissent les ridicules persuasions qu'il a de lui-même; de là viennent ses erreurs, ses ignorances, ses grossièretés et ses niaiseries

1205   Faites-le-moi descendre.
Parlant au beau-frère et à Mariane.
Et vous, retirez-vous.[71]

SCÈNE IV

LA DAME, LE MARY

LA DAME
Approchons cette table, et vous mettez dessous.[72]

LE MARY
Comment?

LA DAME
Vous bien cacher est un point nécessaire.

LE MARY
Pourquoi sous cette table?

LA DAME
Ah, mon Dieu! laissez faire :
J'ai mon dessein en tête, et vous en jugerez.
1210   Mettez-vous là, vous dis-je; et quand vous y serez,
Gardez qu'on ne vous voie et qu'on ne vous entende.

---

    sur son sujet», *Maximes supprimées,* 1. Cf. Pascal : «Notre propre intérêt est encore un merveilleux instrument pour nous crever les yeux agréablement», *Pensées, éd. cit.*, no. 44, p.505.

[71] L'indication de scène et l'ordre de sortir ne sont pas donnés par la *Lettre*, mais ce qui suit les laisse supposer, voir la note 73, ci-dessous.

[72] Sans doute y avait-il des flambeaux sur cette table, car il fait nuit, voir p.59, note 19.

ACTE IV. SCÈNE IV.

LE MARY
Je confesse qu'ici ma complaisance est grande;
Mais de votre entreprise il vous faut voir sortir.[73]

LA DAME
Vous n'aurez, que je crois, rien à me repartir.
À son mari qui est sous la table.[74]
1215 Au moins, je vais toucher une étrange matière :
Ne vous scandalisez[75] en aucune manière.
Quoi que je puisse dire, il doit m'être permis,[76]
Et c'est pour vous convaincre, ainsi que j'ai promis.
Je vais par des douceurs, puisque j'y suis réduite,
1220 Faire poser le masque à cette âme hypocrite,
Flatter de son amour les désirs effrontés,
Et donner un champ libre à ses témérités.
Comme c'est pour vous seul, et pour mieux le confondre,
Que mon âme à ses vœux va feindre de répondre,
1225 J'aurai lieu de cesser dès que vous vous rendrez,
Et les choses n'iront que jusqu'où vous voudrez.
C'est à vous d'arrêter son ardeur insensée,
Quand vous croirez l'affaire assez avant poussée,
D'épargner votre femme, et de ne m'exposer
1230 Qu'à ce qu'il vous faudra pour vous désabuser :
Ce sont vos intérêts; vous en serez le maître,
Et ... L'on vient. Tenez-vous, et gardez de paraître.[77]

---

[73] Ces vers qui décrivent le mari se mettant sous la table ne sont pas mentionnés dans la *Lettre*, mais tout le travail de préparation est implicite: «Le mary placé dans sa cachete, et les autres sortis, elle reste seule avec luy ... », p.54.

[74] Cette indication scènique est conforme à la description de la *Lettre*, voir la note précédente.

[75] Voir la note 102 de l'acte I.

[76] «Vous devez me le permettre.»

[77] «Il se cache, et Panulphe vient», *Lettre*, p.54. Ce discours de la dame au mari tient en trois parties, dont chacune correspond de près à l'abrégé qu'en donne Le Vayer: « ... elle luy tient à peu prés ce discours : qu'*elle va faire un étrange personnage et peu ordinaire à une femme de bien : mais qu'elle y est contrainte, et que ce n'est qu'aprés avoir tenté en vain tous les autres remedes*», à quoi

SCÈNE V

PANULPHE, LA DAME, LE MARY

PANULPHE
On m'a dit qu'en ce lieu vous me vouliez parler.
LA DAME
Oui. L'on a des secrets à vous y révéler.
1235 Mais tirez cette porte avant qu'on vous les dise,
Et regardez partout de crainte de surprise.[78]
Une affaire pareille à celle de tantôt
N'est pas assurément ici ce qu'il nous faut.
Jamais il ne s'est vu de surprise de même;[79]
1240 Damis m'a fait pour vous une frayeur extrême,
Et vous avez bien vu que j'ai fait mes efforts

---

[78] correspondent les vers 1215-26; «*qu'il va entendre un langage assez dur à souffrir à un mary dans la bouche d'une femme, mais que c'est sa faute*» (v.1215-19); «*qu'au reste l'affaire n'ira qu'aussi loin qu'il voudra et que c'est à luy de l'interrompre où il jugera à propos*» (v.1225-31), p.54. Tels que la *Lettre* les rapporte, les propos de la dame peuvent sembler moins diplomates et plus directs que ceux de 1669. Sans doute cette impression n'est-elle due qu'à la différence entre les vers de Molière et la prose de Le Vayer. Or, l'on sait que tout ce qui n'est point prose est vers ...

Tartuffe va fermer la porte, et revient. (1734) La *Lettre* souligne le soin que prennent Molière et la dame de créer l'illusion de vraisemblance dans l'esprit du spectateur et chez Panulphe : « ... prevoyant cette Scene, comme devant estre son chefd'œuvre (*sic*), il a disposé les choses admirablement pour la rendre parfaitement vraisemblable ... tout cela paroit tres clairement par le discours mesme de la Dame, qui se sert merveilleusement de tous les avantages de son sujet et de la disposition presente des choses, pour faire donner l'Hypocrite dans le panneau», p.55.

[79] «Jamais on n'a eu pareille surprise.»

ACTE IV. SCÈNE V. 177

> Pour rompre son dessein et calmer ses transports.[80]
> Mon trouble, il est bien vrai, m'a si fort possédée,
> Que de le démentir je n'ai point eu l'idée;[81]
>
> [{Et vous avez bien vu} *comme* {j'ai} *quitté la place, de douleur de* (vous) *voir en danger de souffrir une telle confusion.*][82]

1245 Mais par-là,[83] grâce au ciel, tout a bien mieux été,
     Et les choses en sont dans plus de sûreté.
     L'estime où l'on vous tient a dissipé l'orage,
     Et mon mari de vous ne peut prendre d'ombrage,
     Pour mieux braver l'éclat des mauvais jugements,
1250 Il veut que nous soyons ensemble à tous moments;[84]
     Et c'est par où je puis, sans peur d'être blâmée,
     Me trouver ici seule avec vous enfermée,
     Et ce qui m'autorise à vous ouvrir un cœur
     Un peu trop prompt peut-être à souffrir votre ardeur.[85]

[80] «Elle commence par dire qu'*il a veu combien elle a prié Damis de se taire, et le dessein où elle étoit de cacher l'affaire,* que *si elle ne l'a pas poussé plus fortement, il voit bien qu'elle a dû ne le pas faire par politique ...* », Lettre, p.55-56.
[81] « ... qu'il a vû sa surprise à l'abord de son mary, quand Damis a tout conté», *ibid.*, p.56. Elle ne lui dit pas toute la vérité, tant s'en faut. Sa surprise de tout à l'heure résulte moins de ce que Damis vient de raconter à son mari que de ce que la *Lettre* appelle «l'impudence avec laquelle Panulphe avoit d'abord soûtenu et détourné la chose.», *ibid.*
[82] *Ibid.* Molière a omis l'allusion au départ d'Elmire en 1669.
[83] Le lien conjonctif entre sa conduite à elle à la suite de la découverte par Damis dans l'acte III, et l'impunité avec laquelle ils peuvent se voir maintenant. Ce lien, la *Lettre* le met en valeur au moyen du verbe «voir», dans la note 80 ci-dessus.
[84] Voir les paroles du mari lors de la découverte du premier entretien avec Panulphe, v.1022-24, et la note 117 de l'acte III.
[85] La *Lettre* ne rapporte pas les vers 1245-54, où la dame déduit les conséquences logiques et de sa conduite discrète dans l'acte III, sc. 4-6, et de la décision du mari de favoriser les entretiens de Panulphe avec sa femme, acte III, sc. 7. Ils sont pourtant anticipés par ses explications à elle de ses actions envers Damis et son mari (v.1239-44), comme par la description élogieuse que donne la *Lettre* de la manière dont elle allèche Panulphe par de belles promesses : « ... [elle] se sert merveilleusement de tous les avantages de son sujet et de la disposition présente

PANULPHE
1255 Ce langage à comprendre est assez difficile,
Madame, et vous parliez tantôt d'un autre style.[86]

LA DAME
Ah! si d'un tel refus vous êtes en courroux,
Que le cœur d'une femme est mal connu de vous!
Et que vous savez peu ce qu'il veut faire entendre
1260 Lorsque si faiblement on le voit se défendre!
Toujours notre pudeur[87] combat dans ces moments
Ce qu'on peut nous donner de tendres sentiments.
Quelque raison qu'on trouve à l'amour qui nous dompte
On trouve à l'avouer toujours un peu de honte;
1265 On s'en défend d'abord; mais de l'air qu'on s'y prend,
On fait connaître assez que notre cœur se rend,
Qu'à nos vœux par honneur notre bouche s'oppose,
Et que de tels refus promettent toute chose.
C'est vous faire sans doute un assez libre aveu,
1270 Et sur notre pudeur me ménager bien peu;
Mais puisque la parole enfin en est lâchée,

---

[86] des choses, pour faire donner l'Hypocrite dans le panneau», *ibid.*, p.55. «Panulphe témoigne d'abord quelque doute par des interrogations qui donnent lieu à la Dame de dire toutes ces choses [la *Lettre* a décrit ensemble les discours de la dame (v.1234-54, 1257-82) qui font réponse à cette réaction de Panulphe] en y répondant», *ibid.*, p.57.

[87] «À nos autres femmes.» Cf. le vers 1270. Que la Dame sait bien manier l'arme de la pudeur pour exciter Panulphe! Ce discours tient en deux parties : la première, où elle utilise le «nous de modestie ou d'effacement», afin de raviver le désir de Panulphe, se termine au vers 1270. Dans la seconde (v.1271-82), elle fait mine de ne plus se retenir, et parle en son propre nom, exception faite de l'endroit vers la fin où les bienséances l'obligent à faire sa déclaration sous une forme pronominale anonyme. Dans la *Lettre*, sa réticence se traduit par un langage voilé qui demande à être décodé : « ... *il peut bien juger par quel sentiment elle avoit demandé de le voir en particulier, ... qu'une femme fait beaucoup en effet dans ses premieres declarations, que de promettre le secret; qu'elle reconnoit bien que c'est tout que cela, et qu'on ne sauroit s'engager plus fortement*», *ibid.*, p.56-57.

ACTE IV. SCÈNE V.   179

       À retenir Damis[88] me serais-je attachée,
       Aurais-je, je vous prie, avec tant de douceur
       Écouté tout au long l'offre de votre cœur,
1275 Aurais-je pris la chose ainsi qu'on m'a vu faire,
       Si l'offre de ce cœur n'eût eu de quoi me plaire?
       Et lorsque j'ai voulu moi-même vous forcer
       À refuser l'hymen qu'on venait d'annoncer,
       Qu'est-ce que cette instance a dû vous faire entendre,
1280 Que l'intérêt[89] qu'en vous on s'avise de prendre,
       Et l'ennui qu'on aurait que ce nœud qu'on résout[90]
       Vînt partager du moins un cœur que l'on veut tout?[91]

PANULPHE
C'est sans doute, Madame, une douceur extrême
Que d'entendre ces mots d'une bouche qu'on aime :

---

[88] La *Lettre* a déjà résumé les observations de la dame sur Damis, voir la note 80, et ses propres vers, v.1240-4 ci-dessus.

[89] «Si ce n'était cet intérêt même.»

[90] «Et l'ennui qu'on aurait que ce mariage (entre Mariane et Panulphe) que l'on veut se fît.»

[91] Les raisons de cœur qu'elle prétexte comme motivation de son opposition au mariage de l'hypocrite avec Mariane sont citées par la *Lettre*, mais la prose de Le Vayer leur confère peut-être une résonance plus ferme que les vers de Molière : « ... il peut bien juger par quel sentiment elle avoit demandé de le voir en particulier, [cette allusion à la nature irrésistible de sa passion est donnée d'une façon plus délicate et oblique dans les vers 1257-68] *pour le prier si instamment de refuser l'offre qu'on luy fait de Mariane pour l'épouser, qu'elle ne s'y seroit pas tant intéressée, et qu'il ne luy seroit pas si terrible de le voir entre les bras d'une autre, si quelque chose de plus fort que la raison et l'interest de la famille ne s'en étoit mêlé;* [l'ultime garantie de l'authenticité de son amour à elle consiste à empêcher le mariage avec Mariane, v.1277-82 et s'exprime sous forme d'interrogation] *qu'une femme fait beaucoup en effet dans ses premieres declarations, que de promettre le secret; qu'elle reconnoit bien que c'est tout que cela, et qu'on ne sauroit s'engager plus fortement*», p.56-7 [ici la dame initie Panulphe aux secrets du cœur féminin dans des vers qui, par leur forme romanesque, ne sont pas sans rappeler la Carte de Tendre, v.1257-70]. On voit bien que Le Vayer nous rend compte de ce discours d'une manière directe, affirmative et explicite, là où les vers de Molière se font à dessein indirects et ambigus.

180   L'*IMPOSTEUR* DE 1667

1285   Leur miel dans tous mes sens[92] fait couler à longs traits
Une suavité[93] qu'on ne goûta jamais.
Le bonheur de vous plaire est ma suprême étude[94]
Et mon cœur de vos vœux fait sa béatitude;[95]
Mais ce cœur vous demande ici la liberté
1290   D'oser douter un peu de sa félicité.[96]
Je puis croire ces mots un artifice honnête
Pour m'obliger à rompre un hymen qui s'apprête;
Et s'il faut librement m'expliquer avec vous,
Je ne me fierai point à des propos si doux,
1295   Qu'un peu de vos faveurs,[97] après quoi je soupire,
Ne vienne m'assurer tout ce qu'ils m'ont pu dire,
Et planter dans mon âme une constante foi
Des charmantes bontés que vous avez pour moi.[98]

[92]   Voir son vers 781 et la question prophétique de Dorine, v.709-10. Pour ceux qui se servent de leur raison, Panulphe ne saurait être qu'un homme en proie à ses appétits. La *Lettre* l'a déjà qualifié d'«un homme tres sensuel et fort gourmand, ainsi que le sont la pluspart des bigots.», p.14.

[93]   «*Suavité* : est surtout en usage dans les matières de dévotion ... La douceur et la suavité qu'on trouve dans l'exercice de la piété» (Furetière). St François de Sales admire les dévots dont les «visages sont beaux et gais, d'autant qu'ils reçoivent toutes choses avec douceur et suavité», *Introduction à la vie dévote*, ch. II, p.19. Voir la note 50 de l'acte III.

[94]   Panulphe veut posséder la dame comme un mystique aspire à posséder Dieu. Voir le culte consacré à l'objet de son désir, v.827 sv.

[95]   Voir la note 41 de l'acte III. La *Lettre* décrit Panulphe lequel, après avoir refusé les premiers propos de la dame, commence à s'échauffer avant de revenir à ses doutes (voir v.1283 sv et la note 104 ci-dessous) : «enfin, insensiblement ému par la presence d'une belle personne qu'il adore, qui effectivement avoit receu avec beaucoup de moderation, de retenue et de bonté la declaration de son amour, qui le cajolle à present, et qui le paye de raisons assez plausibles, il commence à s'aveugler, à se rendre, et à croire qu'il se peut faire que c'est tout de bon qu'elle parle, et qu'elle ressent ce qu'elle dit.», p.57.

[96]   Voir la note 33 de l'acte III.

[97]   «Se dit ordinairement en amour de tout ce qu'une maîtresse accorde à celui qu'elle aime» (Furetière). La *Lettre* parle des «faveurs» et des «réalités» ensemble, voir la note 104 ci-dessous.

[98]   Panulphe revient à ses doutes sur la bonne foi de la dame plus loin, v.1311-12, auxquels la *Lettre* fait allusion, voir la note 104 ci-dessous.

ACTE IV. SCÈNE V. 181

  LA DAME, *elle fait du pied à son mari.*[99]
  Quoi? vous voulez aller avec cette vitesse,
1300 Et d'un cœur tout d'abord[100] épuiser la tendresse?
  On se tue à vous faire un aveu des plus doux;
  Cependant ce n'est pas encore assez pour vous,
  Et l'on ne peut aller jusqu'à vous satisfaire,
  Qu'aux dernières faveurs on ne pousse l'affaire?[101]

     PANULPHE
1305 Moins on mérite un bien, moins on l'ose espérer.
  Nos vœux sur des discours ont peine à s'assurer.
  On soupçonne aisément[102] un sort tout plein de gloire,
  Et l'on veut en jouir avant que de le croire.
  Pour moi, qui crois si peu mériter vos bontés,
1310 Je doute du bonheur de mes témérités;[103]
  Et je ne croirai rien, que vous n'ayez, Madame,
  Par des réalités[104] su convaincre ma flamme.[105]

---

[99] Le jeu de scène de 1669 s'articulant sur l'accès de toux de la dame ne figure pas ici en 1667. Pour prévenir son mari, elle lui fait signe avec ses pieds, voir la note 116 ci-dessous.
[100] «Tout de suite.»
[101] «Elle répond en biaisant», *Lettre*, p.58.
[102] «On tient vite pour suspect.»
[103] À quelques changements près, Molière répète ici dans les six derniers vers ce qu'avait dit Dom Garcie à Done Elvire, *Dom Garcie,* II, 6, v.654-9.
[104] «Il conserve pourtant encore quelque jugement, comme il est impossible à un homme fort sensé de passer toutafait d'une extremité à l'autre; et par un mélange admirable de passion et de défiance, il luy demande, aprés beaucoup de paroles, des assurances *reelles* et des faveurs pour gages de la verité de ses paroles», *Lettre*, p.57-58. Cf. les vers de Célimène à Arsinoé dans *Le Misanthrope,* v.943-4 :

  Elle fait des tableaux couvrir les nudités;
  Mais elle a de l'amour pour les réalités.

Furetière cite ces deux pièces à propos du terme, défini ainsi : «*Réalité*: qualité de ce qui est solide, subsistant, effectif. Cet homme fait bien des promesses, mais ce sont des paroles, on ne voit point de réalitéz.»
[105] « ... il réplique en pressant ... », *ibid.*, p.58.

LA DAME
Mon Dieu, que votre amour en vrai tyran agit,
Et qu'en un trouble étrange il me jette l'esprit.
1315 Que sur les cœurs il prend un furieux empire,
Et qu'avec violence il veut ce qu'il désire!
Quoi? de votre poursuite on ne peut se parer,[106]
Et vous ne donnez pas le temps de respirer?
Sied-il bien de tenir une rigueur si grande,
1320 De vouloir sans quartier les choses qu'on demande,[107]
Et d'abuser ainsi par vos efforts pressants
Du faible que pour vous vous voyez qu'ont les gens?

PANULPHE
Mais si d'un œil bénin vous voyez mes hommages,
Pourquoi m'en refuser d'assurés témoignages?

LA DAME
1325 Mais comment consentir à ce que vous voulez,
Sans offenser le Ciel, dont toujours vous parlez?[108]

PANULPHE
Si ce n'est que le Ciel qu'à mes vœux on oppose,
Lever un tel obstacle est à moi peu de chose,
Et cela ne doit pas retenir votre cœur.

LA DAME
1330 Mais des arrêts du Ciel on nous fait tant de peur!

---

[106] En escrime «se défendre de quelque coup; en général, des coups qu'on évite ... Il est difficile de *se parer* d'un ennemi couvert» (Furetière).

[107] «Poursuite», «se parer», «sans quartier» évoquent l'idée de chasse à la femme que la *Lettre* décrit très fidèlement par de courtes phrases percutantes : «Elle répond en biaisant : il réplique en pressant; ... il triomphe ... », *ibid.*, p.58.

[108] Ces moyens dilatoires dont elle use sont qualifiés de «quelques façons» par la *Lettre* : « ... enfin aprés quelques façons elle témoigne se rendre», p.58. Sur le sens d'offenser, voir la note 42 de l'acte II.

ACTE IV. SCÈNE V. 183

PANULPHE
Je puis vous dissiper ces craintes ridicules,
Madame, et je sais l'art de lever les scrupules.[109]

[... il triomphe; et voyant qu'elle ne luy objecte plus que le peché, il luy découvre le fond de sa morale, et tâche à luy faire comprendre qu'*il hait le peché autant et plus qu'elle ne fait* ...][110]

    Le Ciel défend, de vrai, certains contentements;[111]
    Mais on trouve avec lui des accommodements;[112]
1335 Selon divers besoins, il est une science
    D'étendre les liens de notre conscience
    Et de rectifier le mal de l'action
    Avec la pureté de notre intention.[113]

---

[109] «Inquiétude d'esprit; doute sur le jugement qu'on doit faire de quelque chose.» (Furetière, qui donne l'exemple suivant : «La solution que vous donnez à cet argument ne me lève pas le *scrupule* que j'avais dans l'esprit.»)

[110] *Lettre*, p.58. Molière a cru opportun d'omettre cette phrase en 1669.

[111] En 1669, après ce vers (v.1487 en 1669) Molière prit la précaution d'introduire l'indication scénique qui nous avertit que *C'est un scélérat qui parle*. Si cette indication eût été dans *L'Imposteur*, comment croire qu'un compte rendu aussi exact et scrupuleux que la *Lettre* l'eût omise? D'autant plus que celle-ci plaide longuement avec la plus grande vigueur et éloquence en faveur de l'innocence des intentions de Molière en prêtant à Panulphe le langage de la dévotion, *ibid.*, p.33-8. Dans sa *Préface* de 1669, Molière souligne la pureté de ses intentions : « ... j'ai mis tout l'art et tous les soins qu'il m'a été possible pour bien distinguer le personnage de l'hypocrite d'avec celui du vrai dévot. J'ai employé pour cela deux actes entiers à préparer la venue de mon scélérat. Il ne tient pas un seul moment l'auditeur en balance; on le connaît d'abord aux marques que je lui donne; et, d'un bout à l'autre, il ne dit pas un mot, il ne fait pas une action, qui ne peigne aux spectateurs le caractère d'un méchant homme ... », *éd. cit.*, I, p.884.

[112] « ... mais ... que, quant au fond de la chose, *il est avec le Ciel des accommodemens*», *Lettre*, p.58.

[113] «... *quand on ne se peut sauver par l'action, on se met à couvert par son intention*», *ibid.*, p.59. La source de ces principes de casuiste est sans doute le «bon père» jésuite des *Provinciales* (1656) de Pascal : «Ce n'est pas qu'autant qu'il est en notre pouvoir, nous ne détournions les hommes des choses défendues; mais quand nous ne pouvons pas empêcher l'action, nous purifions au moins l'intention;

184   L'IMPOSTEUR DE 1667

[Cette conclusion ne vient qu'«après une longue deduction des adresses des Directeurs modernes».][114]

       De ces secrets, Madame, on saura vous instruire;
1340 Vous n'avez seulement qu'à vous laisser conduire.[115]
       Contentez mon désir, et n'ayez point d'effroi :
       Je vous réponds de tout, et prends le mal sur moi.
       [Vous allez mal, Madame?]

[114] et ainsi nous corrigeons le vice du moyen par la pureté de la fin.», *Septième Provinciale, éd. cit.*, p.397-98. Dans sa *Préface*, Molière fait allusion à la morale relâchée que prône son hypocrite : «Mais cette morale est-elle rien de nouveau dans ma comédie? Et peut-on craindre que des choses si généralement détestées fassent quelque impression dans les esprits; que je les rende dangereuses en les faisant monter sur le théâtre; qu'elle reçoivent quelque autorité de la bouche d'un scélérat? Il n'y a nulle apparence à cela», *éd. cit.*, I, p.885. *Lettre*, p.58. En 1669, ces exemples manquent, Panulphe se bornant à énoncer la théorie de la casuistique. Que Molière fût parfaitement au courant des arguments dont avaient coutume de se servir les théologiens casuistes à la mode est démontré par ses propres remarques sur la doctrine de son hypocrite, voir la note précédente.

[115] «Se dit aussi par rapport aux mœurs, et aux actions, et signifie gouverner, diriger, ménager. *Conduire* la conscience, l'esprit de quelqu'un» (Furetière). Comparer l'usage analogue de «gouverner», dans v.66, 887, et voir la note 66 de l'acte III.

ACTE IV. SCÈNE V. 185

LA DAME, *faisant avec le pied des signes à son mari.*[116]
Oui, plus qu'on ne peut dire.

PANULPHE
Enfin votre scrupule est facile à détruire :
1345 Vous êtes assurée ici d'un plein secret,
Et le mal n'est jamais que dans l'éclat qu'on fait;
Le scandale en effet est la plus grande offense,
Et c'est une vertu {que} de pécher en silence.[117]

LA DAME,
après avoir fait avec le pied encore des signes à son mari.[118]

[116] En 1669, Elmire se met à tousser pour avertir son mari, et l'hypocrite de dire «Vous toussez fort, Madame». À cet endroit commence un jeu de scène (v.1497-1501) où Molière exerce son ironie aux dépens de Tartuffe comme de la dupe de ce dernier, tirant profit de ce que la situation a d'équivoque. Tartuffe offre un morceau de jus de réglisse à Elmire, sur quoi celle-ci prétexte
Que tous les jus du monde ici ne feront rien.
TARTUFFE
Cela certes est fâcheux.
ELMIRE
Oui, plus qu'on ne peut dire. (v.1500-1)
Or, ce jeu de scène n'existant évidemment pas en 1667, la dame en est réduite à faire à plusieurs reprises des signes avec son pied à son mari (voir la note 118 ci-dessous). Molière renonce à ce jeu assez grossier qui confine à la farce, pour y substituer un épisode d'un comique plus subtil. Sans doute l'échange entre eux à cet endroit en 1667 incorporait-il le jeu de scène indiqué par la *Lettre*. Nous essayons de le rendre en calquant le premier hémistiche du vers 1343 sur celui de Tartuffe («Vous toussez fort, Madame») et en utilisant pour le second la réplique d'Elmire (v.1501) de 1669.

[117] « ... dans l'affaire dont il s'agit entre eux, *le scandale en effet est la plus grande offense, et c'est une vertu de pecher en silence*», *ibid.*, p.58. En 1669 Tartuffe dit «Et ce n'est pas pécher que pécher en silence», v.1506. Sans doute Molière crut-il prudent d'atténuer cette assertion crue de l'hypocrite qui peut à juste titre étonner; il convient pourtant de noter que le vers, sous ces deux formes, n'en favorise pas moins également le péché, et ne diffère que par l'expression.

[118] «La pauvre Dame, qui n'a plus rien à objecter, est bien en peine de ce que son mary ne sort point de sa cachete, aprés luy avoir fait avec le pied tous les signes qu'elle a pû», *ibid.*, p.59. Il est clair d'après cette phrase qu'il s'agit d'un geste répété, voir l'indication de scène que nous insérons après les vers 1298, 1342.

186   L'IMPOSTEUR DE 1667

	Enfin je vois qu'il faut se résoudre à céder,
1350	Qu'il faut que je consente à vous tout accorder,

       Et qu'à moins de cela je ne dois point prétendre
       Qu'on puisse être content, et qu'on veuille se rendre.
       Sans doute il est fâcheux d'en venir jusque-là,
       Et c'est bien malgré moi que je franchis cela;
1355   Mais puisque l'on s'obstine à m'y vouloir réduire,
       Puisqu'on ne veut point croire à tout ce qu'on peut dire,
       Et qu'on veut des témoins[119] qui soient plus convaincants,[120]
       Il faut bien s'y résoudre, et contenter les gens.
       Si ce consentement[121] porte en soi quelque offense,
1360   Tant pis pour qui me force à cette violence;
       La faute assurément n'en doit pas être à moi.[122]

PANULPHE
Oui, Madame, on s'en charge;[123] et la chose de soi ...

LA DAME
Ouvrez un peu la porte, et voyez, je vous prie,
Si mon mari n'est point dans cette galerie.[124]

PANULPHE
1365   Qu'est-il besoin pour lui du soin que vous prenez?

[119] L'édition de 1734 conserve un jeu de scène différent: ELMIRE, *après avoir encore toussé et frappé sur la table.*
«Des témoignages.» «*Témoin* signifie quelquefois marque, mouvement, ce qui sert à faire connaître. Le colisée est encore aujourd'hui un témoin de la magnificence Romaine» (Furetière).

[120] Voir les vers de Panulphe 1293-98, 1311-12, et surtout 1324.

[121] Consentement se rapporte au vers 1350.

[122] La *Lettre* reflète également son désarroi et son irritation face à l'inertie de son mari : «La pauvre Dame, qui n'a plus rien à objecter, est bien en peine de ce que son mary ne sort point de sa cachete ... », p.59.

[123] Cf. ce qu'il lui dit aux vers 1339-40, 1344-5.

[124] « ... enfin elle s'avise, pour achever de le [son mary] persuader et pour l'outrer toutafait, de mettre le Cagot sur son chapitre. Elle luy dit donc, qu'*il voye à la porte s'il n'y a personne qui vienne ou qui écoute, et si par hazard son mary ne passeroit point»*, *Lettre*, p.59.

ACTE IV. SCÈNE VI.

C'est un homme, entre nous, à mener par le nez;
De tous nos entretiens il est pour faire gloire,
Et je l'ai mis au point de voir tout sans rien croire.[125]

LA DAME

Il n'importe : sortez, je vous prie, un moment,
1370 Et partout là dehors voyez exactement.

SCÈNE VI

LE MARY, LA DAME

LE MARY, *sortant de dessous la table*.[126]
Voilà, je vous l'avoue, un abominable homme!
Je n'en puis revenir, et tout ceci m'assomme.

LA DAME
Quoi? vous sortez si tôt? vous vous moquez des gens.
Rentrez sous le tapis, il n'est pas encor temps;
1375 Attendez jusqu'au bout pour voir les choses sûres,
Et ne vous fiez point aux simples conjectures.

---

[125] «Il répond, en se disposant pourtant à luy obeïr, que *son mari est un fat, un homme préoccupé* jusqu'à l'extravagance, et de sorte *qu'il est dans un état à tout voir sans rien croire*», *ibid.*, p.59. Sur le sens contemporain de «fat», voir la note 47 de l'acte I. Le Vayer ajoute un commentaire non moins érudit que spirituel sur l'idée d'évoquer le mari absent : «Excellente adresse du Poëte, qui a appris d'Aristote qu'il n'est rien de plus sensible que d'estre mesprisé par ceux que l'on estime, et qu'ainsi c'estoit la derniere corde qu'il falloit faire jouër; jugeant bien que le bon homme souffriroit plus impatiemment d'estre traité de ridicule et de fat par le saint Frere, que de luy voir cajoller sa femme jusqu'au bout, quoique, dans l'apparence premiere et au jugement des autres, ce dernier outrage paroisse plus grand», *ibid.*, p.59-60.

[126] « ... pendant que le galant va à la porte, le mary sort de dessous la table ... », *ibid.*, p.60.

LE MARY
Non, rien de plus méchant n'est sorti de l'enfer.

LA DAME
Mon Dieu! l'on ne doit point croire trop de léger.[127]
Laissez-vous bien convaincre avant que de vous rendre,
1380   Et ne vous hâtez point, de peur de vous méprendre.[128]

SCÈNE VII

PANULPHE, LA DAME, LE MARY

PANULPHE, *sans voir le mari*.[129]
Tout conspire, Madame, à mon contentement :
J'ai visité de l'œil tout cet appartement;
Personne ne s'y trouve; et mon âme ravie ... *Trouvant le mari dans ses bras*.[130]

LE MARY, *en l'arrêtant*.
Tout doux! vous suivez trop votre amoureuse envie,

---

[127] «Trop facilement. Il ne faut pas croire de léger» (Furetière).
[128] La *Lettre* se borne à décrire la sortie du mari de sa cachette pendant l'absence de Panulphe, et n'a pas cru nécessaire de rendre compte du dialogue des époux, qui n'est pas à vrai dire indispensable à une compréhension de l'épisode. En 1669 il y a un jeu de scène ici : *Elle fait mettre son mari derrière elle*. Molière a ménagé les effets comiques avec plus de subtilité qu'en 1667, où le jeu se révélait plus physique et élémentaire, Panulphe se retrouvant dans les bras du mari à son retour, voir la note suivante.
[129] Cette indication scénique, que porte l'édition de 1734, s'impose en vue de l'effet burlesque de l'hypocrite qui va trouver le mari dans ses bras.
[130] « ... [le mary] sort de dessous la table, et se trouve droit devant l'Hypocrite, quand il revient à la Dame pour achever l'œuvre si heureusement acheminée», *Lettre*, p.60. Cette description cadre parfaitement avec l'indication scénique de l'édition de 1734 : *Dans le temps que Tartuffe s'avance, les bras ouverts, pour embrasser Elmire, elle se retire, et Tartuffe aperçoit Orgon*. La pièce de 1669 dit simplement ORGON, *en l'arrêtant*.

ACTE IV. SCÈNE VII.

1385   Et vous ne devez pas vous tant passionner.
       Ah! ah! l'homme de bien, vous m'en voulez donner![131]
       Comme aux tentations s'abandonne votre âme![132]
       Vous épousiez ma fille, et convoitiez ma femme!
       J'ai douté fort longtemps que ce fût tout de bon,
1390   Et je croyais toujours qu'on changerait de ton;[133]
       Mais c'est assez avant pousser le témoignage :
       Je m'y tiens, et n'en veux, pour moi, pas davantage.[134]

              LA DAME, à Panulphe.[135]
       C'est contre mon humeur que j'ai fait tout ceci :
       Mais on m'a mise au point de vous traiter ainsi.[136]

---

[131] «Vous m'avez trompé», cf. L'Étourdi, v.366 : «tu m'en as donné», dans le sens de «tu m'as trompé». «Vous nous l'avez donné belle pour dire, vous nous en avez bien fait accroire. Vous nous en avez donné à garder, vous nous en avez donné d'une, se dit dans le même sens» (Furctière).

[132] Moment de vérité pour le mari aux yeux de qui son saint homme était tellement à l'épreuve de la tentation qu'il pouvait frayer avec sa femme à tout moment sans encourir aucun risque spirituel! La tentation en elle-même ne constitue pas de péché, mais plutôt le fait d'y céder, voir Matthieu 26 : 41, Épître de Saint Jacques 1 : 13-15. Panulphe a garde de s'astreindre à ce principe en public, évitant jusqu'à la moindre apparence du mal, voir v.706-8, 1045-50.

[133] Il n'y a aucune trace dans la Lettre ni dans Le Tartuffe de cette lueur de perspicacité que le mari s'attribue. Il demeure plutôt «ce pauvre homme coëffé», Lettre, p.10, lequel, une fois désabusé au sujet de Panulphe, se laisse aller à «un raisonnement ordinaire aux gens de sa sorte», quand il s'emporte contre l'idole déchue, ibid., p.66.

[134] « ... [le mary] qui ne peut exprimer que confusément son étonnement et son admiration», ibid., p.60.

[135] Voir la note suivante.

[136] «La Dame, conservant toujours le caractere d'honnêteté qu'elle a fait voir jusqu'icy, paroit honteuse de la fourbe qu'elle a faite au Bigot, et luy en demande quelque sorte de pardon, en s'excusant sur la necessité», Lettre, p.61.

PANULPHE, *au mari*.[137]

1395 Quoi? mon [cher] frère ...?[138]

LE MARY
Allons, point de bruit, je vous prie.
Dénichons de céans,[139] et sans cérémonie.

PANULPHE
Mon dessein ...[140]

LE MARY
Ces discours ne sont plus de saison :
Il faut, tout sur-le-champ, sortir de la maison.[141]

---

[137] Nous suivons ici l'indication scénique de l'édition de 1734, qui se trouve confirmée par la *Lettre* (voir la note suivante).

[138] En 1669 Tartuffe dit «Quoi? vous croyez ...?» (v.1553) La *Lettre* se montre très précise sur la façon dont Panulphe commence à amadouer son hôte : «Panulphe persiste donc dans sa maniere accoutumée et pour commencer à se justifier prés de *son frere* car il ose encore le nommer de la sorte ...», *ibid.*, p.62. Cette forme de salutation intime caractérise les rapports entre l'hypocrite et le mari, voir les vers 920, 937, 949, 951, 954, 986, 993, 996, 1003 (deux fois de part et d'autre dans ce dernier vers!). Dans le vers 1472 le mari s'étonne de la façon dont son «faux frère» a abusé de sa foi (voir la note 83 de l'acte I).

[139] Voir la note 31 de l'acte I.

[140] « ... [Panulphe] dit quelque chose du *dessein qu'il pouvoit avoir* dans ce qui vient d'arriver; et sans doute il alloit forger quelque excellente imposture ...», *Lettre*, p.62. Le Vayer ne tarit pas d'éloges sur l'élasticité d'esprit du personnage face à une nouvelle épreuve et sa faconde qui le tire d'affaire : «Toutefois le bigot ne se trouble point, conserve toute sa froideur naturelle, et ce qui est d'admirable, ose encore persister après cela à parler comme devant. Et c'est où il faut reconnoitre le supreme caractere de ces sortes de gens, de ne se démentir jamais quoy qui arrive; de soûtenir à force d'impudence toutes les attaques de la fortune; n'avoüer jamais avoir tort; détourner les choses avec le plus d'adresse qu'il se peut, mais toujours avec toute l'assurance imaginable, et tout cela parceque les hommes jugent des choses plus par les yeux que par la raison; que peu de gens étant capables de cet excés de fourberie, la pluspart ne peuvent le croire; et qu'enfin on ne sauroit dire combien les paroles peuvent sur les esprits des hommes», *ibid.*, p.61-62.

[141] « ... le mary, sans luy donner loisir de s'expliquer, épouventé de son effronterie, le chasse de sa maison, et luy commande d'en sortir», *ibid.*, p.62.

ACTE IV. SCÈNE VIII.

PANULPHE
C'est à vous d'en sortir, vous qui parlez en maître :
1400 La maison m'appartient, je le ferai connaître,
Et vous montrerai bien qu'en vain on a recours,
Pour me chercher querelle, à ces lâches détours,
Qu'on n'est pas où l'on pense en me faisant injure,
Que j'ai de quoi confondre et punir l'imposture,[142]
1405 Venger le Ciel qu'on blesse, et faire repentir
Ceux qui parlent ici de me faire sortir.[143]

SCÈNE VIII

LA DAME, LE MARY

LA DAME
Quel est donc ce langage? et qu'est-ce qu'il veut dire?

LE MARY
Ma foi, je suis confus, et n'ai pas lieu de rire.

LA DAME
Comment?

---

[142] Quel tour de force de la part de Molière de laisser contre-attaquer le maître imposteur qui s'avise impudemment de pourfendre l'imposture! Sur la portée de ce mot, voir la note 11 du *Second Placet* et la note 9 de l'acte II.

[143] «Comme Panulphe voit que ses charmes ordinaires ont perdu leur vertu, sachant bien que quand une fois on est revenu de ces entêtemens extremes, on n'y retombe jamais; et pour cela mesme voyant bien qu'il n'y a plus d'esperance pour luy, il change de batterie, et sans pourtant sortir de son personnage naturel de Devot, dont il voit bien dés là qu'il aura extremement besoin dans la grande affaire qu'il va entreprendre; mais seulement comme justement irrité de l'outrage qu'on fait à son innocence, répond à ces menaces par d'autres plus fortes, et dit que *c'est à eux de vuider la maison dont il est le maître* en vertu de la donation dont il a esté parlé; et les quittant là-dessus, les laisse dans le plus grand de tous les étonnemens ... », *Lettre*, p.62–63.

                    LE MARY
            Je vois ma faute aux choses qu'il me dit,
1410   Et la donation m'embarrasse l'esprit.

                    LA DAME
    La donation ...[144]

                    LE MARY
            Oui, c'est une affaire faite
    Mais j'ai quelque autre chose encor qui m'inquiète.

                    LA DAME
    Et quoi?

                    LE MARY
            Vous saurez tout. Mais voyons au plus tôt
    Si certaine cassette est encore là-haut.[145]

---

[144] La dame ne sait que trop le dessein de son mari de pourvoir l'hypocrite de la donation, vu le bannissement de Damis dans l'acte III, sc. 6, et la fin de non-recevoir que l'hypocrite a opposée aux arguments de son frère contre l'acceptation de la donation, acte IV, sc. 1. À la suite des menaces de Panulphe, elle ne fait que constater que ce noir dessein s'est réalisé, et doit ressentir à plus forte raison «le plus grand de tous les étonnemens» que la *Lettre* lui prête ainsi qu'à son mari, p.63.

[145] «[Panulphe] les laisse dans le plus grand de tous les étonnemens, qui augmente encore lors que le bon homme se souvient d'une certaine cassette, dont il témoigne d'abord estre en extreme peine, sans dire ce que c'est, étant trop pressé d'aller voir si elle est encore dans un lieu qu'il dit; il y court, et sa femme le suit», *ibid.*, p.63-64.

ACTE V

SCÈNE PREMIÈRE

LE MARY, LE BEAU-FRÈRE

LE BEAU-FRÈRE
1415 Où voulez-vous courir?

LE MARY
Las! que sais-je?

LE BEAU-FRÈRE
Il me semble
Que l'on doit commencer par consulter[1] ensemble
Les choses qu'on peut faire en cet événement.

LE MARY
Cette cassette-là me trouble entièrement;[2]
Plus que le reste encor elle me désespère.[3]

LE BEAU-FRÈRE
1420 Cette cassette est donc un important mystère?

---

[1] «Conférer, délibérer. Il a *consulté* avec ses amis» (Furetière).
[2] «Totalement, d'une manière entière et complète» (Furetière).
[3] «Le cinquieme Acte commence par le Mary et le Frere : le premier, étourdi de n'avoir point trouvé cette cassette ... », *Lettre*, p.64.

LE MARY

[... elle est de grande consequence, ... *la vie, l'honneur et la fortune de {mes} meilleurs amis, et peutestre la {mienne} propre, dependent des papiers qui sont dedans.*]⁴
Où leur vie et leurs biens se trouvent attachés.

LE BEAU-FRÈRE
Pourquoi donc les avoir en d'autres mains lâchés?

LE MARY
Ce fut par un motif de cas de conscience :
J'allai droit à mon traître en faire confidence;
1425 Et son raisonnement me vint persuader
De lui donner plutôt la cassette à garder,
Afin que, pour nier, en cas de quelque enquête,
J'eusse d'un faux fuyant la faveur toute prête,
Par où ma conscience eût pleine sûreté
1430 À faire des serments contre la vérité.⁵

⁴ *Ibid.*, p.64. Le vers 1421 est calqué sur v.1583 du *Tartuffe*. En 1669 Orgon dit
C'est un dépôt qu'Argas, cet ami que je plains,
Lui-même, en grand secret, m'a mis entre les mains :
Pour cela, dans sa fuite, il me voulut élire;
Et ce sont des papiers, à ce qu'il m'a pu dire,
Où sa vie et ses biens se trouvent attachés. (v.1579-83)
Si en 1669 Orgon est complice d'«un criminel d'État» suivant la description strictement légale d'Argas que donne Tartuffe devant le roi (v.1838), en 1667 son prédécesseur se trouve mêlé de près à un *groupe* s'opposant au pouvoir royal! On comprend qu'avec la permission royale de jouer *Le Tartuffe* en 1669 Molière n'ait pas voulu suggérer qu'«un Prince ennemi de la fraude» (v.1906) soit capable d'inspirer le malaise politique parmi ses sujets reconnaissants. D'où la résonance politique très différente du dernier acte en 1667.

⁵ «Interrogé pourquoy il l'avoit confiée [la cassette] à Panulphe, il répond que c'est encore *par principe de conscience*, que Panulphe luy fit entendre que *si on venoit à luy demander ces papiers, comme tout se sait, il seroit contraint de nier de les avoir pour ne pas trahir ses amis; que, pour eviter ce mensonge, il n'avoit qu'à les remettre dans ses mains, où ils seroient autant dans sa disposition qu'auparavant, après quoy il pouroit sans scrupule nier hardiment de les avoir*», *Lettre*, p.64-65. Dans *Prose Chagrine* (1661) Le Vayer avait déjà écrit que «Le vice et la vertu ne sont presque plus reconnoissables, et les cas de conscience ont

ACTE V. SCÈNE I. 195

    LE BEAU-FRÈRE
  Vous voilà mal, au moins si j'en crois l'apparence;
  Et la donation, et cette confidence,
  Sont, à vous en parler selon mon sentiment,
  Des démarches par vous faites légèrement.
1435 On peut vous mener loin avec de pareils gages;
  Et le fourbe sur vous ayant ces avantages,
  Le pousser est encor grande imprudence à vous,
  Et vous deviez chercher quelque biais plus doux.[6]

tellement sophistiqué le bien et le mal, qu'il est très difficile de les discerner», *OLV*, II (1re partie), 5e vol., p.252; dans *Du mensonge* il souligne l'importance sociale de la véracité : «Si la parole de l'homme est l'unique lien de toutes les societés civiles, quand elle sert de fidele interprète à l'esprit; on ne sauroit nier qu'elle ne devienne l'instrument de leur destruction, et la ruine certaine des Polices, lors qu'elle s'acquite mal de sa charge, et qu'elle substitue une chose fausse au lieu de la Vérité. Cela montre évidemment qu'entre tous les défauts de nôtre humanité, il n'y en a point qui soit de si grande consequence que celui du Mensonge, ni qu'on doive par consequent plus soigneusement éviter», *ibid.*, p.26. Le père jésuite de Pascal s'étend ainsi sur la doctrine de la restriction mentale : «*On peut jurer,* dit-il, *qu'on n'a pas fait une chose, quoiqu'on l'ait faite effectivement, en entendant en soi-même qu'on ne l'a pas faite un certain jour ou avant qu'on fût né, ou en sous-entendant quelque autre circonstance pareille, sans que les paroles dont on se sert aient aucun sens qui le puisse faire connaître; et cela est fort commode en beaucoup de rencontres, et est toujours très juste, quand cela est nécessaire, ou utile pour la santé, l'honneur ou le bien*», 9e *Provinciale*, éd. cit., p.411. Dans la *Lettre*, Le Vayer se sert de cet épisode de la restriction mentale pour mettre en lumière un thème qui lui est cher, notamment «de quelle maniere les Bigots savent interesser la conscience dans tout ce qu'ils font et ne font pas, et étendre leur empire par cette voie jusqu'aux choses les plus importantes et les plus eloignées de leur profession», *ibid.*, p.65, voir aussi p.10-11.

[6] Les quatre points soulignés ici (la mauvaise passe où se trouve la famille, les avantages dont dispose Panulphe, les conséquences qui peuvent en résulter, et la nécessité d'y trouver réponse) sont tous inclus dans le résumé de la *Lettre*, lequel commence pourtant avec le dernier parce que décrivant le caractère du beau-frère et son empressement à faire face à la nouvelle situation familiale : «Le Frere fait dans ces perplexitez le personnage d'un veritable honnête homme, qui songe à reparer le mal arrivé, et ne s'amuse point à le reprocher à ceux qui l'ont causé, comme font la plûpart des gens, sur tout quand par hazard ils ont prevû ce qu'ils voyent. Il examine murement les choses, et conclut à la desolation commune, que

LE MARY

Quoi? sous un beau semblant de ferveur si touchante
1440 Cacher un cœur si double, une âme si méchante!
Et moi qui l'ai reçu gueusant[7] et n'ayant rien ...
C'en est fait, je renonce à tous les gens de bien :[8]
J'en aurai désormais une horreur effroyable.
Et m'en vais devenir pour eux pire qu'un diable.[9]

LE BEAU-FRÈRE
1445 Hé bien! ne voilà pas de vos emportements!
Vous ne gardez en rien les doux tempéraments;
Dans la droite raison jamais n'entre la vôtre,
Et toujours d'un excès vous vous jetez dans l'autre.
Vous voyez votre erreur, et vous avez connu
1450 Que par un zèle feint vous étiez prévenu;[10]
Mais pour vous corriger, quelle raison demande
Que vous alliez passer dans une erreur plus grande,
Et qu'avecque le cœur d'un perfide vaurien
Vous confondiez les cœurs de tous les gens de bien?
1455 Quoi? parce qu'un fripon vous dupe avec audace
Sous le pompeux éclat d'une austère grimace,
Vous voulez que partout on soit fait comme lui,
Et qu'aucun vrai dévot ne se trouve aujourd'hui?

le fourbe étant armé de toutes ces differentes pieces regulierement, peut les perdre de toute maniere et que c'est une affaire sans resource», p.65-6. Il est à remarquer que le beau-frère qualifie Panulphe de «fourbe» (v.1436), tandis qu'en 1669 Cléante se borne à appeler Tartuffe «cet homme», v.1598. En 1669, Molière s'est visiblement efforcé de supprimer toute trace de rancune et de colère chez Cléante. Ainsi ce dernier se démarque-t-il définitivement de Dorine comme d'Orgon dans ses réactions envers Tartuffe.

[7] «Mendier; demander l'aumône. Il va *gueuser* son pain de porte en porte» (Furetière). Ainsi finit-il par se rallier à l'avis de la famille, voir la note 38 de l'acte I, sc. 1.
[8] Voir la note 29 de l'acte I.
[9] «Sur cela le Mary s'emporte pitoyablement, et conclut par un raisonnement ordinaire aux gens de sa sorte, *qu'il ne se fiera jamais en homme de bien»*, *Lettre*, p.66.
[10] Voir la note 49 de l'acte IV.

ACTE V. SCÈNE I.

Laissez aux libertins[11] ces sottes conséquences;
1460 Démêlez la vertu d'avec ses apparences,
Ne hasardez jamais votre estime trop tôt,
Et soyez pour cela dans le milieu qu'il faut :
Gardez-vous, s'il se peut, d'honorer l'imposture,[12]
Mais au vrai zèle aussi n'allez pas faire injure;
1465 Et s'il vous faut tomber dans une extrémité,
Péchez plutôt encor de cet autre côté.[13]

---

[11] Il tient à prendre ses distances avec les libertins, avec qui son beau-frère l'avait pourtant confondu, voir v.326, sa réponse v.330-2 et la note 105 de l'acte I.
[12] Voir la note 11 du *Second Placet*, et la note 9 de l'acte II.
[13] «Ce que [le désillusionnement du mari sur le compte des dévots, vrais et faux] son Beaufrere releve excellemment, en luy remontrant *sa mauvaise disposition d'esprit, qui luy fait juger de tout avec excés, et l'empêche de s'arrêter jamais dans le juste milieu, dans lequel seul se trouve la justice, la raison et la verite; que de mesme que l'estime et la consideration qu'on doit avoir pour les veritables gens de bien, ne doit point passer jusqu'aux méchans qui savent se couvrir de quelque apparence de vertu; ainsi l'horreur qu'on doit avoir pour les méchans et pour les hypocrites ne doit point faire de tort aux veritables gens de bien, mais au contraire doit augmenter la veneration qui leur est dûe, quand on les connoit parfaitement.*», *ibid.*, p.66-7. On remarquera ici la fidélité scrupuleuse de ce compte rendu aux vers de Molière.

SCÈNE II

LA VIEILLE, MARIANE, LA DAME, DORINE, DAMIS,[14]
LE MARY, LE BEAU-FRÈRE

LA VIEILLE
[Quel bruit (c'est) qui court dans le monde sur nos affaires?]
Qu'est-ce? J'apprends ici de terribles mystères.[15]

LE MARY
Ce sont des nouveautés dont mes yeux sont témoins,
1470 Et vous voyez le prix dont sont payés mes soins.
Je recueille avec zèle un homme en sa misère,
Je le loge, et le tiens comme mon propre frère;
De bienfaits chaque jour il est par moi chargé;
Je lui donne ma fille et tout le bien que j'ai;
1475 Et, dans le même temps, le perfide, l'infâme,
Tente le noir dessein de suborner ma femme,
Et non content encor de ces lâches essais,
Il m'ose menacer de mes propres bienfaits,
Et veut, à ma ruine, user des avantages
1480 Dont le viennent d'armer mes bontés trop peu sages,
Me chasser de mes biens, où je l'ai transféré,

---

[14] En 1669, Damis rentre dans la deuxième scène de cet acte, s'étonne que Tartuffe puisse fouler aux pieds les bienfaits de son père, et, jetant feu et flammes, se déclare prêt à venger l'honneur de la famille. Sur quoi, Cléante reprend la leçon de modération qu'il vient de faire à Orgon. Cette scène n'existait pas en 1667, où, le discours du beau-frère au mari terminé, la *Lettre* note que «Là-dessus la Vieille arrive, et tous les autres», p.67. On ne doit donc supposer Damis rentré qu'à ce moment-là avec les autres. L'entretien entre le père et son fils en 1669 effectue en effet une réconciliation, et permet à la famille de faire bloc immédiatement face aux menaces de l'hypocrite. La symétrie ainsi créée est satisfaisante et sur le plan moral et sur le plan esthétique.

[15] «Elle demande d'abord quel bruit c'est qui court d'eux par le monde?», *ibid.* Le vers 1467 est calqué sur cette citation de la *Lettre*.

ACTE V. SCÈNE II.

Et me réduire au point d'où je l'ai retiré.[16]

DORINE
Le pauvre homme![17]

LA VIEILLE
Mon fils, je ne puis du tout croire
Qu'il ait voulu commettre une action si noire.

LE MARY
1485 Comment?

LA VIEILLE
Les gens de bien sont enviés toujours.

LE MARY
Que voulez-vous donc dire avec votre discours,
Ma mère?

LA VIEILLE
Que chez vous on vit d'étrange sorte,
Et qu'on ne sait que trop la haine qu'on lui porte.

LE MARY
Qu'a cette haine à faire avec ce qu'on vous dit?

LA VIEILLE
1490 Je vous l'ai dit cent fois quand vous étiez petit :
La vertu dans le monde est toujours poursuivie;

---

[16] Le bonheur dans le dénuement était pourtant une des leçons que le mari se vantait d'avoir tirée de Panulphe, v.285-6. «Son Fils répond que c'est que Monsieur Panulphe le veut chasser de chez luy, et le dépouiller de tout son bien, parce qu'il l'a surpris caressant sa femme», *ibid*.

[17] «La Suivante sur cela, qui n'est pas si honnête que le Frere [une allusion au manque de reproches de la part du beau-frère, voir la note 6 ci-dessus], ne peut s'empêcher de s'écrier, *Le pauvre homme!*, comme le Mary faisoit au premier Acte touchant le mesme Panulphe», *ibid*.

Les envieux mourront, mais non jamais l'envie.[18]

LE MARY
Mais que fait ce discours aux choses d'aujourd'hui?

LA VIEILLE
On vous aura forgé cent sots contes de lui.

LE MARY
1495 Je vous ai dit déjà que j'ai vu tout moi-même.[19]

LA VIEILLE
Des esprits médisants la malice est extrême.

{Molière a retranché des développements des discours de la Vieille. Selon la *Lettre*, en plus de ses proverbes, apophtegmes, et dictons, elle prodigua à son fils «des exemples de sa jeunesse et des citations de gens qu'elle a connus».}[20]

LE MARY
Vous me feriez damner, ma mère. Je vous dis
Que j'ai vu de mes yeux un crime si hardi.

LA VIEILLE
Les langues ont toujours du venin à répandre,

---

[18] «L'envie ne mourra jamais, mais les envieux mourront», Adrien de Montluc, *La Comédie des proverbes*, 1616.

[19] «La Vieille, encore entêtée du saint personnage, n'en veut rien croire, et sur cela enfile un long lieu commun de la médisance et des méchantes langues. Son Fils luy dit qu'*il l'a vû*», *Lettre*, p.67-8.

[20] *Ibid.*, p.68 : «La Vieille, qui ne l'écoute pas, et qui est charmée de la beauté de son lieu commun, ravie d'avoir une occasion illustre, comme celle-là, de le pousser bien loin, continue sa legende, et cela tout par les manieres ordinaires aux gens de cet âge, des proverbes, des apophtegmes, des dictons du vieux temps, des exemples de sa jeunesse et des citations de gens qu'elle a connus.» Elle abonde en effet en proverbes, maximes, et dictons (v.1491-2, 1496, 1499-1500, 1505-6, 1509-10, 1512-13).

ACTE V. SCÈNE II.

1500 Et rien n'est ici-bas qui s'en puisse défendre.

            LE MARY
C'est tenir un propos de sens bien dépourvu.
Je l'ai vu, dis-je, vu, de mes propres yeux vu,
Ce qu'on appelle vu : faut-il vous le rebattre
Aux oreilles cent fois, et crier comme quatre?[21]

           LA VIEILLE
1505 Mon Dieu, le plus souvent l'apparence déçoit;
Il ne faut pas toujours juger sur ce qu'on voit.[22]

           DORINE, *au mari*.[23]
Juste retour, Monsieur, des choses d'ici-bas :
Vous ne vouliez point croire, et l'on ne vous croit pas.[24]

           LE MARY
J'enrage.

           LA VIEILLE
Aux faux soupçons la nature est sujette,

---

[21] «Son fils a beau se tuer à luy repeter qu'*il l'a vû*», *ibid.* Cf. La Fontaine:
Garde-toi, tant que tu vivras,
De juger des gens sur la mine.
Le Cochet, le chat, et le souriceau, Fables, VI, p.5; *Le Paysan du Danube*: v.1,
«Il ne faut point juger des gens sur l'apparence», *Fables*, XI, p.7.

[22] «elle qui ne pense point à ce qu'il luy dit, mais seulement à ce qu'elle veut dire, ne s'ecarte point de son premier chemin», *ibid.*, p.68.

[23] DORINE, *à Orgon* se trouve dans l'édition de 1734, ce qui est confirmé par la *Lettre*, voir la note suivante.

[24] « ... sur quoi [l'entêtement de sa mère] la Servante encore malicieusement comme il convient à ce personnage, mais pourtant fort moralement, dit au Mary, *qu'il est puni selon ses merites; et que comme il n'a point voulu croire lontems ce qu'on luy disoit, on ne veut point le croire luymesme à present sur le mesme sujet»*, *ibid.*, p.69. Selon la *Lettre*, qui les situe très précisément, ces vers de Dorine coupent les rengaines de la Vieille en 1667, alors qu'en 1669 ils sont placés après la réaction enragée d'Orgon à la fin de non-recevoir que lui oppose sa mère, v.1695-6. D'où les rimes masculines v.1505-8.

1510 Et c'est souvent à mal que le bien s'interprète.

> LE MARY
> Je dois interpréter à charitable soin
> Le désir d'embrasser ma femme ?[25]

> LA VIEILLE
> Il est besoin,
> Pour accuser les gens, d'avoir de justes causes;
> Et vous deviez attendre à vous voir sûr des choses.[26]

> LE MARY

1515 Hé, diantre! le moyen de m'en assurer mieux?
Je devais donc, ma mère, attendre qu'à mes yeux
Il eût ... Vous me feriez dire quelque sottise.[27]

> LA VIEILLE
> Enfin, d'un trop pur zèle on voit son âme éprise;
> Et je ne puis du tout me mettre dans l'esprit
1520 Qu'il ait voulu tenter les choses que l'on dit.

> LE MARY
> Allez, je ne sais pas, si vous n'étiez ma mère,

---

[25] C'est effectivement sous le couvert de la «charité» que le maître casuiste s'efforce de présenter ses avances à sa femme, prétextant qu'elles ne sont dues qu'à «un pur mouvement ... » (v.757) [de charité sans aucun doute, voir les vers ironiques de la dame à ce propos, v.740-1.]

[26] La *Lettre* résume globalement mais scrupuleusement les trois dernières répliques de la Vieille comme suit : «Enfin la Vieille, forcée de prêter l'oreille pour un moment, répond en s'opiniâtrant, que *quelquefois il faut tout voir pour bien juger* (v.1505-6); *que l'intention est cachée; que la passion preoccupe, et fait paroistre les choses autrement qu'elles ne sont* (v.1509-10), *et qu'enfin il ne faut pas toûjours croire tout ce qu'on voit*: (v.1505-6) *qu'ainsi il faloit s'assurer mieux de la chose avant que de faire éclat*» (v.1512-14), p.69.

[27] « ... sur quoy son fils s'emportant luy repart brusquement, qu'*elle voudroit donc qu'il eust attendu pour éclater que Panulphe eusse* (sic) ... *vous me feriez dire quelque sotise. Maniere admirablement naturelle de faire entendre avec bienseance une chose aussi delicate que celle-là.*» *ibid.*, p.69-70.

ACTE V. SCÈNE III. 203

Ce que je vous dirais, tant je suis en colère.

[Le pauvre homme seroit encore à present, que je croy, à persuader sa mere de la verité de ce qu'il luy dit, et elle à le faire enrager, si quelqu'un n' (sic) heurtoit à la porte.]²⁸

SCÈNE III

MONSIEUR LOYAL, LA VIEILLE, LE MARY, DAMIS, MARIANE, DORINE, LA DAME, LE BEAU-FRÈRE

MONSIEUR LOYAL
Bonjour, ma chère sœur;[29] faites, je vous supplie,
Que je parle à Monsieur.

[28] *Ibid.*, p.70. L'ordre de la *Lettre* nécessite quatre rimes féminines, v.1521-4. En 1669 Cléante intervient pour conseiller à Orgon de ne pas envenimer la situation en poussant l'hypocrite trop loin (v.1703-8, 1711-12). Or la *Lettre* ne fait aucune mention d'une semblable fin de scène. Serait-ce dû au simple oubli de la part de l'auteur? Nous avons de la peine à le croire, pour deux raisons : Le Vayer passe directement du sujet de la Vieille incrédule à l'annonce du nouveau personnage sans transition aucune; en philosophe qui se méfie du dogme, il ne laisse pas échapper une seule occasion pour louer la largeur d'esprit, le manque de dogmatisme, du précurseur de Cléante, voir la *Lettre,* p.12, 14, 18, 47, 50, et surtout le sang-froid avec lequel ce personnage envisage le malheur de la famille et la promptitude d'esprit qui caractérise ses réactions, p.65. Le Vayer n'aurait pas manqué d'en faire autant ici si cette scène se terminait de la même façon qu'elle le fait en 1669.

[29] Dès ses premières paroles, on voit que Monsieur Loyal est confit en dévotion : «*Sœur* se dit figurément des Religieuses» (Furetière). La *Lettre* nous donne une belle analyse de l'emploi du langage religieux chez les hypocrites, étant « ... comme effet de l'habitude que les bigots ont prise de se servir de la devotion et de l'employer partout à leur avantage, afin de paroître agir toujours par elle. Habitude qui leur est tres utile; en ce que le peuple que ces gens-là ont en veuë et sur qui les paroles peuvent tout, se previendra toujours d'une opinion de sainteté et de vertu pour les gens qu'il verra parler ce langage, comme si accoutumez aux choses spirituelles, et si peu à celles du monde, que pour traiter celles-cy ils sont contraints d'emprunter les termes de celle-là», p.36-37.

DORINE
Il est en compagnie,
1525 Et je doute qu'il puisse à présent voir quelqu'un.

MONSIEUR LOYAL
Je ne suis pas pour être en ces lieux importun.
Mon abord[30] n'aura rien, je crois, qui lui déplaise;
Et je viens pour un fait dont il sera bien aise.

DORINE
Votre nom?

MONSIEUR LOYAL
Dites-lui seulement que je viens
1530 De la part de Monsieur Panulphe, pour son bien.[31]

DORINE
C'est un homme qui vient, avec douce manière,
De la part de Monsieur Panulphe, pour affaire
Dont vous serez, dit-il, bien aise.[32]

LE BEAU-FRÈRE
Il vous faut voir
Ce que c'est que cet homme, et ce qu'il peut vouloir.

---

[30] Voir la note 68 de l'acte III.

[31] Les mots «pour son bien» ont ici un double sens, signifiant soit «pour rendre service à votre maître», soit «pour mettre la main sur ce qui appartient à Panulphe». Que Molière l'emploie à bon escient est montré par le vœu pieux de Panulphe exprimé plus haut de ne vouloir se servir de la donation de Damis que pour «le bien du prochain», c'est-à-dire de lui-même, voir v.1074 et la note 14 de l'acte IV.

[32] «C'est un homme qui, à la maniere obligeante, honnête, caressante et civile dont il aborde la compagnie, soy disant venir de la part de Monsieur Panulphe, semble estre là pour demander pardon et accommoder toutes choses avec douceur, ... », *Lettre*, p.70. Cf. v.1531 de Dorine et v.1541 du mari.

ACTE V. SCÈNE III. 205

                LE MARY
1535 Pour nous raccommoder il vient ici peut-être :[33]
      Quels sentiments aurai-je à lui faire paraître?

              LE BEAU-FRÈRE
      Votre ressentiment ne doit point éclater;
      Et s'il parle d'accord, il le faut écouter.

              MONSIEUR LOYAL
      Salut, Monsieur. Le Ciel perde qui vous veut nuire,
1540 Et vous soit favorable autant que je désire!

              LE MARY
      Ce doux début s'accorde avec mon jugement,
      Et présage déjà quelque accommodement.

              MONSIEUR LOYAL
      Toute votre maison m'a toujours été chère,
      Et j'étais serviteur de Monsieur votre père.

              LE MARY
1545 Monsieur, j'ai grande honte et demande pardon
      D'être sans vous connaître ou savoir votre nom.

              MONSIEUR LOYAL
      Je m'appelle Loyal, natif de Normandie,
      Et suis huissier à verge, en dépit de l'envie,[34]

---

[33] « ... [il] semble estre là pour demander pardon, et accommoder toutes choses avec douceur ... », *ibid.*

[34] « ... comme *il se declare luy mesme, il s'appelle Loyal, et depuis trente ans il est Sergent à verge en dépit de l'envie*. Mais tout cela, comme j'ay dit, avec le plus grand respect et la plus tendre amitié du monde», *ibid.*, p.70-71. La liste des acteurs de 1669 le décrit comme «sergent», mais il se donne le titre plus imposant d'«huissier». «Les *sergents à verge* ont aussi usurpé le nom d'huissier quand ils font des ventes de meubles» (Furetière). Ils sont ainsi appelés «parce qu'ils portent en leur main une verge ou baguette pour toucher ceux contre lesquels ils font quelques exploits de justice», E. Paringault, *La Langue du droit dans le théâtre de*

J'ai [bien] depuis trente ans,[35] grâce au Ciel, le bonheur
1550 D'en exercer la charge avec beaucoup d'honneur;
Et je vous viens, Monsieur, avec votre licence,
Signifier l'exploit de certaine ordonnance ...

LE MARY
Quoi? vous êtes ici ... ?

MONSIEUR LOYAL
Monsieur, sans passion :
Ce n'est rien seulement qu'une sommation,
1555 Un ordre de vuider d'ici, vous et les vôtres,
Mettre vos meubles hors, et faire place à d'autres,
Sans délai ni remise, ainsi que besoin est ...[36]

LE MARY
Moi, sortir de céans?[37]

MONSIEUR LOYAL
Oui, Monsieur, s'il vous plaît.
La maison à présent, comme savez de reste,
1560 Au bon Monsieur Panulphe appartient sans conteste.
De vos biens désormais il est maître et seigneur,
En vertu d'un contrat duquel je suis porteur :
Il est en bonne forme, et on n'y peut rien dire.[38]

Molière, 1861, cité dans G.E. IV, p.513. «L'ordonnance d'Orléans de 1560 veut que quiconque sera touché de la verge du sergent le suive en prison» (Furetière).

[35] La *Lettre* donne bien trente ans et non quarante comme la pièce de 1669, v.1743, voir la note précédente.

[36] « ... [il] semble estre là pour demander pardon ... bien loin d'y estre pour sommer toute la famille, dans la personne du chef, de vuider la maison au plutôt ... », *ibid.*, p.70.

[37] Voir la note 31 de l'acte I.

[38] On a beaucoup discuté sur la légalité de la donation faite par le mari à l'hypocrite. D'une part, «Des spécialistes de l'histoire du droit français assurent que la donation d'Orgon était nulle de plein droit, et pour plusieurs raisons décisives. Orgon ne pouvait disposer que d'un sixième de son bien. Damis avait droit à deux

ACTE V. SCÈNE III.

DAMIS
Certes cette impudence est grande, et je l'admire.

MONSIEUR LOYAL
1565 Monsieur, je ne dois point avoir affaire à vous ;
C'est à Monsieur : il est et raisonnable et doux,
Et d'un homme de bien il sait trop bien l'office,
Pour se vouloir du tout opposer à justice.[39]

LE MARY
Mais ...

MONSIEUR LOYAL
Oui, Monsieur, je sais que pour un million
1570 Vous ne voudriez pas faire rébellion,[40]
Et que vous souffrirez, en honnête personne,

---

tiers et Mariane à un sixième de la succession de leur père sans que celui-ci y pût rien. Une donation pouvait toujours être révoquée, et celle-ci pouvait l'être d'autant plus qu'elle n'avait pas été insinuée. Or toute donation non insinuée était nulle, car l'insinuation était exigée *'ne quis impetu aliquo, sine judicio, tanquam prodigus donet'*». A. Adam, *Histoire* ... , III, p.320. Sur ce point, voir aussi G. Couton, *éd. cit.*, I, p.1368, la note 1 à la page 976. D'autre part, le malheur de la famille constitue *la seule donnée dramaturgique* de la pièce en vertu de laquelle les spectateurs partagent les souffrances de ceux qui sont menacés d'une injustice monumentale. Ce qui revient à dire que comédiens et spectateurs sont tenus de se comporter *comme s'il* s'agissait d'une donation faite dans les formes.

[39] La *Lettre* n'entre pas dans le détail des propos échangés entre Loyal et les membres de la famille, mais ces répliques existaient en 1667. La preuve, c'est que Le Vayer admire l'adresse dont use le personnage pour répondre sur un ton différent à chaque membre de la famille : «[Molière] fait luy dire plusieurs choses d'un ton et d'une force differente par les diverses personnes qui composent la compagnie, pour le faire répondre à toutes selon son but», p.72.

[40] Comme Monsieur Loyal sait faire vibrer la corde chez le mari! Sujet loyal pendant la Fronde, celui-ci est gravement compromis par les papiers sur lesquels Panulphe a pu mettre la main, et Loyal, comme bon acolyte, le sait bien. Voir les vers 1423 sv. et la note 4 de cet acte. Furetière nous laisse voir toute la portée du mot «rébellion» pour le mari : « ... révolte d'un sujet contre son Seigneur, son souverain. On décrète sur le procès-verbal d'un huissier quand il y a rébellion à justice.»

Que j'exécute ici les ordres qu'on me donne.

DAMIS
Vous pourriez bien ici sur votre noir jupon,[41]
Monsieur l'huissier à verge, attirer le bâton.

MONSIEUR LOYAL
1575 Faites que votre fils se taise ou se retire,
Monsieur. J'aurais regret d'être obligé d'écrire,
Et de vous voir couché dans mon procès-verbal.

DORINE
Ce Monsieur Loyal porte un air bien déloyal![42]

MONSIEUR LOYAL
Pour tous les gens de bien j'ai de grandes tendresses,[43]
1580 Et ne me suis voulu, Monsieur, charger des pièces
Que pour vous obliger et vous faire plaisir,
Que pour ôter par-là le moyen d'en choisir
Qui, n'ayant pas pour vous le zèle qui me pousse,

---

[41] «Espèce de grand pourpoint ou de petit juste-au-corps qui a de longues basques et qui n'a point de busquière, qui ne serre point le corps et qui est une espèce de veste propre pour l'été» (Furetière).

[42] L'édition originale du 23 mars 1669 attribue ce vers à Elmire mais il ne serait nullement en harmonie avec son caractère honnête. Dans la seconde édition du 6 juin 1669, il se trouve dans la bouche de Dorine. La *Lettre* qualifie Monsieur Loyal de «cet homme qui a tout l'air de ce qu'il est, c'est à dire du plus rafiné fourbe de sa profession, ce qui n'est pas peu de chose», p.72.

[43] Dans l'édition de 1682, des guillemets indiquent que ce vers ainsi que les vingt-sept suivants étaient supprimés. D'après la *Lettre*, il est clair qu'ils faisaient partie de *L'Imposteur*. Elle parle de Loyal «[qui] fait l'acte du monde le plus sanglant avec toutes les façons qu'un homme de bien pourroit faire le plus obligeant; et cette detestable maniere sert encore au but des Panulphes, pour ne se faire point d'affaires nouvelles, et au contraire mettre les autres dans le tort par cette conduite si honnête en apparence, et si barbare en effet ... », p.71-2. Cette description cadre bien avec ses propos douceureux sur sa prétendue affection pour les gens de bien (v.1579-84). Sa réponse à la question suivante du mari (v.1586-1602) est résumée par la *Lettre*, ci-dessus.

ACTE V. SCÈNE III. 209

Auraient pu procéder d'une façon moins douce.[44]

LE MARY
1585 Et que peut-on de pis que d'ordonner aux gens
De sortir de chez eux?

MONSIEUR LOYAL
On vous donne du temps,
Et jusques à demain je ferai surséance
À l'exécution, Monsieur, de l'ordonnance.
Je viendrai seulement passer ici la nuit,
1590 Avec dix de mes gens,[45] sans scandale et sans bruit.[46]
Pour la forme, il faudra, s'il vous plaît, qu'on m'apporte,
Avant que se coucher, les clefs de votre porte.
J'aurais soin de ne pas troubler votre repos,
Et de ne rien souffrir qui ne soit à propos.
1595 Mais demain, du matin, il vous faut être habile

---

[44] Voir v.1531 et la note 32 ci-dessus.

[45] Ces gens seraient des «recors», que Furetière définit ainsi : «... aide de sergent, celui qui l'assiste lorsqu'il va faire quelque exploit ou exécution, qui lui sert de témoin et qui lui prête main-forte. Cet exploit est signé d'un Sergent, et de deux Recors ... On l'appelle d'un nom odieux : un *poussecul*».Voir la note 53 ci-dessous.

[46] Certes, Monsieur Loyal est un Panulphe au petit pied, ayant fait siennes les manières, l'expression et surtout la pensée du maître, lesquelles se traduisent parfaitement par la formule «sans scandale et sans bruit». Panulphe promet à la dame «de l'amour sans scandale», v.846, c'est-à-dire, sans bruit ni péché (v.1346-8), et méprise les galants qui affichent leurs liaisons, v.835-46. Sur la portée du mot «scandale», voir la note 102 de l'acte I. (Cf. l'idéal que se forge Dom Juan, faux frère lui-même :
«... j'aurai soin de me cacher et me divertirai à petit bruit», *Dom Juan*, acte V, sc. 2.) Le Vayer admire comment Molière met son personnage secondaire à contribution, histoire de nous faire mieux sentir l'influence sournoise de Panulphe et de ses acolytes : «Ce personnage est un supplément admirable du caractere bigot, et fait voir comme il en est de toutes professions, et qui sont liez ensemble bien plus étroitement que ne le sont les gens de bien; parce qu'étant plus interessez, ils considerent davantage et connoissent mieux combien ils se peuvent estre utiles les uns aux autres dans les occasions; ce qui est l'ame de la cabale», *ibid.*, p.71.

À vuider de céans[47] jusqu'au moindre ustensile :
Mes gens vous aideront, et je les ai pris forts,
Pour vous faire service à tout mettre dehors.
On n'en peut pas user mieux que je fais, je pense;
1600 Et comme je vous traite avec grande indulgence,
Je vous conjure aussi, Monsieur, d'en user bien,
Et qu'au dû de ma charge on ne me trouble en rien.[48]

LE MARY
Du meilleur de mon cœur je donnerais sur l'heure
Les cent plus beaux louis de ce qui me demeure,
1605 Et pouvoir, à plaisir, sur ce mufle assener
Le plus grand coup de poing qui se puisse donner.[49]

LE BEAU-FRÈRE
Laissez, ne gâtons rien.

DAMIS
À cette audace étrange,
J'ai peine à me tenir, et la main me démange.[50]

---

[47] Ce que Le Vayer rend par « ... vuider la maison au plutôt», *ibid.*, p.70. Pour céans, voir la note 31 de l'acte I.

[48] « ... pour le faire davantage parler, il [Molière] le fait proposer et offrir une espece de grace, qui est un delay d'execution, mais accompagné de circonstances plus choquantes que ne seroit un ordre absolu», *ibid.*, p.72-3.

[49] Le reste du dialogue dans cette scène n'est pas donné par la *Lettre*, qui se concentre plutôt sur les méthodes mises en œuvre par Panulphe et Monsieur Loyal pour chasser la famille de la maison. Mais la scène ne se termina pas en 1667 sur ces propos de l'huissier hypocrite. Après son ordre, la *Lettre* ajoute «Enfin il sort, ... », p.73, ce qui laisse supposer une suite. On ne saurait imaginer un colérique comme le mari, sans parler de son fils ou de la servante, essuyant l'affront sans mot dire.

[50] L'édition de 1682 donne la variante
Cette audace est trop forte;
J'ai peine à me tenir, il vaut mieux que je sorte.
Ce changement serait dû à la nécessité de faire jouer deux rôles par un même acteur, en l'occurrence celui de Damis et de l'Officier, ce qui aurait obligé le fils à sortir à la suite de ce discours, d'après l'éditeur de l'édition de 1734, I, p.v-vi.

ACTE V. SCÈNE IV.

DORINE

Avec un si bon dos, ma foi, Monsieur Loyal,
1610   Quelques coups de bâton ne vous siéraient pas mal.

MONSIEUR LOYAL

On pourrait bien punir ces paroles infâmes,
Mamie, et l'on décrète[51] aussi contre les femmes.

LE BEAU-FRÈRE

Finissons tout cela, Monsieur : c'en est assez;
Donnez tôt ce papier, de grâce, et nous laissez.

MONSIEUR LOYAL
1615   Jusqu'au revoir. Le Ciel vous tienne tous en joie!

LE MARY

Puisse-t-il te confondre, et celui qui t'envoie!

SCÈNE IV

LE MARY, LE BEAU-FRÈRE, MARIANE, LA DAME,
LA VIEILLE, DORINE, DAMIS

LE MARY

Hé bien, vous le voyez, ma mère, si j'ai droit,[52]
Et vous pouvez juger du reste par l'exploit :[53]

---

[51] La *Lettre* n'indique pas qu'il en était ainsi en 1667.
Monsieur Loyal peut solliciter du juge un ordre ou décret décrétant prise de corps contre elle. La *Lettre* ne cite pas les répliques de Damis et de Dorine à Monsieur Loyal (v.1607-10), mais voir la note 39 ci-dessus sur la façon dont Molière fait découvrir le complice de Panulphe.
[52] «Si j'ai raison, si je suis en droit de me plaindre.»
[53] Qu'il tient à la main. «*Exploit* : des actes et expéditions que font les Sergents. On donne copie de l'*exploit* à celui qu'on assigne. Un *exploit* de saisie et d'exécution, *exploit* d'emprisonnement, d'offres, de sommation. Les *exploits* doivent être

Ses trahisons enfin vous sont-elles connues?

LA VIEILLE

1620 Je suis toute ébaubie,[54] et je tombe des nues!

DORINE
Vous vous plaignez à tort, à tort vous le blâmez,
Et ses pieux desseins par-là sont confirmés :
Dans l'amour du prochain sa vertu se consomme;
Il sait que très souvent les biens corrompent l'homme,
1625 Et par charité pure, il veut vous enlever
Tout ce qui vous peut faire obstacle à vous sauver.[55]

LE MARY
Taisez-vous : c'est le mot qu'il vous faut toujours dire.[56]

LE BEAU-FRÈRE
Allons voir quel conseil on doit vous faire élire.[57]

[54] signés du Sergent et de deux Recors ou témoins, suivant l'article 2 du T. II de l'Ordonnance de 1667, mais cet article a été abrogé par un Édit de 1669. (Les Sergents sont déchargés de les faire signer, pourvu qu'ils les fassent contrôler dans trois jours.)» (Furetière).
« ... à peine la Vieille s'est-elle écriée, *je ne say plus que dire, et suis toute ebaubie* ... », *Lettre*, p.73. «Esbaudi : terme populaire et vieux, qui signifiait la même chose qu'esbahi, mais un esbahissement accompagné de quelque trouble ou faiblesse d'esprit» (Furetière).

[55] Sa maîtresse et le frère de sa maîtresse ont dû lui faire un fidèle récit de leurs entretiens avec Panulphe, voir v.740-41, 1067-74.

[56] Nous savons que ces vers de Dorine ainsi que les répliques de son maître et du beau-frère (v.1621-8) furent retranchés de l'édition de 1682. On a pu en effet estimer que la raillerie de la servante détonnait dans la sombre atmosphère où est plongée la famille. Par contre, il est évident d'après la *Lettre* que plusieurs membres de la famille placèrent leur mot dans la brève discussion qui suivit : « ... à peine la Vieille s'est-elle écriée ... et les autres, [vraisemblablement la dame, son frère, et la servante] ont-ils fait reflexion sur leur avanture, que Valere ... donne avis au mary ... », p.73. S'il en était ainsi, comment croire que la lutine et loquace servante fût demeurée en reste?

[57] «*Élire* : préférer, choisir» (Furetière). «Le meilleur parti qu'il vous faut prendre.» Cf. le vers 519.

ACTE V. SCÈNE V. 213

LA DAME
Allez faire éclater l'audace de l'ingrat.[58]
1630 Ce procédé détruit la vertu du contrat;[59]
Et sa déloyauté[60] va paraître trop noire,
Pour souffrir qu'il en ait le succès qu'on veut croire.

SCÈNE V

VALÈRE, LE MARY, LE BEAU-FRÈRE, LA DAME,
MARIANE, ETC.

VALÈRE
Avec regret, Monsieur, je viens vous affliger;
Mais je m'y vois contraint par le pressant danger.
1635 [Un officier du roi], d'une amitié fort tendre,
Et qui sait l'intérêt qu'en vous j'ai lieu de prendre,
A violé pour moi, par un pas délicat,
Le secret que l'on doit aux affaires d'État,
Et me vient d'envoyer un avis dont la suite

---

[58] Que cette dame qui au cours de la pièce s'est refusée à tout éclat (v.878, 1173-4) prenne maintenant une résolution si hardie, témoigne bien de l'extrémité de la famille.

[59] La dame sait que le don de la donation peut être résilié par motif d'ingratitude, et sans doute eût-elle fait des démarches à cette fin n'était l'arrivée inopinée de Valère dans la scène suivante pour les mettre au courant des nouvelles machinations de l'hypocrite auprès du roi. Panulphe est assez averti pour savoir la faiblesse de sa «cause». Sur les raisons d'annuler une donation, voir Livet, «Une question de droit à propos de Tartuffe», *Le Moliériste*, IV, 1882, p.15-21. On sait que Guéret eût préféré que Molière dénouât la pièce par une voie autre que celle du fait du Prince : «Que ne dénouoit-il sa pièce ... par quelque nullité de la donation? Cela auroit été plus naturel, et du moins les gens de robe l'auroient trouvé bon», *La Promenade de Saint-Cloud*, 1669, p.210-11. Les gens de robe y eussent peut-être trouvé leur compte, mais au prix d'un dénouement proprement théâtral.

[60] Le terme a ici un son tout autrement solennel que le jeu de mots facétieux de Dorine au vers 1578.

1640	Vous réduit au parti d'une soudaine fuite.[61]
	Le fourbe qui longtemps a pu vous imposer[62]
	Depuis une heure au Prince a su vous accuser,
	Et remettre en ses mains, dans les traits qu'il vous jette,
	D'un criminel d'État l'importante cassette,
1645	Dont, au mépris, dit-il, du devoir d'un sujet,
	Vous avez conservé le coupable secret.[63]
	J'ignore le détail du crime qu'on vous donne;[64]
	Mais un ordre est donné contre votre personne;
	Et lui-même est chargé, pour mieux l'exécuter,
1650	D'accompagner celui qui vous doit arrêter.

LE BEAU-FRÈRE

Voilà ses droits armés;[65] et c'est par où le traître
De vos biens qu'il prétend cherche à se rendre maître.

---

[61] «{Je sais} cette nouvelle par l'Officier mesme qui a ordre de {vous} arrêter, lequel a bien voulu {me} rendre ce service que de{m}'en avertir» *Lettre*, p.73. En 1669, il n'est pas question d'un Officier, mais d'un ami qui a l'obligeance d'en avertir Valère (v.1829-34). («*Officiers de Justice*: sont ceux qui sont pourvus de charges pour rendre la justice ... Il n'y a pas jusqu'aux Sergents qu'on nomme *Officiers*: et on dit d'eux absolument : où est l'*Officier*? pour dire, où est le Sergent, le Bedeau qui est de service?» (Furetière).) Le fait qu'en 1667 c'est l'Officier lui-même qui transmet la nouvelle à Valère est d'une extrême délicatesse politique, entraînant une trahison de sa charge de la part d'un soi-disant serviteur loyal du Prince. On comprend bien que, une fois l'interdiction de jouer la pièce levée par le Roi, Molière n'ait pas voulu prêter le flanc à la critique implicite d'un si bon Prince et ait transformé l'Officier en simple ami de Valère. En outre, le changement comporte un avantage dramatique en 1669. L'arrestation de Tartuffe par un Exempt qui n'est pas lié d'amitié avec Valère ménage une plus grande surprise au public lors du dénouement.

[62] «*Imposer* : à quelqu'un signifie lui en faire accroire, le tromper, le surprendre» (Furetière).

[63] « ... Valère, l'amant de Mariane, entre et donne avis au mary que *Panulphe, par le moyen des papiers qu'il a entre les mains, l'a fait passer pour criminel d'Etat prés du Prince ...* », *Lettre*, p.73.

[64] «Que l'on vous attribue.»

[65] Les droits que lui confère déjà la donation se trouvent renforcés par le fait que les biens confisqués du criminel qu'il dénonce reviennent au délateur, c'est-à-dire à Panulphe.

ACTE V. SCÈNE V. 215

                LE MARY
   L'homme est, je vous l'avoue, un méchant animal![66]

                VALÈRE
   Le moindre amusement[67] vous peut être fatal.
1655   J'ai, pour vous emmener, mon carrosse à la porte,
   Avec mille louis qu'ici je vous apporte.[68]
   Ne perdons point de temps : le trait est foudroyant,
   Et ce sont de ces coups que l'on pare en fuyant.
   À vous mettre en lieu sûr je m'offre pour conduite,
1660   Et veux accompagner jusqu'au bout votre fuite.

                LE MARY
   Las! que ne dois-je point à vos soins obligeants!
   Pour vous en rendre grâce il faut un autre temps;
   Et je demande au Ciel de m'être assez propice,
   Pour reconnaître un jour ce généreux service.
1665   Adieu: prenez le soin, vous autres ...

              LE BEAU-FRÈRE
                           Allez tôt :
   Nous songerons, mon frère, à faire ce qu'il faut.[69]

---

[66] Ni la réplique du Beau-frère ni celle du Mary n'est donnée par la *Lettre*, qui se concentre sur le message de Valère.

[67] «... qui sert à passer, ou à perdre le temps ... » (Furetière).

[68] «Valère ... donne avis ... *que son carosse est à la porte avec mille louïs pour prendre la fuite*», *Lettre*, p.73.

[69] «Sans autre deliberation on oblige le mari à le [Valère] suivre; mais comme ils sortent, ils rencontrent Panulphe avec l'Officier, qui les arrêtent», *ibid*.

SCÈNE DERNIÈRE

L'OFFICIER, PANULPHE, *arrêtant* LE MARY,[70] VALÈRE, LA DAME, MARIANE, ETC.

PANULPHE
Tout beau, Monsieur, tout beau, ne courez point si vite :
Vous n'irez pas fort loin pour trouver votre gîte,
Et de la part du Prince on vous fait prisonnier.

LE MARY
1670 Traître, tu me gardais ce trait pour le dernier;
C'est le coup, scélérat,[71] par où tu m'expédies,
Et voilà couronner toutes tes perfidies.

PANULPHE
Vos injures n'ont rien à me pouvoir aigrir,
Et je suis pour le Ciel appris à tout souffrir.

LE BEAU-FRÈRE
1675 La modération est grande, je l'avoue.

DAMIS
Comme du Ciel l'infâme impudemment se joue![72]

PANULPHE
Tous vos emportements ne sauraient m'émouvoir,
Et je ne songe à rien qu'à faire mon devoir.

---

[70] Comme l'indique la note précédente. L'édition de 1734 porte TARTUFFE, *arrêtant* ORGON.

[71] Rien n'indique plus clairement le revirement du mari que l'usage qu'il fait de ce terme, qui devient un des mots-clés de la polémique autour de la pièce, voir la note 62 de l'acte III.

[72] Quand Damis ne figurait pas dans cette scène, ce vers était dans la bouche de Dorine, voir la note 50 ci-dessus.

ACTE V. SCÈNE DERNIÈRE.

              MARIANE
     Vous avez de ceci grande gloire à prétendre,
1680 Et cet emploi pour vous est fort honnête à prendre.

              PANULPHE
     Un emploi ne saurait être que glorieux,
     Quand il part du pouvoir qui m'envoie en ces lieux.

              LE MARY
     Mais t'est-tu souvenu que ma main charitable,
     Ingrat, t'a retiré d'un état misérable ?

              PANULPHE
1685 Oui, je sais quels secours j'en ai pu recevoir;
     Mais l'intérêt du Prince est mon premier devoir;
     De ce devoir sacré la juste violence
     Étouffe dans mon cœur toute reconnaissance,
     Et je sacrifierais à de si puissants nœuds
1690 Ami, femme, parents, et moi-même avec eux.[73]

              LA DAME
     L'imposteur![74]

---

[73] C'est l'exemple de ce bon apôtre que le mari suivait en disant ces mêmes paroles à son beau-frère, voir v.287-91, la note 98 de l'acte I, et ses vers 1015-16. La riposte de la dame (v.1691) fait pendant à celle de son frère devant le même mépris des liens familiaux et humains, v.292. La *Lettre* résume les vers 1670-90 ainsi : «Chacun éclate contre l'Hypocrite en reproches de diverses manieres, à quoy, étant pressé, il répond que *la fidelité qu'il doit au Prince est plus forte sur luy que toute autre consideration*», p.73-4.

[74] Voir p.57, note 15. Le Vayer n'a pas retenu les éclats et de Dorine et de la dame (v.1691-2), son esprit logique les ayant sans doute résumés dans sa description générale des vitupérations qui partent de chaque membre de la famille, voir la note précédente. En revanche, le discours suivant du beau-frère introduit un nouvel élément que la *Lettre* met en relief.

DORINE
Comme il sait, de traîtresse manière,
Se faire un beau manteau de tout ce qu'on révère!

LE BEAU-FRÈRE
Mais s'il est si parfait que vous le déclarez,
Ce zèle qui vous pousse et dont vous vous parez,[75]
1695 D'où vient que pour paraître il s'avise d'attendre
Qu'à poursuivre sa femme il ait su vous surprendre,
Et que vous ne songez à l'aller dénoncer
Que lorsque son honneur l'oblige à vous chasser?
Je ne vous parle point, pour devoir en distraire,[76]
1700 Du don de tout son bien qu'il venait de vous faire;
Mais le voulant traiter en coupable aujourd'hui,
Pourquoi consentiez-vous à rien[77] prendre de lui?[78]

PANULPHE
Délivrez-moi, Monsieur, de la criaillerie,
Et daignez accomplir votre ordre, je vous prie.[79]

L'OFFICIER[80]
1705 Oui, c'est trop demeurer sans doute à l'accomplir :
Votre bouche à propos m'invite à le remplir;
Et pour l'exécuter, suivez-moi tout à l'heure
Dans la prison qu'on doit vous donner pour demeure.[81]

---

[75] Voir la note 106 de l'acte IV.
[76] «Se dit figurément; interrompre, détourner» (Furetière).
[77] Sens positif de «quelque chose».
[78] «Mais le Frere de la Dame repliquant à cela, et luy demandant *pourquoy, si son Beaufrere est criminel, il a attendu pour le déferer qu'il l'eût surpris voulant corrompre la fidelité de sa femme?*», *Lettre*, p.74.
[79] «Cette attaque le mettant hors de defense, il prie l'Officier *de le delivrer de toutes ces criailleries, et de faire sa charge*», ibid.
[80] Voir la note 61 ci-dessus.
[81] «Ce que l'autre (l'Officier) luy accorde, mais en le faisant prisonnier luymesme. Dequoi tout le monde étant surpris, l'Officier rend raison, et cette raison est le dénouëment», *Lettre*, p.74.

ACTE V. SCÈNE DERNIÈRE. 219

> PANULPHE
> Quoi? moi, Monsieur?
>
> L'OFFICIER
> Oui, vous.
>
> PANULPHE
> Pourquoi donc la prison?
>
> L'OFFICIER

1710 Ce n'est pas vous à qui j'en veux rendre raison.
Remettez-vous, Monsieur, d'une alarme si chaude.[82]
Nous vivons sous un prince ennemi de la fraude,
Un Prince dont les yeux se font jour dans les cœurs,
Et que ne peut tromper tout l'art des imposteurs.[83]
1715 Celui-ci n'était pas pour le pouvoir surprendre,
Et de pièges plus fins on le voit se défendre.
D'abord il a percé, par ses vives clartés,
Des replis de son cœur toutes les lâchetés.
Venant vous accuser, il s'est trahi lui-même,
1720 Et par un juste trait de l'équité suprême,
S'est découvert au Prince un fourbe renommé,

---

[82] Les vers 1710-1711 sont évidemment des vers de transition. Ils ne sont pas rapportés par la *Lettre*.
[83] La *Lettre*, qui donne un compte rendu des plus détaillés de ce discours, ne fait aucune mention des huit vers suivants de l'édition de 1669 (v.1909-16) :

> D'un fin discernement sa grande âme pourvue
> Sur les choses toujours jette une droite vue;
> Chez elle jamais rien ne surprend trop d'accès,
> Et sa ferme raison ne tombe en nul excès.
> Il donne aux gens de bien une gloire immortelle;
> Mais sans aveuglement il fait briller ce zèle,
> Et l'amour pour les vrais ne ferme point son cœur
> À tout ce que les faux doivent donner d'horreur.

On note avec intérêt que l'édition de 1682 indique qu'à la représentation ces mêmes vers étaient omis.

Dont sous un autre nom il était informé ;
Et c'est un long détail d'actions toutes noires
Dont on pourrait former des volumes d'histoires.
1725 Ce monarque, en un mot, a vers vous détesté
Sa lâche ingratitude et sa déloyauté.[84]

---

[84] «L'Officier declare donc que *le Prince ayant penetré dans le cœur du fourbe par une lumiere toute particuliere aux Souverains pardessus les autres hommes, et s'étant informé de toutes choses sur sa delation, avoit découvert l'imposture et reconnu que cet homme étoit le mesme, dont, sous un autre nom, il avoit déja ouï parler, et savoit une longue histoire des plus étranges friponneries et des plus noires avantures dont il ait jamais été parlé*», ibid., p.75-76. On reconnaît ici tous les éléments de la première partie du récit : pénétration instantanée des desseins du fourbe par le souverain divinement éclairé, connaissance exacte de sa conduite perfide envers la famille comme du catalogue de ses activités entreprises dans le passé sous le couvert d'un autre nom. Dans la *Lettre*, il n'y a pas de trace des quatre vers qui suivent dans la version de 1669, v.1929-32 :

À ses autres horreurs il a joint cette suite,
Et ne m'a jusqu'ici soumis à sa conduite
Que pour voir l'impudence aller jusques au bout,
Et vous faire par lui faire raison de tout.

Ces vers étaient retranchés lors de la représentation, selon l'édition de 1682.
    Le nom Tartuffe fut-il prononcé dans le vers 1722 en 1667? Oui, à en croire Voltaire : «Dans les premières représentations, l'Imposteur se nommait *Panulphe*, et ce n'était qu'à la dernière scène qu'on apprenait son véritable nom de *Tartuffe*, sous lequel ses impostures étaient supposées être connues du Roi», *Sommaire*, G.E. IV, p.370. Nous avons de la peine à le suivre ici. D'abord, la *Lettre* ne fait aucune mention de ce qui eût constitué le point culminant de la découverte publique de l'hypocrite, mais signale qu'il s'agit du même homme connu de la justice *sous un autre nom*, ce que reproduit la version de 1669 :

un fourbe renommé
Dont sous un autre nom il [le Prince] était informé. (v.1923-24)

Peut-on imaginer Molière en 1667 ravivant le souvenir pénible des malheureux trois actes du *Tartuffe* supprimés dès la représentation à la cour le 12 mai 1664? Cela eût été le comble de l'indiscrétion de sa part, d'autant plus qu'il s'était donné le mal de déguiser son imposteur sous le nom et le costume de Panulphe.

ACTE V. SCÈNE DERNIÈRE. 221

[... nous vivons sous un regne, où rien ne peut échaper à la lumiere du Prince, où la calomnie est confondue par sa seule presence, et où l'hypocrisie est autant en horreur dans son esprit qu'elle est accreditée parmy ses sujets.]⁸⁵

  Oui, de tous vos papiers, dont il se dit le maître,
  Il veut qu'entre vos mains je dépouille le traître.
  D'un souverain pouvoir, il brise les liens
1730 Du contrat qui lui fait un don de tous vos biens,
  Et vous pardonne enfin cette offense secrète

---

[85] *Ibid.*, p. 76. Cette attaque cinglante contre l'hypocrisie était sans doute jugée trop amère et incisive et a été coupée dans la version de 1669. Par contre, les propos de l'Exempt en 1669 sont plus lénifiants et anodins. Pour sa haine de l'hypocrisie religieuse, Le Vayer ne le cède à personne, la fustigeant autant que Molière sa vie durant. Dès 1640, il distinguait la bonne de la mauvaise dévotion à l'intention du futur roi : «La devotion est un lien de parfaite amitié entre Dieu et les hommes; quand ceux qui les gouvernent en sont touchez comme il faut, il n'y a sorte (*sic*) de benedictions qu'ils n'attirent sur eux et sur leurs peuples. Mais pour produire ces bons effets, elle doit être raisonnable et veritable. Comme il y a des zélés indiscrets, il s'en trouve aussi d'hipocrites, et l'on voit assez de personnes qui n'employent la pieté que comme un fard sur le visage, dont ils se tiendroient interesez au dedans. Ce sont Cignes qui couvrent une chair très-noire avec des plumes fort blanches ... », *De la religion*, dans *De l'instruction de Monseigneur le Dauphin*, *OLV*, I (1ʳᵉ partie), 1ᵉʳ vol., p.29. N'est-il pas curieux de penser que Le Vayer précepteur royal ait pu inspirer au jeune souverain cette même haine de l'hypocrisie religieuse qui devait par la suite rendre possible la représentation du *Tartuffe*?

[Des papiers criminels recelés en cachette].[86]
Et c'est le prix qu'il donne au zèle qu'autrefois
On vous vit témoigner en appuyant ses droits,[87]
1735 Pour montrer que son cœur sait, quand moins on y pense,
D'une bonne action verser la récompense,
Que jamais le mérite avec lui ne perd rien,
Et que mieux que du mal il se souvient du bien.[88]

DORINE
Que le Ciel soit loué!

LA VIEILLE
Maintenant je respire.

LA DAME
1740 Favorable succès!

---

[86] « ... *que cela étant* [l'horreur qu'a le Prince de l'hypocrisie] *il a d'autorité absolue annullé tous les actes favorables à l'imposteur et fera rendre tout ce dont il étoit saisi»*, *ibid.*, p.76. La pièce de 1669 continue ainsi :

    Et vous pardonne enfin cette offense secrète
    Où vous a d'un ami fait tomber la retraite; (v.1937-8)

On sait qu'en 1669 cet ami, Argas, avait remis des papiers secrets à Orgon qui le compromettaient aux yeux de l'état, avant de prendre la fuite (v.1579-83). En 1667, il n'y a ni mention d'ami ni de fuite, simplement des amis du mari qui lui ont confié des papiers importants qu'il a mis dans la cassette donnée à Panulphe (*Lettre*, p.64, et voir la note 4 de l'acte V).

[87] « ... *et qu'enfin c'est ainsi qu'il reconnoit les services que le bon homme a rendus autrefois à l'Etat dans les armées»*, *ibid.*, p.76. Dorine a déjà anticipé cette reconnaissance en évoquant la fidélité de son maître à la cause royale pendant la Fronde, v.213-14.

[88] « ... *pour montrer que rien n'est perdu prés de luy, et que son equité, lors que moins on y pense, des bonnes actions donne la recompense.»*, *ibid.*, p.76. La prose de Le Vayer est si fidèle au texte de la pièce qu'elle garde même la rime des vers 1735-6.

ACTE V. SCÈNE DERNIÈRE. 223

MARIANE

Qui l'aurait osé dire?[89]

LE MARY, *à Panulphe*

Hé bien! te voilà, traître ...[90]

LE BEAU-FRÈRE

Ah! mon frère, arrêtez,
Et ne descendez point à des indignités;
À son mauvais destin laissez un misérable,
Et ne vous joignez point au remords qui l'accable :
1745 Souhaitez bien plutôt que son cœur en ce jour
Au sein de la vertu fasse un heureux retour,
Qu'il corrige sa vie en détestant son vice
Et puisse du grand Prince adoucir la justice,
Tandis qu'à sa bonté vous irez à genoux
1750 Rendre ce que demande un traitement si doux.[91]

LE MARY

Oui, c'est bien dit : allons à ses pieds avec joie
Nous louer des bontés que son cœur nous déploie.
Puis, acquittés un peu de ce premier devoir,
Aux justes soins d'un autre il nous faudra pourvoir,

---

[89] La *Lettre* ne rapporte pas les vers 1739-40, où éclatent les réactions de joie de la famille aux nouvelles du pardon royal, sans doute pour la bonne raison qu'ils commentent plutôt qu'ils n'avancent l'action dramatique. Ils nous semblent pourtant nécessaires pour équilibrer et alléger une fin de scène sauvée *in extremis* du sérieux. Comment croire qu'un technicien du théâtre aussi parfait que Molière n'eût pas saisi tout prétexte pour varier autant que possible le ton du dénouement?

[90] «Le Mary voyant toutes choses changées, suivant le naturel des ames foibles, insulte au miserable Panulphe», *ibid.*, p.77-78.

[91] «mais son Beaufrere le reprend fortement, *en souhaitant au contraire à ce malheureux qu'il fasse un bon usage de ce revers de fortune : et qu'au lieu des punitions qu'il merite, il reçoive du Ciel la grace d'une veritable penitence qu'il n'a pas meritée*», *ibid.*, p.78.

1755   Et par un doux hymen couronner en Valère
       La flamme d'un amant généreux et sincère.⁹²

---

⁹² Ce dernier discours n'est pas mentionné directement par la *Lettre* mais son contenu est implicite dans la description que donne Le Vayer du dénouement. Il s'évertue surtout à mettre en lumière le caractère éminemment chrétien de la conclusion de la pièce, et à cette fin loue sans réserve «l'exemple le plus parfait qu'on ait peutêtre jamais proposé, de la plus sublime de toutes les Vertus evangeliques, qui est le pardon des ennemis», p.78. Toujours est-il qu'il ne peut se passer de décocher un trait aux ennemis de la pièce lesquels accusent Molière d'impiété : «Conclusion, à ce que disent ceux que les bigots font passer pour athées, digne d'un ouvrage si saint ... », p.78. Or pour Le Vayer, le mari appartient à la catégorie des «ames foibles» (voir la note 90 ci-dessus) qui sont la proie constante des imposteurs. Il préfère plutôt terminer sa description de la comédie par l'éloge du personnage qui reflète ses propres vues sur la dévotion modérée. D'ailleurs rien de plus normal à ce que la pièce se termine sur la perspective du mariage de Valère et de Mariane. Citons pour conclure la première phrase d'un essai de Le Vayer sur le mariage : «L'on compare ordinairement la vie des hommes à une Comedie, et certes les différens personnages qu'on y jouë, et la plûpart des choses qui s'y passent, rendent fort juste cette comparaison. Rien néanmoins ne me la fait tant approuver, que de considérer comme dans tout le cours de cette vie, aussi bien que dans la suite d'une piéce [*sic*] de theatre, le plus divertissant endroit est souvent celui des mariages qui s'y contractent, et qui sont le point principal où aboutissent presque toutes les lignes, soit de la vie civile, soit des sujets comiques qui en sont l'image», *Sur les mariages*, dans *Discours ou Homilies Académiques*, *OLV*, III (2ᵉ partie), 6ᵉ vol., p.14-15.

BIBLIOGRAPHIE SOMMAIRE

ÉDITIONS DE MOLIÈRE

Œuvres de Molière, éd. M.-A. Jolly, 8 vol. (Paris : Piget, 1739, première édition 1734).
Œuvres de Molière, éd. A. Bret, 6 vol. (Paris : M. Lambert, 1773-82).
Œuvres complètes, éd. Despois et Mesnard, Grands Écrivains de la France, 13 vol. (Paris : 1873-1900).
Œuvres complètes, éd. R. Bray, 8 vol. (Paris : Société Les Belles Lettres, 1935-52).
Œuvres complètes, éd. G. Couton, 2 vol. (Paris : Gallimard, 1971).

OUVRAGES CONSULTÉS

Ne figurent dans cette liste que les ouvrages qui ont été de la plus grande utilité dans la reconstruction de *L'Imposteur*.

Adam, A., *Histoire de la littérature française au XVIIe siècle*, 5 vol. (Paris : Éditions Mondiales, 1964).
Allainval, Abbé d', *Lettre à Mylord ... sur Baron et la demoiselle Lecouvreur* (Paris : A. de Heuqueville, 1730).
Allier, R., *La Cabale des dévots 1627-1666* (Paris : Colin, 1902).
Alméras, H. d', *Le Tartuffe de Molière* (Paris : Sfelt, 1946).
Bray, R., *Molière homme de théâtre* (Paris : Mercure de France, 1954).
Busson, H., *La Pensée religieuse de Charron à Pascal* (Paris : Presses Universitaires de France, 1933).
Cairncross, J., *New Light on Molière* (Genève : Droz-Minard, 1956).
———, *Molière bourgeois et libertin* (Paris : Nizet, 1963).
Conti, Prince de, *Traité de la comédie et des spectacles, selon la tradition de l'Église tirée des conciles et des Saints Pères* (Paris : L. Billaine, 1666).
Dandrey, P., *L'Éloge paradoxal de Gorgias à Molière* (Paris : Presses Universitaires de France, 1997).

Dubu, J., *Les Églises chrétiennes et le théâtre 1550-1850* (Grenoble : Presses Universitaires de Grenoble, 1997).
Grimarest, Jean Léonor Gallois Sieur de, *Vie de Monsieur de Molière*, éd. G. Mongrédien (Paris : M. Brient, 1955).
Gutkind, C.S., *Molière und das komische Drama* (Halle : Niemeyer, 1928).
Gutwirth, M., «Tartuffe and the Mysteries», *Publications of the Modern Language Association of America*, 92 (1977), p.33-40.
Hall, H.G., *Comedy in Context : Essays on Molière* (Mississippi : University Press of Mississippi, 1984).
Herzel, R., *The Original Casting of Molière's Plays* (Michigan : UMI Research Press, 1981).
Hope, Q., «Place and Setting in *Tartuffe*», *Publications of the Modern Language Association of America*, 89 (1974), p.42-49.
Howarth, W.D., *Molière. A Playwright and his Audience* (Cambridge: Cambridge University Press, 1982).
James, E., «Molière moralized : the *Lettre sur la comédie de L'Imposteur*», *Seventeenth-Century French Studies*, 13 (1991), p.105-13.
Jurgens, M., et E. Maxfield-Miller, *Cent ans de recherches sur Molière, sur sa famille et les comédiens de sa troupe* (Paris : Imprimerie Nationale, 1963).
La Fontaine, *Fables*, éd. G. Couton (Paris : Garnier, 1962).
La Grange, Charles Varlet Sieur de, *Le Registre de La Grange, 1659-85*, reproduit en fac-similé avec un index et une notice sur La
Grange et sa part dans le théâtre de Molière, éd. B.E. Young, 2 vol. (Paris: Droz, 1947).
La Mothe Le Vayer, François de, *Œuvres de François de La Mothe Le Vayer conseiller d'État ordinaire*, 14 vol. (Dresde : M. Groell, 1756-59).
———, *Dialogues faits à l'imitation des anciens* (Francfort, 1506, 1606 [sic], réimp. Paris : Fayard, 1988).
———, *Deux dialogues faits à l'imitation des anciens*, introduction et notes par E. Tisserand (Paris : Éditions Bossard, 1922).
———, *Lettre sur la comédie de L'Imposteur*, éd. R. Mc Bride, Durham Modern Languages Series (Durham : University of Durham, 1994).
Mc Bride, R., «Un Ami sceptique de Molière», *Studi Francesi*, 47-48 (1972), p.244-61.
———, *The Sceptical Vision of Molière : a study in paradox* (London : Macmillan, 1977).
Michaut, G., *Les Luttes de Molière* (Paris : Hachette, 1925).
Mongrédien, G. éd., *Molière recueil des textes et des documents du XVIIe siècle relatifs à Molière*, 2 vol. (Paris : CNRS, 1973).

Moore, W.G., *Molière. A New Criticism* (Oxford : Clarendon Press, 1962, réimp. de la 1ʳᵉ édition, Oxford, 1949).
Montaigne, Michel de, *Essais*, éd. M. Rat, 2 vol. (Paris : Garnier, 1962).
Montgomery, E.D., «Tartuffe: the history and sense of a name», *Modern Language Notes*, 88 (1973), p.838-40.
Nurse, P.H., «Essai de définition du comique moliéresque», *Revue des Sciences Humaines*, 16 (1964), p.9-24.
———, *Molière and The Comic Spirit* (Genève : Droz, 1991).
Parfaict, C. & F., *Histoire du théâtre français depuis son origine jusqu'à présent*. 15 vol. (Amsterdam: Aux dépens de la Compagnie, 1735-1749).
Parish, R. éd., *Molière, Le Tartuffe ou L'Imposteur* (London : Bristol Classical Press, 1994).
Pascal, B., *Œuvres complètes*, éd. L. Lafuma (Paris : Édition du Seuil, 1963).
Phillips, H., *The Theatre and its Critics in Seventeenth-Century France* (Oxford : Clarendon Press, 1980).
Pintard, R., *Le Libertinage érudit dans la première moitié du XVIIᵉ siècle*, précédé de «Les Problèmes de l'histoire du libertinage : notes et réflexions» (Genève-Paris : Slatkine, 1983, réimpr. de la 1ʳᵉ édition, Paris : Hachette, 1943).
Pommier, R., *Études sur Le Tartuffe* (Paris : Sedes, 1994).
Sainte-Beuve, C.-A., *Port-Royal* (Paris : Hachette, 1908), vol. III.
Sales, F. de, *Introduction à la vie dévote* (Paris : Nelson, 1910).
Salomon, H.P., *Tartuffe devant l'opinion française* (Paris : Presses Universitaires de France, 1962).
Scherer, J., *Structures de Tartuffe* (Paris : Sedes, 1966).
Siguret, F., «L'Image ou l'imposture: analyse d'une gravure illustrant *Le Tartuffe*», *Revue d'Histoire du Théâtre*, 36 (1984), p.362-9.
Spink, J.S., *French Free-Thought from Gassendi to Voltaire* (London: The Athlone Press, 1966).
Voltaire, F.M.A., *Sommaire du Tartuffe, Œuvres Complètes* de Molière, Grands Écrivains de la France, IV, p.368-72.
Wickelgren, F., *La Mothe Le Vayer, sa vie et son œuvre* (Paris : Droz, 1934).

TABLE des MATIÈRES

AVANT-PROPOS   v

INTRODUCTION

    A. La *Lettre sur la comédie de L'Imposteur* et *Le Tartuffe*   1
    B. L'intervention d'un académicien dans la querelle du *Tartuffe* 4
    C. Quel crédit peut-on accorder à la *Lettre*?   20
    D. De la *Lettre* à *L'Imposteur*   23
    E. *L'Imposteur* et *Le Tartuffe*—une seule et même pièce?   28
    F. *L'Imposteur*—Une pièce à tonalité rude   43
    G. Note sur l'établissement du texte   50

SECOND PLACET   53

L'IMPOSTEUR (1667)   59

    ACTEURS   60
    ACTE I   63
    ACTE II   95
    ACTE III   124
    ACTE IV   157
    ACTE V   193

BIBLIOGRAPHIE SOMMAIRE   225

LISTE DES ILLUSTRATIONS   229

ILLUSTRATIONS

FRONTISPICE L'imposteur, la dame et son mari, adapté   vi
de la planche de P. Brissart, gravée par J. Sauvé, 1682,
Bibliothèque nationale, cl. B.N.

Ordonnance de Monseigneur l'archevêque de Paris,   11
Bibliothèque nationale, Paris, cl. B.N.

Portrait de François de La Mothe Le Vayer gravé sur   52
bois par Achille Ouvré, Bibliothèque nationale, cl. B.N.

Extrait du *Registre* de La Grange, Bibliothèque nationale,   62
Paris, cl. B.N.

University of Durham
School of Modern European Languages

Durham Modern Languages Series Publications

French Series

FM1	Richard D. Burton, *The Context of Baudelaire's 'Le Cygne'*. 1980, 102 pp. ISBN 0 07310 01 X. £5.00
FM2	R.J. Howells, *Pierre Jurieu: Antinomian Radical*. 1983, 90 pp. ISBN 0 907310 04 4. £5.00
FT1	*Malherbe, Théophile de Viau, and Saint-Amant, A Selection*. R.G. Maber, ed., 1983, repr. 1985, 1987; 2nd ed. revised, 1991, 132 pp. ISBN 0 907310 08 7. £5.00
FM3	James S. Munro, *Mademoiselle de Scudéry and the 'Carte de Tendre'*. 1986, 97 pp. ISBN 0 907310 12 5. £5.00
FT2	Michel-Jean Sedaine, *Le Philosophe sans le savoir*. Graham E. Rodmell, ed., 1987, 122 pp. ISBN 0 907310 15 X. £5.00
FM4	David Hillery, *Verlaine: Fixing an Image*. 1988, 105 pp. ISBN 0 907310 18 4. £5.00
FT3	Molière, *Dépit amoureux*. Noël Peacock, ed., 1990, 150 pp. ISBN 0 907310 20 6. £8.00
FM5	H. Gaston Hall, *Molière's 'Le Bourgeois Gentilhomme': Context and stagecraft*. 1990, 98 pp. ISBN 0 907310 21 4. £5.00 [few left]
FM6	Anthony Cheal Pugh, ed., *France 1940: Literary and historical reactions to defeat*. 1992, 133 pp. ISBN 0 907310 23 0. £8.00
FM7	David Hillery, *Lamartine: The 'Méditations Poétiques'*. 1993, 132 pp. ISBN 1 870530 55 1. £8.00
FM8	Nichola Anne Haxell, *Reflections of the Revolution: Poetry and prose for the Second French Republic*. 1993, 147 pp. ISBN 0 907310 24 9. £10.00
FT4	La Mothe Le Vayer, *'Lettre sur la Comédie de L'Imposteur'*. Robert Mc Bride, ed. 1994, 170 pp. ISBN 0 907310 25 7. £12.00
FM9	Christopher Lloyd and Robert Lethbridge, eds, *Maupassant conteur et romancier*. 1994, 201 pp. ISBN 0 907310 26 5. £12.00
FM10	Richard Maber, ed., *Nouveaux Mondes: from the twelfth to the twentieth century*. 1994. 149 pp. ISBN 0 907310 27 3. £12.00
FM11	Richard Burton, *Le Flâneur*. 1994. 80 pp. ISBN 0907310 28 1. £8.00

FM12   Henry Phillips, *Racine: Language and theatre*, 1994. 157 pp. ISBN 0907310 29 X. £12.00
FM13   Paul Andrew Tipper, *The Dream Machine: Avian Imagery in 'Madame Bovary'*. 1994. 35 pp. ISBN 0907310 30 3. £3.00
FM14   Christopher Lloyd, ed., *Epidemics and Sickness in French Literature and Culture*. 1995. 199 pp. ISBN 0907310 31 1. £12.00
FM15   Christopher Lloyd, *Mirbeau's Fictions*. 1996. 115 pp. ISBN 0 907310 35 4. £10.00
FM16   David Hillery, *The Théâtre des Variétés in 1852*. 1996. 264 pp. ISBN 0 907310 34 6. £12.00
FM17   Peter Whyte, *Théophile Gautier, Conteur fantastique et merveilleux*. 1996. 166 pp. ISBN 0 907310 36 2. £12.00 [out of print]
FM18   Peter Whyte and Christopher Lloyd, eds, *La Culture populaire en France*. 1997, 169 pp. ISBN 0 907310 37 0. £12.
FT5   Jean Mairet, *Le Marc-Antoine ou al Cléopâtre tragedie*. Edition critique, texte établi et présenté opar Philip Tomlinson. 1997 200 pp. ISBN 0 907310 38 9. £20.

German Series

GT1   Hans Sachs, *Selections*. Mary Beare, ed. 1983, 242 pp. ISBN 0 907310 06 0. £8.00
GM1   Howard Gaskill, *Hölderlin's 'Hyperion'*. 1984, 68 pp. ISBN 0 907310 07 9. £5.00
GM2   Patrick Bridgwater, *The Poet as Hero and Clown: A Study of Heym and Lichtenstein*. 1986, 82 pp. ISBN 0 907310 13 3. £5.00
GM3   Patrick Bridgwater, *George Moore and German Pessimism*. 1988, 81 pp. ISBN 0 907310 17 6. £5.00
GM4   Mark G. Ward, Laughter, Comedy and Aesthetics: Kleist's 'Der zerbrochne Krug'. 1989, 87 pp. ISBN 0 907310 22 2. £8.00
GM5   Neil Thomas, *Reading the Nibelungenlied*. 1995, 119 pp. ISBN 0 907310 32 X. £10.00
GM6   Neil Thomas and Françoise Le Saux, *Myth and its Legacy in European Literature*. 1996, 169 pp. ISBN 0 907310 33 8. £12.00
GM7   Neil Thomas and Françoise Le Saux, *Unity and Difference in European Cultures*. 1998, 266 pp. ISBN 0 907310 39 7, £18.

Hispanic Series

HM1   R.P. Calcraft, *The Sonnets of Luis de Góngora*. 1980, 127 pp. ISBN 0 907310 00 1. £5.00

HM2   Keith Whinnom, *La Poesía amatoria de la época de los Reyes Católicos*. 1981, 112 pp. ISBN 0 907310 02 8. £5.00 [out of print]

HM3   H. Ramsden, *Pío Baroja: 'La busca' 1903 to 'La busca' 1904*. 1982, 90 pp. ISBN 0 907310 05 2. £5.00

HM4   Jack M. Flint, *The Prose Works of Roberto Arlt*. 1985, 96 pp. ISBN 0 907310 09 5. £5.00

HT1   Carlos Fuentes, *Aura*. Peter Standish, ed. 1986, 53 pp. ISBN 0 907310 10 9. £4.00

HM5   John Crosbie, *A lo divino Lyric Poetry: An Alternative view*. 1989, 92 pp. ISBN 0 907310 19 2. £5.00

Slavonic Series

SM1   Terence Wade, *Prepositions in Modern Russian*. 1983, repr. 1984, 136 pp. ISBN 0 907310 03 6. £5.00 [few left]

ST1   V.V. Mayakovsky, *Klop*. Robert Russell, ed. 1985, 127 pp. ISBN 0 907310 11 7. £5.00 [few left]

ST2   V.F. Odoyevsky, *Pyostryye skazki*. Neil Cornwell, ed. 1988, 98 pp. ISBN 0 907310 14 1. £5.00

ST3   Aleksandr Blok, *The Twelve*. Avril Pyman, ed. 1989, viii + 136 pp. ISBN 0 907310 16 8. £5.00 [few left]

Forthcoming

FT6   Molière, *L'Imposteur de 1667: prédécesseur du Tartuffe*. Édition critique. Texte établi et présenté par Robert Mc Bride. A reconstruction of one of Molière's masterpieces. ISBN 0-907310-41-9. £15. Publication date: Spring 1999.

FM19   M.-A. Hutton, ed., *Text and Image*. The contributions to this volume were first presented at an international colloquium held at the Department of French, University of Durham in April 1998. ISBN 0-907310-42-7. Publication date: Spring 1999.

GM8   Neil Thomas, ed., *German Studies at the Millennium*. Contributors to this volume all have a present or past connection with Durham German Department. ISBN 0-907310-4-5. Publication date: Summer 1999.

HM6   M.P. Thompson, ed., *Lorca*. The contributions to this volume were first presented at a festival in honour of Lorca, held in Newcastle in May 1998. ISBN 0-907310-44-3. Publication date: Autumn 1999.

GM9   Neil Thomas, ed., Proceedings of the colloquium on 'Utopias' which took place in September 1998 under the aegis of the School of Modern European Languages. ISBN 0-907310-45-1. Publication date: Spring 2000.

Other titles in preparation.

For further information contact:
The General Editor
School of Modern European Languages,
University of Durham,
Elvet Riverside,
Durham DH1 3JT, UK
email: p.j.whyte@durham.ac.uk

Tel: (0191) 374 2744
Fax: (0191) 374 2716 (International code: + 44 191)

Lightning Source UK Ltd.
Milton Keynes UK
UKOW050850240812

198013UK00002B/1/P